Duhm, Warenstruktur

Der Autor:
Dr. Dieter Duhm, geboren 1942 in Berlin, lebt zur Zeit in Mannheim. Als Diplompsychologe und promovierter Soziologe gab er im Sommer 1974 seine Lehrtätigkeit an der Hochschule auf, weil er an den gegenwärtigen Wissenschaftsbetrieb keine Zugeständnisse mehr machen wollte. Seit der Studentenbewegung befaßt er sich mit den Bedingungen und Möglichkeiten menschlicher Befreiung aus den geistigen und seelischen Fesseln der gegenwärtigen Gesellschaft. Mit seinen Büchern „Angst im Kapitalismus", „Revolution ohne Emanzipation ist Konterrevolution" und „Der Mensch ist anders" wirkte er wesentlich mit bei der Entwicklung der sogenannten „Emanzipationsbewegung", welche die politische Arbeit mit der Selbstveränderung der Beteiligten verbinden wollte. Er suchte den Weg zunächst auf marxistischer Grundlage. Heute glaubt er, daß die alten marxistischen Vorstellungen und Methoden ganz erheblich korrigiert werden müssen.

Dieter Duhm

Warenstruktur und zerstörte Zwischenmenschlichkeit

Dritter Versuch der gesellschaftlichen Begründung zwischenmenschlicher Angst in der kapitalistischen Warengesellschaft

Verlag Kübler KG

CIP-Kurztitelaufnahme der Deutschen Bibliothek

Duhm , Dieter
Warenstruktur und zerstörte Zwischenmenschlichkeit : 3. Versuch d. gesellschaftl. Begründung zwischenmenschl. Angst in d. kapitalist. Warengesellschaft.
ISBN 3-921265-11-8

ISBN 3-921265-11-8
5. Auflage 1977

Herstellung: Fuldaer Verlagsanstalt GmbH.
Umschlaggestaltung: Rainer Negrelli, Ilvesheim.
Printed in the Federal Republik of Germany.

Inhalt

Vorwort zur vierten Auflage

Als ich „Angst im Kapitalismus“ geschrieben hatte, wußte ich, daß ein wichtiger Teil der Arbeit noch bevorstand. Die psychologische Kritik der kapitalistischen Gesellschaft mußte noch viel fundamentaler verbunden werden mit der politökonomischen, damit die Diskussion über die Veränderung der Gesellschaft und die Diskussion über die Veränderung des Individuums endlich die Einheit bilden können, die wir in der heutigen Situation brauchen. Meine Bemühungen um ein erkenntnistheoretisches und methodisches Verständnis der Marxschen Denkweise hatten mich davon überzeugt, daß der theoretische Marxismus durchaus in der Lage sei, für die Analyse im psychologischen Bereich ein fundamentales Grundraster zu entwickeln, wenn es gelänge, seine philosophischen Nervenstränge und Knotenpunkte aufzufinden und zu entschlüsseln. Einen derartigen Knotenpunkt fand ich in der Warenanalyse. Die Warenanalyse, wie sie im ersten Kapitel des „Kapitals“ vorliegt, kann beim ersten Lesen gar nicht bzw. nur sehr platt verstanden werden. Ihren vollen Sinn und ihre zentrale Bedeutung erhält sie erst, wenn die besondere dialektische Verfahrensweise in den Ableitungen und die besondere logische Form der Begriffe offenliegt. Das sind allzu oft gehörte große Worte, aber sie entsprechen der großen Aufgabe, die dem marxistischen Denken durch die Warenanalyse gesetzt ist. Wenn irgendwo eine schöpferische theoretische Anstrengung und eine kritische Überprüfung des Marxschen Textes notwendig ist, dann hier. Denn hier liegen die größten und bis heute noch kaum gelösten Schwierigkeiten; aber hier liegen auch die größten Chancen, den Marxismus vom rigiden Ökonomismus zu befreien und einen marxistischen Zugang zu eröffnen zu Problemen, die bislang aus dem marxistischen Denkhorizont ausgeklammmert waren, beispielsweise zum Problem einer radikalen (auf die Wurzel gehenden) Psycho-Analyse der modernen kapitalistischen Gesellschaft. Wir kommen nicht daran vorbei, uns noch einmal gründlich mit der Hegelschen Dialektik und ihrer materialistischen Anwendung bei Marx zu befassen, um zum Beispiel das der Warenanalyse zugrundeliegende besondere Verhältnis von Logischem und Historischem systematisch (und nicht nur irgendwie ahnungsweise) zu verstehen und in der weiteren Arbeit selbständig anzuwenden. Es ist verblüffend, wie wenig sich die gesamte marxistische Theoriearbeit bislang um diese Dinge gekümmert hat. Man hat sie immer wieder erwähnt, hat mit ihnen hantiert, als wären sie bereits gelöst, aber niemand scheint sich bisher die Mühe gemacht zu haben, diese Lösung nachzuvollziehbar und mit letzter intellektueller Redlichkeit und Präzision zu demonstrieren. Wer kann von sich behaupten, die Wertformanalyse mit ihren erkenntnistheoretischen, logischen und historisch-faktischen Implikationen ganz verstanden zu haben? Ein merkwürdiges Tabu scheint die theoretische Szene zu beherrschen: Marxens Konstruktionen werden geschluckt, ohne daß man sich die Mühe macht, sie methodisch Schritt für Schritt zu rekonstruieren. Der theoretische Marxismus steckt dort, wo er gedanklich etwas wirklich Neues, methodisch Besonderes und philosophisch Brisantes zu bieten hätte, noch sehr in den Kinderschuhen.

Die vorliegende Arbeit ist ein Versuch, einige Schritte in der angedeuteten Richtung zu gehen. Die vielen Marx-Zitate, die manchen kritischen Leser vielleicht ärgern werden, sollen nicht der alten Vergötterung dienen, sondern sie sollen zeigen, daß die Gedankengänge sich tatsächlich an das halten, was im authentischen Marxismus angelegt ist. Dem oberflächlichen Leser, der zu einem kritischen Nachvollzug der schwierigeren Stellen nicht bereit ist, mögen die Gedanken platt, willkürlich oder unverständlich erscheinen. In aller Bescheidenheit möchte in nochmals betonen, daß ich versucht habe, möglichst genau der dialektischen Systematik zu folgen, die aus Marxens Texten rekonstruiert werden kann. Es ergeben sich daraus theoretische Konsequenzen, z. B. die vom Totalitätscharakter der Klassenherrschaft als Dingherrschaft, die mit den üblichen Formeln vulgärmarxistischer Ideologie erheblich kollidieren. Vielleicht habe ich Fehler gemacht, vielleicht etwas sehr Wesentliches tatsächlich nicht verstanden. Dies bliebe einer kritischen, aber solidarischen Diskussion anheimgestellt. Eine solche Diskussion hat bis heute nicht stattgefunden. Was bisher an Rezensionen und Kritiken dieses Buches vorgelegt wurde, zeigt, daß die Kritiker die grundlegenden methodischen Schwierigkeiten und Besonderheiten der marxistischen Dialektik überhaupt nicht verstanden haben. Argumentationsinhalt und Diskussionsstil dokumentierten den intellektuellen Notstand des gegenwärtigen marxistischen Theoriebetriebs. Kritisiert wurde vor allem der mit dem warenanalytischen Ansatz verbundene klassenunspezifische Charakter meiner Aussagen. Da sich an diesem Punkt einiges zeigen läßt, was sowohl fürs Verständnis dieses Buches als auch für die Gegekritik an meinen Kritikern besonders wichtig ist, bringe ich im Anhang meine Antwort an die beiden Kritiker Joas und Kelber.

Ich habe selbst an der vorliegenden Arbeit einiges auszusetzen.

Manche Gedankengänge sind zu gedrängt und undurchsichtig. So berührt beispielsweise der Abschnitt c in Kapitel I eine erkenntnistheoretische Problematik, die in dieser Kürze kaum verständlich werden kann. Ich empfehle, ihn zu übergehen. Mein Unbehagen betrifft darüber hinaus etwas Grundsätzliches im Tenor des Buches. Wenn ich es heute noch einmal lese, so sind mir die Kategorien manchmal zu fest, der Ton zu apodiktisch. Ich war überzeugter Marxist und deshalb nicht frei von jener Borniertheit, die jedem System anhaftet. Der Idealismus-Vorwurf ging mir viel zu leicht von den Lippen, die Bemühung um dialektisch-materialistische Sauberkeit hat mich etwas zu eifrig gemacht; die Identität von politischer Arbeit und persönlicher Emanzipation erschien mir allzu logisch; fast glaubte ich an die theoretische Omnipotenz des marxistischen Denkens, wenn es nur richtig angegangen und von seinen Versimpelungen befreit würde. Die Arbeit wurde vor drei Jahren der sozialwissenschaftlichen Fakultät der Universität Bochum als Dissertation vorgelegt. Ihre äußere Form mußte halbwegs dem entsprechen, was an unseren Universitäten unter „Wissenschaftlichkeit" verstanden wird. Unter dem Druck dieser Wissenschaftlichkeit einerseits und im Eifer des Gefechts mit dem wiedererstarkenden Vulgärmarxismus der neuen kommunistischen Gruppierungen andererseits ließ ich mich manchmal zu Sprüchen verleiten, die beim gegenwärtigen Stand unseres Wissens noch gar nicht erlaubt sind.

Wenn wir einmal allen Theoriestreit und alle ideologischen Positionen vergessen und uns besinnen auf das, was wir wirklich wissen und mit letzter Überzeugung vertreten können, was wissen wir? Vor allem: was wissen wir über den Menschen? Im Marxismus liegt eine Gefahr, der viele schon erlegen sind, nämlich zu glauben, daß mit der gesellschaftlichen Analyse der menschlichen Existenz bereits alles Wissenswerte vom Menschen bekannt sei. Vergessen wir dabei, daß das menschliche Leben nicht nur eine gesellschaftliche, sondern auch eine natürliche (biologische im weitesten Sinn) Seite hat. Der Mensch ist nicht nur ein Wesen der Gesellschaft, sondern auch ein Wesen der lebendigen Natur und des Universums und als solches ausgerüstet mit den dort wirkenden und bis heute noch sehr geheimnisvollen Gesetzen und Energien. Heute dämmert – vorangetrieben durch die Einflüsse ostasiatischen Denkens (Zen, Yoga) und durch die philosophisch-praktischen Ansätze einiger Subkulturen – die Einsicht, daß der Mensch doch wesentlich mehr ist als ein homo soziologicus. Elementare Merkmale des menschlichen Lebens wie Bewußtsein, Liebe usw. deuten auf eine Naturseite im Menschen, die nicht von gesellschaftlichen Verhältnissen abgeleitet werden kann. Abgeleitet werden können allenfalls ihre spezifischen Erscheinungsformen. Mit dieser Feststellung überschreiten wir den Rahmen marxistischer Weltbetrachtung. Bei aller historischen Notwendigkeit und emanzipatorischer Absicht war der marxistische Materialismus in seiner bisherigen Gestalt selbst Ausdruck einer bestimmten historischen Epoche der Menschheitsentwicklung, wo die gesellschaftliche Verwaltung des Menschen und die technisch-organisatorische Architektur seines Lebens den Blick verdrängt hat für andere Bezüge und Wurzeln des menschlichen Seins und vor allem für die elementaren Möglichkeiten und Fähigkeiten, die dem Menschen als Naturwesen innewohnen. Der Marxismus kann mit gesellschaftstheoretischen Begriffen gesellschaftliche Widersprüche und gesellschaftliche Unterdrückung analysieren; das Unterdrückte selbst aber, das menschliche Leben, das sich gegen die Unterdrückung wehrt, liegt zum großen Teil außerhalb dieser Begriffe. Heute, wo die Unterdrückung menschlichen Lebens einen Totalitätscharakter im Sinne dieses Buches angenommen hat, wird es immer deutlicher, daß nicht mehr nur zwei gesellschaftliche Klassen miteinander kollidieren, sondern daß in einem umfassenderen und tieferen Sinne menschliche Gesellschaft und menschliche Natur in ein katastrophales Destruktionsverhältnis geraten sind. Der kapitalistische Grundwiderspruch enthält in sich den tieferen zwischen der gesellschaftlichen und der natürlichen Organisation des Menschen. Hier gären Konflikte, die von einer modernen Befreiungsbewegung bedacht werden müssen. Um den Widerspruch inhaltlich zu verstehen, um seine innere Dynamik und Sprengkraft zu begreifen, bedarf es heute dringend nicht nur einer gesellschaftstheoretischen, sondern auch einer naturtheoretischen Konzeption des Menschen. Gefordert ist eine ganzheitliche Anthropologie und Revolutionstheorie, welche alle im Menschen wirksamen Gesetze, Kräfte, Konflikte und Möglichkeiten aufspürt und zur Grundlage einer positiven Weg- und Zielbestimmung für die zukünftige Gesellschaft macht. Gefordert wird dies nicht vom Privatinteresse eines Theoretikers, sondern von der historischen Situation, in der die psychisch-geistige und biologisch-vitale Verelendung des Menschen mindestens ebenso sehr zum System gehören wie ökonomische Ausbeutung und politische Unterdrückung.

In dem neuen Buch „Der Mensch ist anders" habe ich versucht, diejenigen vom Marxismus vernachlässigten anthropologischen Inhalte zu formulieren, die in der Naturseite des Menschen wurzeln und für eine aktuelle revolutionäre Philosophie von einiger Bedeutung sein dürften. Beide Bücher zusammen bilden die Basis für eine ganzheitliche Theorie der Befreiung, um die sich m. E. eine wirklich neue Linke bemühen müßte – und sicher auch bemühen wird, denn zwischen Resignation und Erstarrung wird heute ein Wetterleuchten sichtbar, das Grund zur Hoffnung gibt. Es geht um neue Inhalte und Möglichkeiten einer freien menschlichen Existenz, um einen neuen positiven Begriff von Befreiung. Es geht auch um die heraufdämmernde Einsicht, daß eine nur politökonomisch ausgerichtete Revolutionsstrategie ihr Ziel verfehlen wird, weil sie sehr wesentliche Kraftquellen und Bewegungsgesetze menschlichen Lebens außer Acht läßt. Ich glaube, wir stehen vor einer interessanten Wende im revolutionären Denken.

Einleitung

Verfolgen wir die gegenwärtige Diskussion zum Verhältnis von Marxismus und Psychoanalyse, so fällt auf, daß sie sich fast nur auf der metatheoretischen Ebene abspielt: Man diskutiert über die Strukturen und Besonderheiten der beiden theoretischen Systeme und untersucht formal, in welchem Verhältnis sie zueinander stehen. Es gäbe auch einen anderen Weg, den Zusammenhang der beiden Theorien herauszufinden: indem man ihn einfach inhaltlich ausprobiert, d. h. indem man versucht, die Gegenstände beider Theorien theoretisch miteinander zu verbinden und so eine Theorie zu entwickeln nicht über das Verhältnis zweier Theorien zueinander, sondern über die menschlich-gesellschaftliche Realität, von der diese Theorien handeln. Hierbei würde sich erweisen, wo sich die Begriffe der beiden Theorien ergänzen, überschneiden oder widersprechen. Ich halte das Verweilen im metatheoretischen Bereich für eine schlechte akademische Angewohnheit; schlecht deshalb, weil die Wissenschaft so in der kontemplativen Unverbindlichkeit gehalten wird, weil die Trennung von Theorie und Praxis vertieft wird, weil außer einem esoterischen Akademikerzirkel kaum jemand versteht, worum es sich eigentlich dreht, und nicht zuletzt weil die Akrobatik auf der Metaebene einen Kenntnisanspruch impliziert, der die Kluft zwischen den etablierten Köpfen und dem Fußvolk der revolutionären Bewegung noch erweitert. Dabei wäre der Gedanke so naheliegend, daß nur ein inhaltlicher Versuch zu einem fundierten metatheoretischen Urteil führen kann. Wenn Theorie die begriffliche Reproduktion der Realität ist, dann müßte eine Theorie, die mit marxistischen und psychoanalytischen Begriffen arbeitet, mit diesen Begriffen die Realität abbilden. Der theoretische Zusammenhang der Begriffe ergäbe sich dann aus dem realen Zusammenhang der von ihnen erfaßten Realitätsbereiche.

Ein solcher theoretischer Zusammenhang ist bisher – soweit ich sehe – noch kaum entwickelt worden. Es ist immer wieder auf eine bestimmte Analogie des Untersuchungsgegenstandes hingewiesen worden: Der Marxismus habe es zu tun mit den erstarrten (verdinglichten) gesellschaftlichen Strukturen außerhalb des Individuums, die Psychoanalyse mit den erstarrten psychischen Strukturen innerhalb des Individuums (vgl. Horn 2, 117; Dahmer 2, 108 ff.). Es mag naheliegen, daß das eine mit dem anderen ursächlich zusammenhängt, aber solange dieser Zusammenhang nicht theoretisch hergeleitet ist, bleibt es bei der Analogie, bei der bloßen Plausibilität des vermeintlichen Zusammenhangs. Die Aufgabe, die „Dimension der Gattungsgeschichte und die der Lebensgeschichte" miteinander zu vermitteln (Horn 2, 118), bleibt ungelöst.

Die vorliegende Arbeit ist keine Theorie über Marxismus und Psychoanalyse und deren Zusammenhang, sondern ein Versuch, psychische Verhältnisse aus gesellschaftlichen Verhältnissen abzuleiten bzw. dort, wo Ableitung zu vermessen wäre, Psyche und Gesellschaft theoretisch einander näherzubringen. Ich benutze dabei marxistische und psychoanalytische Begriffe, soweit ich sie für diesen Versuch brauche, ohne mich dabei einer fertigen und „richtigen" theoretischen Position verpflichtet zu fühlen. Nicht Theorien, sondern die Realität soll untersucht werden. Daß ich mich im ersten Teil der Arbeit trotzdem intensiver als ursprünglich geplant mit der Marxschen Warenanalyse auseinandersetze, liegt einmal an der Schwierigkeit und Mißverständlichkeit des Gegenstandes, zum anderen an der Notwendigkeit, den Verdinglichungs- und Entfremdungsbegriff für die wissenschaftliche Diskussion zu retten, und drittens an der Mauer von Vorurteilen und Dogmen, gegen die ein solcher Rettungsversuch vermutlich stoßen wird. Die Warenanalyse ist für die vorliegende Untersuchung insofern wichtig, als sich aus ihr wesentliche Grundmerkmale der zwischenmenschlichen Beziehungen in der kapitalistischen Gesellschaft ableiten lassen. Was Marx hierüber im letzten Abschnitt seines Kapitals über die Ware im „Kapital" I angedeutet hat, finden wir viel breiter entfaltet in seinen „Grundrissen der Kritik der politischen Ökonomie". Die Darstellung der menschlichen Verkehrsformen war von Anfang an ein treibendes Motiv in Marx' Untersuchungen. Daß er diese Verkehrsformen anfangs mehr unter philosophischem, später mehr unter ökonomischem Aspekt untersuchte, liegt in erster Linie an dem besonderen Charakter der kapitalistischen Verkehrsformen selbst, an der Tatsache nämlich, daß sie nicht als Verhältnisse von Menschen, sondern von ökonomischen Dingen in Erscheinung treten. Diese Verdinglichungsthematik ist in den „Grundrissen" bereits voll entwickelt, aber noch nicht in eine so kurze und systematische Form gebracht wie im Warenkapitel des ersten „Kapital"-Bandes. Meine Ausführungen im ersten Teil der Arbeit stützen sich auf beide Texte, und wenn ich von „Warenanalyse“ spreche, so meine ich neben dem Warenkapitel im „Kapital“ auch die entsprechenden und zum Teil viel weiter entfalteten Ausführungen in den „Grundrissen“ (1).

Die „Grundrisse“ sind das entscheidende Bindeglied zwischen dem frühen und dem späten Marx. Mit ihnen sind alle Versuche unmöglich gemacht, das Marxsche Werk in philosophische und ökonomische Teile zerlegen zu wollen. Die in linken, vor allem in neoleninistischen Kreisen oft anzutreffende Abwehrhaltung gegenüber den philosophischen Inhalten der Marxschen Theorie, die sich durch die Berufung auf Marx' Spätschriften zu legitimieren versucht, beruht m. E. auf einer massiven Ignoranz gegenüber der Tatsache, daß die philosophischen Gedanken der Frühschriften voll aufgehoben sind in den ökonomischen Gedanken der Spätschriften. So schreibt z. B. Rosdolsky, der sich gewiß gründlich mit dem Marxschen Werk auseinandergesetzt hat (Rosdolsky, 15):

„Die „Ökonomisch-philosophischen Manuskripte“ haben seither zahlreiche begeisterte Kommentatoren gefunden. Auch wir teilen diese Begeisterung – wiewohl wir uns des Eindrucks nicht erwehren können, daß vieles, was in den „Manuskripten“ so überraschend erscheint, auch schon im ‚Kapital‘ hätte gefunden werden können, wenn man es richtig gelesen hätte. Daß es unbemerkt blieb, ist vor allem der traditionellen rein ‚ökonomistischen‘ Auffassung des Marxschen Hauptwerkes zuzuschreiben.“

Bei aller ökonomischen Ausführlichkeit erweisen die „Grundrisse“ die Marxsche Kapitalismus-Theorie sehr eindrücklich als eine (nicht nur, aber auch) Theorie der „hinter dinglicher Hülle versteckten“ zwischenmenschlichen Beziehungen in der kapitalistischen Gesellschaft (2). Gegenstand der Analyse ist die Produktions*form* der kapitalistischen Warenproduktion. Wo Marx von

1) Das Warenkapitel in: Zur Kritik der Politischen Ökonomie braucht hier nicht extra erwähnt zu werden, weil seine wesentlichen Gedanken in systematischerer Form im Warenkapitel des „Kapitals“ wiederkehren.

2) Die Interpretation der Marxschen Theorie als – zumindest unter anderem – eine Theorie der zwischenmenschlichen Beziehungen stößt bei einigen linken Gruppen auf eine irrationale Abwehr, die um so unverständlicher erscheint, als sie sich mit Zitaten der Klassiker massenhaft belegen läßt. Selbst Lenin bezeichnet die Analyse der Ware als die „eines sozialen Verhältnisses“ (Lenin, 319). Gesellschaftliches „Verhältnis“ bedeutet bei Marx und Engels immer auch das gegenseitige „Verhalten“ von Personen bzw. Klassen. Darin liegt ja gerade der besondere dialektische Charakter der Marxschen Kategorien „Ware“, „Geld“ und „Kapital“, daß sie gleichzeitig ein ökonomisches Ding, ein gesellschaftliches

Produktions*form* spricht, meint er das historische Spezifikum, das diese Produktionsweise von anderen abgrenzt. Dieses Spezifikum liegt in den Verkehrsformen, worin sich die Produktion abspielt. Produktionsform und Verkehrsform lassen sich also nicht trennen; sie bilden eine Einheit, die Marx manchmal dadurch zum Ausdruck brachte, daß er das Privateigentum selbst als „Verkehrsform" und das Kapital als gesellschaftliches „Verhältnis" bezeichnete (3). Das Grundverhältnis der kapitalistischen Produktion ist das des Tausches (Arbeitskraft gegen Kapital, Ware gegen Geld; vgl. Marx 4, 907; A. Schmidt, 64; Sweezy, 30/31), die Tauschsphäre ist deshalb von der Produktionssphäre nicht zu trennen. Allerdings kann daraus nicht die Konsequenz gezogen werden, daß es genüge, die kapitalistische Produktionsweise nur unter dem Aspekt des gesellschaftlichen Verhältnisses bzw. der Verkehrsform zu betrachten. Im Falle meiner Arbeit wird eine solche Betrachtungsweise nahegelegt durch das Thema, es geht ja um die zwischenmenschlichen Beziehungen. Ich war mir dieser Einseitigkeit bewußt und werde bald darauf zurückkommen.

Die zentrale Kategorie, die meiner Untersuchung zugrundeliegt, ist nicht das Kapital, sondern die Ware. Begriffe wie Lohnarbeit, Mehrwert und Ausbeutung spielen nur indirekt eine Rolle, nur insofern nämlich, als nur durch sie die Totalität der Warenverhältnisse erklärt werden kann. Erst durch die Lohnarbeit bzw. das Zur-Ware-werden der menschlichen Arbeitskraft konnte die Ware zur allgemeinen Form der Arbeitsprodukte und die Warenstruktur zur allgemeinen Struktur der menschlichen Beziehungen werden. Insofern bildet die Existenz von Lohnarbeit und Kapital die reale historische Voraussetzung für die in meiner Arbeit untersuchten Zusammenhänge. Was aber die einzelnen Ableitungen betrifft, so gehen sie logisch fast alle von der Kategorie der Ware aus. Marx beginnt seine Warenanalyse auf der ersten Seite des „Kapitals" mit folgendem Satz (Marx 6, 49):

Verhältnis und ein gesellschaftliches Verhalten (= Prozeß) beinhalten. Diese merkwürdige Einheit von Bewegung und Struktur, Prozeß und Resultat, Subjekt und Objekt stellt unseren dialektisch untrainierten Kopf bei der Lektüre Marxscher Texte (vor allem der Frühschriften) vor besonders große Schwierigkeiten.

3) Diese im Marxschen Produktionsbegriff enthaltene Einheit von Arbeit und Verkehr ist von Habermas nicht verstanden worden. In „Erkenntnis und Interesse" reduziert er den Marxschen Produktionsbegriff auf instrumentelle Arbeit. Vgl. dazu auch Krahl, 323 und 393 ff.

„Der Reichtum der Gesellschaften, in welchen kapitalistische Produktionsweise herrscht, erscheint als eine ungeheure Warensammlung, die einzelne Ware als seine Elementarform. Unsere Untersuchung beginnt daher mit der Analyse der Ware."

Die kapitalistische Produktionsweise ist also vorausgesetzt, sie wird dann im weiteren Verlauf der Warenanalyse nicht mehr erwähnt. Die Ableitungen der Wertformen reichen nur bis zum Geld, nicht zum Kapital. Trotzdem ist die Warenanalyse ein entscheidender Beitrag zur Analyse der *kapitalistischen* Gesellschaft, nicht der einfachen Warenproduktion. Denn die in der Ware enthaltenen ökonomischen, soziologischen, ideologischen und psychologischen Implikationen und Widersprüche gelangen erst in der kapitalistischen Warenproduktion voll zur Entfaltung (sie können deshalb auch erst in der kapitalistischen Gesellschaft erkannt werden). Wir können es auch so formulieren: Was in der einfachen Warenproduktion an ökonomischen, soziologischen usw. Implikationen logisch enthalten ist bzw. was sich logisch aus ihr ableiten läßt, kommt erst in der kapitalistischen Warenproduktion zur realen Entfaltung. Marx entschied sich bei seiner Warenanalyse nicht für eine historische, sondern für eine „logische Behandlungsweise" (4). Dasselbe gilt für den ersten Teil meiner Arbeit. Das Entfremdungsverhältnis, das der psychologischen Untersuchung im zweiten Teil zugrundeliegt, hat seinen logischen Ursprung in der einfachen Warenproduktion (5). Heute ist zwar die Lohnarbeit die reale und aktuelle Form der Entfremdung, aber sie ist nicht ihr logischer Ausgangspunkt. Wer die Entfremdung begrifflich ableiten will aus der Lohnarbeit, muß sich den Vorwurf gefallen lassen, daß er die Entfremdung von der Entfremdung ableiten will, denn Lohnarbeit ist ja schon entfremdete Arbeit. Durch die Lohnarbeit spitzt sich die allgemeine Entfremdung zwar zu und nimmt andere Erscheinungsformen an, aber am Prinzip der Entfremdung ändert sich nichts. Und es geht ja im ganzen ersten Teil der Arbeit ums Prinzip, um die kategoriale Grundlage, nicht um empirische

4) Vgl. dazu Engels 2, 209, wo das Verhältnis von logischer und historischer Behandlung des Stoffes kurz und klar formuliert ist. Ausführlicheres dazu siehe Zeleny, 57–66

5) Das soll nicht heißen, daß alle menschliche Entfremdung auf die Warenproduktion zurückzuführen ist. Es gab z. B. religiöse Formen der Entfremdung lange vor der Warenproduktion. Die Ableitungen aus der Warenanalyse gelten nur für die spezifischen Entfremdungsverhältnisse, die im Mittelpunkt meiner Arbeit stehen.

Erscheinungsformen.

Hieraus erklärt sich gleich ein wesentlicher Mangel der ganzen Arbeit: Das Prinzip der Entfremdung ist nämlich weitgehend klassenunspezifisch. Das Basisverhältnis aller Entfremdungsverhältnisse der kapitalistischen Gesellschaft ist zwar die Lohnarbeit bzw. das Klassenverhältnis, und in allen Entfremdungsverhältnissen spiegelt sich das Klassenverhältnis wider; aber als allgemeines Entfremdungsverhältnis ist das Klassenverhältnis – so verrückt das klingen mag, siehe aber die Ausführungen dazu in Kapitel I, 4b – weitgehend klassenunspezifisch: Es findet sich wieder in allen sozialen und psychologischen Verhältnissen bis hinein in die innerpsychische Struktur des Individuums. Die auf dem Entfremdungsverhältnis aufbauenden psychologischen Untersuchungen beziehen sich deshalb auf die zwischenmenschlichen Beziehungen im allgemeinen, auf die kapitalistische Grundstruktur zwischenmenschlicher Beziehungen überhaupt, und nicht nur auf die zwischenmenschlichen Beziehungen einer bestimmten Klasse oder zwischen den Klassen.

Um diesen Mangel einer weitgehenden Klassenindifferenz zu beheben, müßten die konkreten Arbeitsbedingungen und Arbeitsformen in die Analyse einbezogen werden und es müßte Begriffe geben, mit denen die psychologische Relevanz dieser Arbeitsformen und -bedingungen erfaßt, mit denen überhaupt die psychologische Bedeutung von Arbeit verstanden werden könnte. Soweit ich sehe, gibt es solche Begriffe nicht. Die marxistische Psychologie scheint mir hier infolge der traditionellen Einseitigkeit der bürgerlichen Psychologie einschließlich Psychoanalyse auf längere Sicht hinaus noch erheblich blockiert zu sein (hier ist die Entwicklung der DDR- und Sowjetpsychologie aufmerksam zu verfolgen).

Bildet die Marxsche Warenanalyse die theoretische Grundlage des ersten Teils der Arbeit, so hat der zweite seine Grundlage in der psychoanalytischen Theorie der Angstentstehung und Angstverarbeitung. Die entscheidenden Begriffe sind hier die der Triebverdrängung, Über-Ich-Bildung und Über-Ich-Projektion. Gemessen an den anderen bürgerlichen Psychologien erscheint mir der Erklärungswert der psychoanalytischen Theorie am größten. Trotzdem reicht er lange nicht aus, um allen wesentlichen Teilen der marxistischen Theorie ihr psychologisches Korrelat zuordnen zu können. So hat die Psychoanalyse z. B. keinerlei Begriffe entwickelt, mit deren Hilfe der für die marxistische Theorie so wichtige Selbsterzeugungsprozeß des Menschen durch die Arbeit psychologisch nachvollzogen werden könnte. Hier klafft in der ganzen Psychologie eine Lücke, die u. a. entscheidend ist für den Unterschied zwischen dem bürgerlichen Therapiebegriff und dem marxistischen Emanzipationsbegriff. Dieses Problem soll in Kapitel VI ausführlicher behandelt werden.

Das häufige Mißtrauen, das sich gegen die philosophischen oder gar psychologischen Konsequenzen der Warenanalyse richtet, hat mich veranlaßt, dort, wo ich mich auf die Warenanalyse berufe, so präzise wie möglich zu argumentieren. Dazu bedurfte es an einigen Stellen einer ausführlichen Exegese Marxscher Passagen und eines für den Leser oft anstrengenden Wechsels von Zitat und Kommentar. Aber gerade diese schwierigen Stellen des ersten Teils bilden die Grundlage für den zweiten und dritten Teil, weil in ihnen die den ökonomischen Kategorien innewohnenden Implikationen über den besonderen Charakter der zwischenmenschlichen Beziehungen in der kapitalistischen Warengesellschaft herausgearbeitet werden. Um Mißverständnissen vorzubeugen, schienen mir manchmal kleine Nebenerklärungen unvermeidlich. Um den roten Faden nicht zu stören, habe ich sie als Fußnoten gebracht.

Nun einige politische Bemerkungen zur vorliegenden Arbeit*. Es ist eine akademische Arbeit. Sie nutzt das akademische Privileg, in relativer Selbständigkeit und Freiheit denken und arbeiten zu können, während der Hauptteil der Bevölkerung tagtäglich eine Arbeit verrichtet, die unter der Fremdbestimmung durch die Zwänge des Kapitals zunehmend menschenunwürdig und sinnlos wird. Noch ist es möglich, wissenschaftliches Arbeiten partiell den Zwängen des Kapitals zu entziehen, denn noch befindet sich das System – wenigstens in unserem Land – in seiner formaldemokratischen Phase. Aber die Weichen werden bereits anders gestellt. Die Notstandsverfassung existiert, Bundesgrenzschutz und Bundeskriminalamt werden ausgebaut. Die Ministerpräsidenten der Länder beschließen die politische Überwachung von „zweifelhaften" Kandidaten im öffentlichen Dienst. Fast vierzig Berufsverbote gegen Lehrer sind schon vollstreckt. Diese Entwicklung soll jetzt auch die Hochschulen erfassen: Drittelparitäten sollen zurückgenommen, die verfaßten

* Dieser Teil bis S. 19 mußte aus der Dissertation herausgenommen werden.

Studentenschaften sollen nach und nach aufgelöst und der Hochschulbetrieb soll (bis jetzt erst in den CDU-regierten Ländern) nicht nur formal, sondern auch inhaltlich der Kontrolle des Kultusministeriums und seiner Lobbyisten unterstellt werden. Es gilt deshalb, nicht nur das akademische Privileg, sondern auch die Zeit, in der es dieses Privileg noch gibt, so zu nutzen, daß die Arbeit hinterher sinnvoll weitergehen kann.

Privileg und Zeit nutzen hieß im Falle meiner Arbeit ein Thema anzupacken, das m. E. endlich systematisch in die revolutionäre Arbeit eingebracht werden muß: das Problem der zerstörten Zwischenmenschlichkeit, von dem die politischen Gruppen ganz genauso betroffen sind wie ihre politischen Adressaten. Dieses Problem geht durch alle Schichten und Klassen. Seine Brisanz zeigt sich in den Zahlen des Alkohol-, Drogen- und Medikamentenkonsums, der ausgeflippten Randexistenzen, der psychosomatischen, neurotischen und psychotischen Erkrankungen, bei Studenten in der Zahl der Studienabbrüche, in der rapide anwachsenden Anzahl von Emanzipationszirkeln aller Art, in der zunehmenden Attraktivität psychopolitischer Themen, in der zunehmenden Vorliebe von Studienbewerbern für das Fach Psychologie und auch in der anarchistischen Neigung, die psychisch erfahrene Gewalt des Systems durch unreflektierte (manchmal auch sinnvolle) Gegengewalt zu beantworten.

Dieses Elend soll auf seinen Begriff gebracht, d. h. so analysiert werden, daß in ihm die spezifische menschlich-gesellschaftliche Totalität des Kapitalverhältnisses sichtbar wird. Es handelt sich dabei weder um eine Klassenanalyse noch um einen Entwurf zur revolutionären Strategie, dazu fehlt überall die Konkretion. Es geht vielmehr darum, marxistische Kategorien aus ihrer dogmatischen Erstarrung zu lösen und ihre psychologische Relevanz so zu beleben, daß ein fundierter Eingang des psychologischen Problems in die revolutionäre Theorie und Praxis möglich wird. Angesichts der oben genannten Erscheinungen ist dies gewiß keine akademische Spitzfindigkeit, sondern eine politische Notwendigkeit, um die sich die revolutionäre Linke nicht mehr herumdrücken kann, wenn sie nicht den Anschluß an die reale Entwicklung verlieren will.

Wenn sich die Linke nicht gezielt der psychologischen Problematik bemächtigt, dann wird sich umgekehrt die psychologische Problematik der politischen Arbeit bemächtigen: Dann werden immer wieder isolierte Gruppen ihre persönliche Befreiung in die eigene Hand nehmen und daran scheitern; dann werden arbeitende Genossen weiterhin die Entlastung von ihren Problemen in Dogmatismus, Gruppenspaltung und Sektierertum suchen (siehe Kapitel VI, 6), dann werden weiterhin kooperationswillige Lehrlinge, Schüler und Studenten abgeschreckt durch ein zwischenmenschliches Klima von unerträglicher Kälte und Arroganz. Die Linke muß sich auf diese Problematik einlassen und ein Emanzipationsverständnis entwickeln, in das die eigene Befreiungsproblematik genauso aufgenommen ist wie die der Adressaten, die individuelle Emanzipation genauso wie die politische. Im letzten Teil der vorliegenden Arbeit habe ich versucht, auf der Grundlage der vorhergehenden Kapitel ein solches Emanzipationsverständnis im Ansatz zu formulieren. Die marxistische Fundierung dieses Emanzipationsbegriffs bedeutet eine Schwerpunktsverlagerung von der psychologischen zur politischen Dimension, ohne aber die psychologische auszuklammern. Von hier aus ergäbe sich eine Kritik an den Selbstbefreiungsversuchen am Ende der antiautoritären Bewegung. Die Leitbilder der persönlichen Befreiung hatten sich weniger aus der marxistischen als der psychoanalytischen Theorie entwickelt. Der Kampf gegen das eigene Über-Ich überlagerte oft den politischen Kampf gegen das System. Der Kontakt zum Proletariat konnte auf diese Weise nicht gefunden werden, aber auch die individuelle Befreiung nicht. Eine allzu leichtfertige Praktizierung psychoanalytischer Befreiungsideen führte und führt auch heute noch in vielen Selbstbefreiungsgruppen zu einem Klima wechselseitiger Lähmung, Denunziation und Destruktion. Die politische Arbeit – sofern überhaupt vorhanden – steht ganz im Bannkreis der eigenen Konflikte, und es fehlen schon im theoretischen Verständnis die Begriffe, mit denen der politische Durchbruch durch die fesselnde Subjektivität theoretisch vorgebahnt werden könnte. Aber an einer Lehre dieser Bewegung können und müssen wir festhalten: an der mobilisierenden Kraft des psychischen Appells. Marxistische Psychologie hätte ihren Teil dazu beizutragen, diese Kraft richtig zu kanalisieren.

Für eine marxistische Emanzipationsstrategie, welche die psychische Problematik bewußt einbezieht, ergäbe sich noch eine weitere Konsequenz, nämlich die Überprüfung der Frage nach dem „revolutionären Subjekt". Es ist klar: Krankheitsanalyse kann keine Klassenanalyse ersetzen, und es ist gewiß irreführend, den seiner Krankheit bewußten Patienten als die „revolutionäre Klasse par excellence" zu bezeichnen, wie dies vom Heidelberger SPK getan worden ist (Sozialistisches Patientenkollektiv 2, 313). Aber es zeigt sich hierin doch eine politische Tendenz, die sich bemüht, der zunehmenden Verlagerung des systembedingten Elends auf die psychische Seite und seiner Ausbreitung in nicht-proletarischen Schichten Rechnung zu tragen. Die Übernahme strategischer Rezepte aus der Vergangenheit wird damit mit Recht in Frage gestellt. Untermauert wird diese Infragestellung noch aus einer ganz anderen Richtung: Der moderne Produktionsprozeß selbst bringt im Zuge der technisch-wissenschaftlichen Revolution die Klassenzugehörigkeiten zunehmend durcheinander. Der zu erwartende rapide Einzug wissenschaftlicher Arbeit in den Produktionsprozeß wird den Begriff der „produktiven Arbeit" mit neuen konkreten Inhalten füllen (6). Der Richta-Report versucht, diese Entwicklung empirisch zu belegen. Mag seine Auswahl auch etwas problematisch sein, so läßt sich die Entwicklung selbst doch nicht leugnen. Die Begriffe der Lohnarbeit und der Mehrwertproduktion erweitern sich damit und beziehen tendenziell die wissenschaftliche Arbeit in sich ein.

„Um produktiv zu arbeiten, ist es nun nicht mehr nötig, selbst Hand anzulegen. Es genügt, Organ des Gesamtarbeiters zu sein, irgendeine seiner Unterfunktionen zu vollziehen" (Marx 6, 531).

Solche Feststellungen zwingen zu einer neuen Beantwortung der Frage nach dem revolutionären Subjekt. In der „Plattform" von Il Manifesto lesen wir (Il Manifesto, 52):

„Das Proletariat ist keine soziologisch präzis definierbare Realität mehr. Es kann nicht vollständig mit dem Bild des Fabrikarbeiters identifiziert werden, denn die Grenze zwischen produktiver und unproduktiver Arbeit ist weniger starr. Der Begriff des Proletariats läuft so Gefahr zu verschwimmen, bis er alles oder nichts bedeutet. In einer fortgeschrittenen kapitalistischen Gesellschaft konstituiert sich das Proletariat – wie Marx gesehen

6) Den inhaltlichen Wandel der produktiven Arbeit ersehen wir z. B. an folgendem Zitat aus dem Richta-Report (Richta-Report , 36/37):
„Die ersten vollautomatischen Betriebe tauchen auf, in denen der Gesamtprozeß (von der Zulieferung der Rohstoffe bis zur Expedition der fertigen Produkte) ohne den Eingriff einer Menschenhand vor sich geht. Obwohl es noch wenige sind, bezeichnet ihre Existenz die neue Grenzlinie, die die Zivilisation nunmehr erreicht hat. Allgemein wird vorausgesetzt, daß sich das automatische Prinzip bis zum Jahrhundertende des überwiegenden Teils der industriellen Massenfertigung bemächtigt und dadurch die gesamte bisherige Produktionsstruktur umstürzt."

hat – als Klasse vor allem durch seinen Kampf, durch sein Verhältnis zur Umwälzung des Systems."

In diesen Kampf werden die Studenten als zukünftige Träger der wissenschaftlichen Lohnarbeit sowie infolge ihrer sich zuspitzenden psychischen Problematik mehr und mehr einbezogen. Auf dem Hintergrund der sich wandelnden objektiven Klassensituation erhält die SPK-Definition des revolutionären Subjekts als des bewußt leidenden Patienten ihren revolutionären Sinn, zumindest wenn wir sie auf die Studenten beziehen (7).

Zur inhaltlichen Abfolge der einzelnen Kapitel:
Kapitel I untersucht das allgemeine Entfremdungsverhältnis des Menschen in der kapitalistischen Warenproduktion. Das Entfremdungsverhältnis zeigt den Menschen unterworfen unter anonyme gesellschaftliche Mächte und Gesetze, die aus seiner eigenen Tätigkeit hervorgegangen sind und ständig neu aus ihr hervorgehen. Das Entfremdungsverhältnis ist also ein unpersönliches Machtverhältnis. Auch der Mitmensch verkörpert – als Charaktermaske – entfremdete gesellschaftliche Macht. Die relativ ausführliche Darstellung der Verdinglichung soll im Gesamtrahmen der Arbeit zwei Funktionen erfüllen: Einmal soll sie die ökonomische Verankerung des Entfremdungsverhältnisses aufzeigen und zum anderen soll sie – in der Auseinandersetzung mit dem rigiden Ökonomismus innerhalb der Linken – aufzeigen, daß die Verdinglichungs- und Entfremdungsproblematik im Marxschen Werk tatsächlich eine zentrale Stelle einnimmt.

Während sich Kapitel I auf die ökonomische Ableitung und die formale Bestimmung des Entfremdungsverhältnisses beschränkt, beginnt Kapitel II mit seiner inhaltlichen Charakterisierung. Indem es das Prinzip der Vergesellschaftung in der kapitalistischen Warenproduktion darstellt, stößt es auf die grundsätzliche Isoliertheit des kapitalistischen Individuums. Der Vergesellschaftungsprozeß, der die Menschen miteinander in Verbindung bringt, konstituiert gleichzeitig ihre Entfremdung voneinander. Das Entfremdungsverhältnis des kapitalistischen Menschen ist somit das Verhältnis eines isolierten Individuums gegenüber einer es von außen vergesellschaftenden gesellschaftli-

7) Zur Funktion der Studenten im revolutionären Kampf vgl. Michael Schneider (1), Lucio Magri und Ernest Mandel (siehe Literaturverzeichnis).

chen Macht sowie das durch diese Macht erzeugte Verhältnis der isolierten Individuen zueinander.

In Kapitel III erfolgt eine ausführlichere Charakterisierung des zwischenmenschlichen Entfremdungsverhältnisses, die zusammengefaßt ist in dem Begriff der Selbstverwertung und „Selbstobjektivierung" (Lukács): Die Individuen lösen einen Teil ihrer Persönlichkeit von sich ab und bringen ihn as Quasiware auf den Markt der zwischenmenschlichen Beziehungen, um dafür das allgemeine soziale Äquivalent (gesellschaftliche Anerkennung) zu erhalten. In diesem allgemeinen außerökonomischen „Austauschverhältnis" tritt die im Mitmenschen und in der gesellschaftlichen Umwelt verkörperte gesellschaftliche Macht auf in Gestalt einer anonymen Gerichtbarkeit, welche den „Tauschwert" der auf den Markt gebrachten Persönlichkeit beurteilt und danach die Äquivalente verteilt. Das Individuum befindet sich dieser allgegenwärtigen Gerichtbarkeit gegenüber in einer Art permanenter Bewährungs- und Prüfungssituation und reagiert darauf mit „Realisierungsangst".

Die ersten drei Kapitel bilden zusammen den ersten Teil der Arbeit, in dem der kategoriale Rahmen für die psychologische Darstellung entwickelt wird. Er enthält hauptsächlich drei Bestimmungen des Entfremdungsverhältnisses, die für die psychologische Untersuchung relevant sind: das Beherrschtsein durch die anonyme gesellschaftliche Macht, die zwischenmenschliche Isolierung und die Richterfunktion des Mitmenschen.

Kapitel IV soll zeigen, wie alle drei Bestimmungen des Entfremdungsverhältnisses im Sozialisationsprozeß dem Individuum vermittelt werden. Die Eltern repräsentieren dabei als erste Richterinstanz die entfremdete gesellschaftliche Macht. Die Situation der Trennung und Isolierung realisiert sich in der individuellen Lebensgeschichte durch den Verdrängungszwang, durch den entscheidende Teile der menschlichen Persönlichkeit aus der Kommunikation ausgeklammert werden. Durch die Über-Ich-Bildung verlagert sich die gesellschaftliche Macht der Erzieher nach innen, und in der Über-Ich-Projektion wird sie wieder nach außen auf den jeweiligen Kommunikationspartner übertragen. Durch diesen Übertragungsmechanismus werden im Mitmenschen latent elterliche Strafgewalt und gesellschaftliche Macht vereinigt. Die einstige Realangst des Kindes vor der elterlichen Strafe kommt jetzt – über den Weg der Verinnerlichung der Strafinstanz und ihrer erneuten Projektion nach außen – als neurotische Angst vor den Mitmenschen wieder zum Vorschein.

Kapitel V befaßt sich mit den Kommunikationsstrategien, die eingeschlagen werden, um die neurotische Angst vor dem anderen zu bewältigen. Dabei zeigt sich, daß die zwischenmenschliche Angst durch die Formen ihrer (Pseudo)bewältigung immer neu erzeugt wird. Die zwischenmenschliche Isolierung, die durch Angstabwehrmechanismen überbrückt werden soll, wird gerade durch sie reproduziert. Es gibt innerhalb des Entfremdungsverhältnisses und der darin stattfindenden Kommunikation keine wirkliche Lösung des Konflikts zwischen mir und dem anderen und deshalb – auf bloßer Kommunikationsebene – auch keine wirkliche Beseitigung der neurotischen Angst.

Kapitel VI zieht aus den vorhergegangenen Kapiteln die Konsequenzen für das Problem der individuellen und gesellschaftlichen Emanzipation. Die im ersten Teil entwickelten marxistischen Gedanken spielen dabei eine größere Rolle als die psychoanalytischen. Mittels der marxistischen Begriffe kann nicht nur die progressive Seite von Entfremdung und Angst leichter verstanden werden, sondern es kann mit ihrer Hilfe auch ein Emanzipationsbegriff entwickelt werden, der die persönliche Emanzipation mit der politischen zur Deckung bringt und damit tendenziell die in vielen linken (hauptsächlich studentischen) Gruppen vorherrschende Kluft zwischen persönlichem und politischem Interesse überwindet.

Erster Teil

Die Ware als Grundkategorie für die Untersuchung der zwischenmenschlichen Beziehungen in der kapitalistischen Gesellschaft.

I Das durch die Warenproduktion gesetzte Entfremdungsverhältnis des Menschen zur Gesellschaft

1. Das Phänomen der Verdinglichung

Die kapitalistische Gesellschaft ist die warenproduzierende Gesellschaft auf ihrer höchstentwickelten Stufe. Die Ware ist ihre „Zellenform" in vielerlei Hinsicht. Es gibt in ihr kaum einen sozialwissenschaftlich relevanten Untersuchungsgegenstand, der ohne ein volles Verständnis der Ware begriffen werden könnte (dies zunächst als methodisches Postulat; ich werde es im weiteren inhaltlich auszufüllen versuchen). Die Ware hat nicht nur eine ökonomische Bedeutung, sondern auch eine soziologische, ideologische und psychologische. Georg Lukács schreibt über diese allgemeine Wichtigkeit des Warenproblems (Lukács, 94):

„Es ist keineswegs zufällig, daß beide großen und reifen Werke von Marx (8), die die Gesamtheit der kapitalistischen Gesellschaft darzustellen und ihren Grundcharakter aufzuzeigen unternehmen, mit der Analyse der Ware beginnen; denn es gibt kein Problem dieser Entwicklungsstufe der Menschheit, das in letzter Analyse nicht auf diese Frage hinweisen würde, dessen Lösung nicht in der Lösung des Rätsels der Warenstruktur gesucht werden müßte. Freilich ist diese Allgemeinheit des Problems nur dann erreichbar, wenn die Problemstellung jene Weite und Tiefe erreicht, die sie in den Analysen von Marx selbst besitzt; wenn das Warenproblem nicht bloß als Einzelproblem, auch nicht bloß als Zentralproblem der einzelwissenschaftlich gefaßten Ökonomie, sondern als zentrales, strukturelles Problem der kapitalistischen Gesellschaft in allen ihren Lebensäußerungen erscheint. Denn erst in diesem Fall kann in der Struktur des Warenverhältnisses das Urbild aller Gegenständlichkeitsformen und aller ihnen entsprechenden Formen der Subjektivität in der bürgerlichen Gesellschaft aufgefunden werden."

Worin besteht das Wesen der Warenstruktur? Ich gebe die Antwort wieder durch Lukács (94):

„Das Wesen der Warenstruktur ist bereits oft hervorgehoben worden; es beruht darauf, daß ein Verhältnis, eine Beziehung zwischen Personen den Charakter einer Dinghaftigkeit und auf diese Weise eine ‚gespenstige Gegenständlichkeit' erhält, die in ihrer strengen, scheinbar völlig geschlossenen und rationellen Eigengesetzlichkeit jede Spur ihres Grundwesens, der Beziehung zwischen Menschen, verdeckt."

Hier ist die Verdinglichung thematisiert.

Zunächst eine kurze Definition von Verdinglichung: Verdinglichung ist der Prozeß, der bestimmte soziale Merkmale der menschlich-gesellschaftlichen Tätigkeit überträgt auf die Produkte dieser Tätigkeit und sie dort als Dingmerkmale in Erscheinung bringt; die menschlichen Verhältnisse erscheinen (und verbergen sich dabei gleichzeitig) als Verhältnisse von Dingen. So schreibt beispielsweise Friedrich Engels (Engels 3, 247):

„Die Schwierigkeit in der Ware liegt darin, daß sie, wie alle Kategorien der kapitalistischen Produktionsweise, ein persönliches Verhältnis unter sachlicher Hülle darstellt. Die Produzenten beziehen ihre verschiedenen Arbeiten aufeinander als allgemein menschliche Arbeit, indem sie ihre Produkte aufeinander beziehen als Waren – ohne diese Vermittlung der Sache bringen sie es nicht fertig. Der Verhältnis der Personen erscheint also als das Verhältnis der Sachen."

Welches sind die sozialen Merkmale der menschlich-gesellschaftlichen Tätigkeit, die sich auf die Dingwelt als deren scheinbar immanente Eigentümlichkeit übertragen? Ich will diese Frage beantworten, indem ich zunächst Marx' Antwort gebe und diese dann im Detail untersuche. Marx schreibt (Marx 6, 86):

„Die Gleichheit der *menschlichen* Arbeiten erhält die *sachliche* Form der gleichen Wertgegenständlichkeit der Arbeits*produkte;* das Maß der Verausgabung *menschlicher* Arbeitskraft durch ihre Zeitdauer erhält die Form der Wertgröße der Arbeits*produkte;* endlich die Verhältnisse der *Produzenten,* worin jene gesellschaftlichen Bestimmungen ihrer Arbeiten betätigt werden, erhalten die Form eines gesellschaftlichen Verhältnisses der Arbeits*produkte*." (Hervorh. d. Verf.)

In diesem Zitat nennt Marx drei Übertragungspunkte, an denen sich Menschliches auf Dingliches überträgt (genauer: an denen Momente der menschlich-gesellschaftlichen Tätigkeit dinghafte Gestalt annehmen).

Erstens: Die Gleichheit der menschlichen Arbeiten überträgt sich auf die Dingwelt als die gleiche Wertgegenständlichkeit der Arbeitsprodukte (was es mit der gleichen Arbeit und der gleichen Wertgegenständlichkeit auf sich hat, soll anschließend untersucht werden).

Zweitens: Die Zeitdauer der menschlichen Arbeit überträgt sich auf die Dingwelt als die Wertgröße der Arbeitsprodukte.

Drittens: Die gesellschaftlichen Verhältnisse der Produzenten übertragen sich auf die Dingwelt als Verhältnisse der Arbeitsprodukte.

Es handelt sich hierbei um eine merkwürdige Verkehrung, worin die Dingwelt eine Autonomie gewonnen hat, die eigentlich dem Menschen zukommt, und worin die Dingwelt eine Sachgesetzlichkeit annimmt, die ihr nicht aus ihrer Natur, sondern nur aus den spezifischen Tätigkeitsformen der Menschen zukommt. Marx fährt fort:

„Das Geheimnisvolle der Warenform besteht also einfach darin, daß sie den Menschen die gesellschaftlichen Charaktere ihrer eignen Arbeit als gegenständliche Charaktere der Arbeitsprodukte selbst, als gesellschaftliche Natureigenschaften dieser Dinge zurückspiegelt, daher auch das gesellschaftliche Verhältnis der Produzenten zur Gesamtarbeit als ein außer ihnen existierendes gesellschaftliches Verhältnis von Gegenständen. Durch dies Quidproquo werden die Arbeitsprodukte Waren, sinnlich übersinnliche oder gesellschaftliche Dinge."

Ob wir dieses „Quidproquo", diese Verdrehung oder „Verkehrung" (Brückner) als „Verdinglichung" bezeichnen oder sonstwie, ob wir das Wort „Verdinglichung" in der Marxschen Warenanalyse finden oder nicht, tut absolut nichts zur Sache. Wichtig ist allein, daß der mit „Verdinglichung" gemeinte Sachverhalt in Marx' Warenanalyse – und damit in seiner ganzen Kapitalismus-Theorie – eine ganz entscheidende Stelle einnimmt. Ohne Verdinglichung gäbe es keine Ware, kein Geld, kein Kapital, sondern nur Arbeitsprodukte. Marx betont dies ausdrücklich, wenn er sagt: „Durch dies Quidproquo werden die Arbeitsprodukte Waren."

Wir sind noch nicht fertig mit der Frage, welche sozialen Merkmale sich in Dingmerkmale verwandeln oder die Gestalt von Dingmerkmalen annehmen. Wir haben deshalb die zitierte Stelle der Marxschen Warenanalyse noch genauer zu untersuchen. Der erste Übertragungspunkt war die Gleichheit der menschlichen Arbeit, die sich auf die Arbeitsprodukte überträgt als deren gleiche Wertgegenständlichkeit. Der Sinn dieses Punktes – und er ist von allen dreien der Entscheidende – wird deutlich, wenn wir den Zusammenhang betrachten, in dem innerhalb der Warenanalyse von gleicher menschlicher Arbeit die Rede ist:

Die gleiche menschliche Arbeit ergibt sich schon ganz am Anfang der Warenanalyse aus der einfachen Tauschgleichung:

1 Quarter Weizen = 1 Ztr. Eisen. Zwei qualitativ verschiedene Dinge wie Weizen und Eisen können nur gleichgesetzt werden, wenn sie unter Abstraktion von ihrer Verschiedenheit auf ein gemeinsames Drittes reduziert werden. Dieses gemeinsame Dritte kann nicht ihre natürliche Beschaffenheit bzw. ihr Gebrauchswert sein; davon wird gerade abstrahiert. Das Gemeinsame – so schlußfolgert Marx – liegt darin, daß beide Waren Produkte menschlicher Arbeit sind, aber – weil ja vom Gebrauchswert abstrahiert ist – nicht Produkte der konkreten, nützlichen, Gebrauchswert schaffenden Arbeit, sondern Produkte der gleichen, abstrakt-menschlichen Arbeit (10). Diese Arbeit ist ihre gemein-

10) Die entscheidende Stelle (und – wie wir gleich sehen werden – auch die problematische Stelle) heißt bei Marx (Marx 6, 52):
„Sieht man nun vom Gebrauchswert der Warenkörper ab, so bleibt ihnen nur noch eine Eigenschaft, die von Arbeitsprodukten. Jedoch ist uns auch das Arbeitsprodukt bereits in der Hand verwandelt. Abstrahieren wir von seinem Gebrauchswert, so abstrahieren wir auch von den körperlichen Bestandteilen und Formen, die es zum Gebrauchswert machen. Es ist nicht länger Tisch oder Haus oder Garn oder sonst ein nützliches Ding. Alle seine sinnlichen Beschaffenheiten sind ausgelöscht. Es ist auch nicht länger das Produkt der Tischlerarbeit oder der Bauarbeit oder der Spinnarbeit oder sonst einer bestimmten produktiven Arbeit. Mit dem nützlichen Charakter der Arbeitsprodukte verschwindet der nützliche Charakter der in ihnen dargestellten Arbeiten, es verschwinden also auch die verschiednen konkreten Formen dieser Arbeiten, sie unterscheiden sich nicht länger, sondern sind allzusamt reduziert auf gleiche menschliche Arbeit, abstrakt menschliche Arbeit."
Mit dieser logischen Argumentation versucht Marx, die abstrakte Arbeit auf logische Weise aus der einfachen Tauschgleichung abzuleiten. Indem er damit gleichzeitig nachzuweisen beansprucht, daß die abstrakte gesellschaftliche Arbeit in der Wertgegenständlichkeit der Arbeitsprodukte verdinglicht ist, bedeutet seine Ableitung eine logische Herleitung der Verdinglichung aus der einfachen Warenproduktion, welche in der einfachen Tauschgleichung mathematisch symbolisiert ist. Wegen dieser weitreichenden Bedeutung ist diese Ableitung zu wichtig, um unkritisch übernommen zu werden. Tatsächlich zeigt sie bei genauerer Betrachtung eine schwache Stelle: Warum genau wird bei der einfachen Tauschgleichung vom nützlichen Charakter der Arbeitsprodukte abstrahiert?
Die Antwort heißt bei Marx:
„Ihre körperlichen Eigenschaften kommen überhaupt nur in Betracht, soweit selbe sie nutzbar machen, also zu Gebrauchswerten. Andrerseits ist es aber gerade die Abstraktion von ihren Gebrauchswerten, was das Austauschverhältnis der Waren augenscheinlich (!) charakterisiert. Innerhalb desselben gilt ein Gebrauchswert grade so viel wie jeder andere, wenn er nur in gehöriger Proportion vorhanden ist."
Hier ist Marx offensichtlich ungenau: einerseits sagt er, daß der Gebrauchswert vorausgesetzt ist, andererseits, daß von ihm „augenscheinlich" abstrahiert würde. Rein logisch gesehen, ließe sich dieser Widerspruch dadurch lösen, daß man beim Gebrauchswert – genauso wie es Marx bei der Arbeit tut! – unterscheidet zwischen konkretem und abstraktem Gebrauchswert (der abstrakte Gebrauchswert bestünde in der Tatsache, überhaupt Nützlichkeit zu besitzen, gleichgültig welcher Art diese Nützlichkeit ist). Wir könnten dann sagen: beim

same gesellschaftliche Substanz, und als Kristalle dieser menschlich-gesellschaftlichen Substanz sind die Arbeitsprodukte Werte. Der Wert der Ware – dieses ihr scheinbar immanente Merkmal – ist also nichts weiter als der dingliche Ausdruck der gesellschaftlichen, gleichen, abstrakten Arbeit. Der Wert ist nicht in der physischen Natur der Ware verankert, sondern in der spezifischen abstrakten Form der Arbeit. Diese abstrakte Form der Arbeit wiederum ergibt sich – nicht nur als logische Abstraktion, sondern als Realabstraktion (11) – aus den der Warenproduktion zugrundeliegenden sozialen Merkmalen: Privatproduktion und Tausch. Wenn wir also sagen, daß der Wert der verding-

Warenaustausch ist der abstrakte Gebrauchswert vorausgesetzt, während vom konkreten Gebrauchswert abstrahiert ist. Wenn wir aber in dieser Weise unterscheiden zwischen konkretem und abstraktem Gebrauchswert, so gibt es keinen Grund mehr, den Gebrauchswert überhaupt aus der Ableitung auszuklammern. Es ist dann nicht mehr logisch zwingend, das gemeinsame Dritte der beiden Waren in der Tatsache zu sehen, daß sie beide Arbeitsprodukte sind; das Gemeinsame könnte genausogut darin liegen, daß sie beide Nützlichkeit besitzen. Marx hat also den logischen Fehler gemacht, mit der Abstraktion vom konkreten Gebrauchswert den Gebrauchswert schlechthin (den abstrakten Gebrauchswert) auszuklammern. Diese Ausklammerung hat vermutlich gute Gründe, aber Marx hat sie nicht genannt, und in der mathematischen Form der einfachen Tauschgleichung sind sie logisch nicht enthalten.

Gegen diese logische Kritik an Marxens Ableitung könnte sich folgender Einwand ergeben: Die Nützlichkeit kommt deshalb als Gemeinsames nicht in Betracht, weil es auch nützliche Dinge (z. B. Luft) gibt, die keinen Wert besitzen; die Nützlichkeit ist deshalb zwar vorausgesetzt, kann aber nicht das Entscheidende sein. Entsprechendes ließe sich – ohne daß damit dieser Einwand entkräftet würde – auch umgekehrt von der Arbeit sagen: Die abstrakte Arbeit kann schlecht das Gemeinsame sein, da es auch Arbeitsprodukte gibt, die keinen Wert besitzen, weil sie nicht für den Tausch produziert werden.

Ich glaube, beide Einwände sind richtig, und die Lösung des Problems ergibt sich eben daraus, das Gemeinsame der beiden Waren sowohl im abstrakten Gebrauchswert als auch in der abstrakten Arbeit zu sehen. (Inhaltlich ist dies natürlich nichts neues; es geht hier nur um die Exaktheit der logischen Ableitung an dieser für die Marxsche Theorie so wichtigen Stelle.) Beides muß gegeben sein, damit der Tausch vollzogen wird. Daß Marx den abstrakten Gebrauchswert unterschlug, liegt wohl daran, daß ihm diese Voraussetzung selbstverständlich war; er schreibt ja auch am Ende des letzten Zitats: „wenn er nur in gehöriger Proportion vorhanden ist" (gemeint ist der Gebrauchswert). Worauf es ihm ankam, war die Betonung der abstrakten Arbeit als dem eigentlich Neuen, das seine Theorie von anderen unterschied. Die Herleitung dieser abstrakten Arbeit aus der einfachen Tauschgleichung ist zweifellos richtig, wenn auch bei Marx nicht ganz korrekt formuliert.

11) Die Realität der abstrakten Arbeit zeigt sich z. B. in der Gleichgültigkeit des Arbeiters gegenüber dem konkreten Inhalt seiner Arbeit, in der bloßen Betrachtung der Arbeit als Geldquelle, im häufigen Stellenwechsel, im Leistungsprinzip, das die Arbeit mehr nach quantitativen als nach qualitativen Gesichtspunkten bewertet. Volle gesellschaftliche Realität erhält die abstrakte Arbeit erst in der Lohnarbeit (siehe später).

lichte Ausdruck der abstrakten menschlichen Arbeit sei, so müssen wir fortsetzen, daß diese abstrakte Arbeit selbst Ausdruck eines spezifischen Verhältnisses zwischen Personen ist. Beides zusammenfassend können wir den Wert als den dinghaften Ausdruck dieses gesellschaftlichen Verhältnisses oder kurz: als das verdinglichte Verhältnis der Warenproduzenten bezeichnen. Erst jetzt, wo die Verkehrsformen (= -verhältnisse), worin die Warenproduzenten produzieren und austauschen, in Verbindung gebracht sind mit der Wertform der Arbeitsprodukte, wo diese Wertform erkannt ist als die verdinglichte Erscheinungsform von Privatproduktion und Tausch, erst jetzt ist der ganze Verdinglichungszusammenhang erfaßt. Jetzt verstehen wir ganz die Marxsche Aussage, daß der Wert ein „unter dinglicher Hülle verstecktes Verhältnis" (12) sei.

Nachdem dieser erste Punkt des Verdinglichungszitates von Marx („Die Gleichheit der menschlichen Arbeiten erhält die sachliche Form der gleichen Wertgegenständlichkeit") geklärt ist, sind die nächsten beiden auch schon klar. Der zweite besagt ja nichts weiter, als daß sich die Zeitdauer der menschlichen Arbeit auf die Ware überträgt als deren Wertgröße, wobei die Wertgröße proportional ist zur Arbeitszeit, die im gesellschaftlichen Durchschnitt für die Herstellung dieser Ware investiert werden muß (13). Das war auch für die damalige bürgerliche Nationalökonomie kein Geheimnis. Die entscheidende Frage, welche die Marxsche Theorie weit über die bürgerliche Nationalökonomie hinaustreibt, ist die Frage, *warum* sich die Zeitdauer der menschlichen Arbeit in der Wertgröße des Arbeitsprodukts darstellt (14).

Marx gibt in der Warenanalyse, wie sie im „Kapital" vorliegt, keine explizite Antwort auf diese Frage. Indem er

12) Marx 6, 88 Fußnote

13) Diese Bestimmung der Wertgröße und mit ihr das Wertgesetz setzt sich historisch durch infolge der Konkurrenz der einzelnen Warenproduzenten gleichsam als naturwüchsiges, sich hinter dem Rücken der Produzenten verwirklichendes Prinzip und nicht als ihr bewußter gemeinsamer Plan. „Nur durch die Schwankungen der Konkurrenz und damit der Warenpreise setzt sich das Wertgesetz der Warenproduktion durch, wird die Bestimmung des Warenwerts durch die gesellschaftlich notwendige Arbeitszeit eine Wirklichkeit." (Engels 1, 18)

14) „Die politische Ökonomie hat nun zwar, wenn auch unvollkommen, Wert und Wertgröße analysiert und den in diesen Formen versteckten Inhalt entdeckt. Sie hat niemals auch nur die Frage gestellt, warum dieser Inhalt jene Form annimmt, warum sich also die Arbeit im Wert und das Maß der Arbeit durch ihre Zeitdauer in der Wertgröße des Arbeitsprodukts darstellt." (Marx 6, 94/95)

aber Wert und Wertgröße ableitet aus dem Tauschverhältnis, hat er diese Antwort implizit schon gegeben, denn das Tauschverhältnis ist das gesellschaftliche Verhältnis der Warenproduzenten. Dieses gesellschaftliche Verhältnis ist – in der abstrakten Form der einfachen Tauschgleichung – der Ausgangspunkt der ganzen Warenanalyse. Der Grund, warum sich die menschliche Arbeitszeit in der Wertgröße darstellt, liegt genau wie der andere, warum das Arbeitsprodukt Wertgegenständlichkeit annimmt, im sozialen Verhältnis der Warenproduzenten: Privatproduktion und Tausch. Wenn wir also beim zweiten Punkt des Marxschen Verdinglichungszitats zunächst sagen können, daß sich die menschliche Arbeitszeit in der Wertgröße verdinglicht, so können wir genau wie vorhin noch tiefer gehen und – die Ursachen dieser Verdinglichung in den sozialen Beziehungen sehend – sagen: Auch die Wertgröße ist ein verdinglichter, zum Dingmerkmal geronnener Ausdruck der sozialen Beziehungen der Warenproduzenten (15).

Nun zum letzten Punkt: „... endlich die Verhältnisse der Produzenten, worin jene gesellschaftlichen Bestimmungen ihrer Arbeiten bestätigt werden, erhalten die Form eines gesellschaftlichen Verhältnisses der Arbeitsprodukte." Hier ist die Verdinglichung am offensichtlichsten: die Beziehungen der Warenproduzenten verwandeln sich in Beziehungen ihrer Waren. Geregelt werden diese Beziehungen durch das Wertgesetz, das die Waren nach dem quantitativen Verhältnis ihrer Wertgrößen aufeinander bezieht. Die Wertgrößen aber resultieren – wie eben gesagt – aus den sozialen Beziehungen der Warenproduzenten. Das Wertgesetz ist der verdinglichte Ausdruck dieser Beziehungen und keinesfalls ein aus der Natur der Arbeitsprodukte selbst entspringendes Sachgesetz (16).

15) Die Kritiker, die hier von einer „Verphilosophierung" ökonomischer Kategorien sprechen, mögen die Ableitung genau nachvollziehen und den Punkt aufzeigen, wo in den Gedankengang etwas hineingerutscht ist, das nicht in den Prämissen schon enthalten war. Dies wäre dann allerdings nicht nur eine Kritik an meiner Arbeit, sondern eine Kritik an einer zentralen Stelle der Marxschen Theorie, genau an der Stelle nämlich, die den ökonomischen Marx mit dem philosophischen verbindet.

16) Marx schreibt deshalb (Marx 6, 86): „Dagegen hat die Warenform und das Wertverhältnis der Arbeitsprodukte, worin sie sich darstellt, mit ihrer physischen Natur und den daraus entspringenden dinglichen Beziehungen absolut nichts zu schaffen. Es ist nur das bestimmte gesellschaftliche Verhältnis der Menschen selbst, welches hier für sie die phantasmagorische Form eines Verhältnisses von Dingen annimmt." Das Wort „phantasmagorisch" ist hier etwas problematisch,

Nachdem der Verdinglichungszusammenhang erkannt, der Wert bzw. das Wertgesetz auf seinen sozialen Ursprung zurückgeführt ist, ist das Warenrätsel gelöst. Der unter dem Verdinglichungsbegriff gefaßte Sachverhalt, nämlich die Verwandlung von sozialen Merkmalen in Dingmerkmale, von menschlichen Beziehungen in Dingbeziehungen, ist der Schlüssel für die Lösung der Aufgabe, die sich Marx mit seiner Warenanalyse gesetzt hat. Die Menschen wissen nicht, daß sie sich Gesetzen unterwerfen, die sie durch den besonderen Charakter ihrer sozialen Beziehungen bzw. ihrer Produktionsweise (17) selbst hervorgebracht haben. Sie reden von „Sachgesetzen", ohne deren menschlichen Ursprung zu erkennen. Diese große Bewußtseinstäuschung, die bei uns heute der bürgerlichen Ideologie und Sozialwissenschaft zugrundeliegt, nennt Marx den „Warenfetischismus". Der Begriff des Warenfetischismus ist von dem der Verdinglichung nicht zu trennen. (Ich werde ihn trotzdem im 3. Abschnitt dieses Kapitels gesondert behandeln, weil ich in den Ausführungen über die Verdinglichung den roten Faden nicht unnötig strapazieren wolte.)

a) Verdinglichung: Realität oder Metapher?

„Verdinglichung" ist zunächst eine logische Kategorie. Wir stellen fest, daß die Arbeitsprodukte in der Warenproduktion Eigenschaften annehmen, die ihnen an sich gar nicht zukommen; wir analysieren diese Eigenschaften (Wertform, Wertgröße,

denn es suggeriert das dingliche Verhältnis als bloß subjektiven trügerischen Schein. Es gehört zum Begriff des Warenfetischismus, auf den ich später kommen werde. Hier soll vorerst nur gesagt werden, daß dieser Schein gleichzeitig höchst real ist. Hierin liegt eine merkwürdige Doppelbödigkeit der kapitalistischen Wirklichkeit und eine besondere Schwierigkeit der marxistischen Erkenntnistheorie (siehe Abschnitt 3 dieses Kapitels). Der Verdinglichungsbegriff meint im Gegensatz zu dem des Warenfetischismus nicht nur das, was sich im menschlichen Bewußtsein abspielt, sondern einen realen sozioökonomischen Prozeß (über den Realitätscharakter dieses Prozesses siehe den nächsten Abschnitt 1c).

17) Die Unterscheidung zwischen sozialen Beziehungen und Produktionsweise ist hier nicht nötig. Das Besondere, das die verschiedenen historischen Produktionsweisen voneinander unterscheidet, liegt ja gerade – neben dem technischen Niveau – in den sozialen Beziehungen, worin die Produktion stattfindet. Die Produktionsform ist immer auch eine soziale Verkehrsform. Wenn in meiner Arbeit Verdinglichung und Entfremdung von sozialen Beziehungen (= Verkehrsformen = gesellschaftlichen Verhältnissen = zwischenmenschlichen Beziehungen) abgeleitet werden, so ist das gleichbedeutend mit einer Ableitung aus der Produktionsform (siehe auch die Fußnote über das Verhältnis von Tausch und Produktion in Abschnitt 1d dieses Kapitels).

Wertgesetz) und erkennen sie als Resultat bestimmter sozialer Merkmale der menschlich-gesellschaftlichen Tätigkeit; wir sagen dann: Diese Merkmale haben sich auf die Arbeitsprodukte übertragen; sie haben sich „verdinglicht". Wir sagen das aufgrund einer rein logischen In-Beziehung-Setzung von Tätigkeitsmerkmalen und Resultat – ganz ungeachtet dessen, was sich empirisch im einzelnen abgespielt hat. „Verdinglichung" ist eine logische Hülse, in die der konkrete historische Prozeß hineingepackt werden muß, damit die Realität historisch richtig abgebildet ist. Andererseits aber ist dieser historische Prozeß sowie die Kenntnis von ihm schon vorausgesetzt, sonst könnte er gar nicht auf den logischen Begriff der Verdinglichung gebracht werden. „Verdinglichung" ist also keine willkürliche, dem Sachverhalt bloß äußerlich aufgesetzte Kategorie, sondern eine aus dem realhistorischen Prozeß logisch abgeleitete. Wir können sie als „real" bezeichnen, insofern sich tatsächlich soziale Merkmale auf die Dingwelt übertragen haben; die Tatsächlichkeit dieses Übertragungsprozesses erkennen wir am Resultat (Wertform usw.). Betrachten wir den empirischen historischen Prozeß, so finden wir natürlich in keiner Sekunde so etwas wie Verdinglichung; wir finden nur das Produzieren der Waren, ihr Anbieten auf dem Markt, Kauf, Verkauf, Konkurrenz, Ausbreitung des Handels usw. Wäre diese historische Faktizität mit der Realität identisch (und nicht nur ihre empirische Erscheinungsform), so brauchten wir keine wissenschaftliche Analyse mehr. Die Realität ist jedoch wesentlich komplizierter. Was wir aus der historischen Faktizität an logischen Bestimmungen abstrahieren können, muß – nach der Betrachtungsweise des dialektischen und historischen Materialismus – irgendwie als logisches Prinzip in der Realität selbst verankert sein (18).

Jeder Begriff ist eine Abstraktion und als solche nicht einfach identisch mit der Realität. Entscheidend aber für den Realitätscharakter des Begriffs ist die Art seiner Abstraktion. Sind die Kriterien, nach denen abstrahiert wird, der Sache selbst äußerlich, so ist die Abstraktion willkürlich; mit solchen willkür-

18) Dieses „logische Prinzip" der Realität kann am realen Tauschakt verdeutlicht werden. Die Abstraktion von der konkreten Beschaffenheit und dem konkreten Gebrauchswert des Arbeitsprodukts und somit auch vom konkreten Inhalt der Arbeit wird hier real vollzogen, ohne überhaupt dem menschlichen Kopf bewußt zu sein. Die wissenschaftliche Analyse muß diese Abstraktion nachvollziehen; das logische Prinzip, das sie dabei anwendet, ist der Sache nicht mehr äußerlich, sondern es bewegt sich gewissermaßen „entlang" der Realität.

lichen Abstraktionen kann allenfalls über die Realität theoretisiert, niemals aber die Realität theoretisch reproduziert werden (die folgerichtige philosophische Konsequenz ist der Agnostizismus). Entstammen dagegen die Abstraktionskriterien der Realität selbst, so folgt die Abstraktion einem in der Realität selbst vorhandenen „logischen Prinzip“ (Beispiel: Realabstraktion beim Tausch). Mit dieser – aus der Realität selbst gewonnenen – Abstraktion kann die Realität theoretisch reproduziert werden. So sagt z. B. Hegel an einer Stelle der „Phänomenologie“ (Hegel 1, 52):

„Das wissenschaftliche Erkennen erfordert aber vielmehr, sich dem Leben des Gegenstandes zu übergeben oder, was dasselbe ist, die innere Notwendigkeit desselben vor sich zu haben und auszusprechen.“

Von Marx wird dieser Gedanke voll aufgenommen, nur natürlich nicht in dem idealistischen Sinne Hegels, wonach der Begriff die Realität konstituiert, sondern umgekehrt. So äußert er an einer Stelle folgende Kritik an Hegel:

„Hegel gibt seiner Logik einen politischen Körper; er gibt nicht die Logik des politischen Körpers.“

„Die Logik des politischen Körpers“ – hierin ist die Einheit von Begriff und Realität auf eine materialistische Basis gestellt. Hegel und Marx unterscheiden zwischen Erscheinungsform und Wesen und nennen das Wesen, also das „Eigentliche“ der Realität, auch ihren „Begriff“. So will Marx beispielsweise die Preisschwankungen „in ihrer gesetzmäßigen, ihrem Begriff entsprechenden Gestalt betrachten“ (Marx 7, 199). Der „Begriff“: das ist die innere Bewegung der Sache, die Sache als Selbstentwicklung (19).

Zur Selbstentwicklung der Ware gehört die Verdinglichung, insofern gehört die Verdinglichung zum Begriff der Ware. Aber die Selbstentwicklung der Ware ist gleichzeitig die konkrete menschlich-gesellschaftliche Praxis. Diese Praxis selbst ist also die Verdinglichung. Wir könnten sie aber nicht als Verdinglichung erkennen, wenn wir sie nur an der Erscheinungsoberfläche und nicht in ihrer konkreten Totalität („konkret“ ist nach Marx die Einheit der mannigfaltigen Bestimmungen) untersuchen würden. Um also zum Begriff zu kommen, ist eine theore-

19) Vgl. hierzu Zelený, besonders das 5. und 6. Kapitel

tische Analyse notwendig. Theoretische Analyse bedeutet in jedem Fall Abstraktion, und die Frage nach dem Realitätscharakter der Verdinglichung ist die generelle Frage nach dem Realitätscharakter von Abstraktionen. Auch die „Wertform" ist eine Abstraktion. Ist sie real existent? Ist sie Begriffsinstrument zum theoretischen Verständnis der Realität? Sie ist beides. Dasselbe gilt m. E. für die Verdinglichung. Eine Metapher wäre sie dann, wenn sie den gemeinten Prozeß in ein Gleichnis übersetzte, ohne den Prozeß selbst zu beschreiben. In diesem Sinn ist sie ganz sicher keine Metapher, denn der Wert existiert ja real als Eigenschaft der Ware, also als Dingeigenschaft, ohne in der Natur des Arbeitsprodukts verankert zu sein. (Daß diese Realität des Werts auf dem Fetischcharakter der Ware beruht und damit eine merkwürdige Doppelbödigkeit aufweist, ändert nichts an der Tatsächlichkeit des Werts. Auf die Doppelbödigkeit der kapitalistischen Realität werde ich in dem Abschnitt über den Warenfetischismus genauer eingehen.)

b) Verdinglichung in der kapitalistischen Warenproduktion

Was bisher über die Verdinglichung gesagt wurde, ist zwar logisch abgeleitet aus den Verhältnissen der einfachen Warenproduktion, erlangt aber volle praktische Gültigkeit erst in der kapitalistischen Warenproduktion. Wir können das an der Ableitung der abstrakten Arbeit aus der einfachen Tauschgleichung verdeutlichen. Um das einfache Tauschverhältnis zweier Waren in einer Gleichung darstellen zu können, die nicht nur für einen einzelnen, zufälligen Tauschakt, sondern für jeden Tauschakt gilt, muß die Warenproduktion eine Entwicklungsstufe erreicht haben, in der sich Wertform und Wertgröße der Arbeitsprodukte allgemein durchgesetzt haben. Diese Entwicklungsstufe ist erreicht in der kapitalistischen Warenproduktion. Marx schreibt deshalb (Marx/Engels 3, 88):

„Diese Bestimmung des Werts (als verdinglichte Form der abstrakten Arbeit – D. D.) ist bloß die abstrakteste Form des bürgerlichen Reichtums. Setzt an sich schon voraus 1. die Aufhebung des naturwüchsigen Kommunismus (Indien etc.), 2. aller unentwickelten, vorbürgerlichen Weisen der Produktion, in denen der Austausch sie nicht in ihrem ganzen Umfang beherrscht."

Die im Wert vergegenständlichte abstrakte Arbeit erhält ihre gesellschaftliche Realität erst in der Lohnarbeit. Sobald aber die Arbeit die Form der Lohnarbeit angenommen hat, ist es nicht mehr der einfache Wert, worin sie sich vergegenständlicht, sondern die gegenständliche Form der Lohnarbeit ist das Kapital als der „sich selbst verwertende" Wert. Das Kapital ist die zentrale Verdinglichungsform der kapitalistischen Warenproduktion. Verdinglicht sind in dieser Form nicht mehr nur die gesellschaftlichen Verhältnisse von Privatproduktion und Tausch, sondern verdinglicht ist auch das spezifisch kapitalistische Ausbeutungs- und Klassenverhältnis. Denn die „Selbstverwertung" des Werts beruht auf der Ausbeutung der menschlichen Arbeitskraft, die selbst Wertform angenommen hat und deshalb nach ihrem Wert (= der zu ihrer Produktion und Reproduktion notwendigen Arbeitszeit) bezahlt wird und nicht nach dem Wert der Produkte, die sie produziert. Das Kapital „verwertet sich selbst" durch die Aneignung dieser Differenz. Darin ist das Klassenverhältnis ökonomisch konstituiert. Die verdinglichten Erscheinungsformen dieses gesellschaftlichen Verhältnisses sind jetzt nicht mehr nur – wie in der einfachen Warenproduktion – Tauschwert und Geld, sondern auch Lohn und Profit.

Dem historischen Rückblick erscheint der Verdinglichungszusammenhang zwischen menschlichen Verhältnissen und Sachverhältnissen in der einfachen Warenproduktion noch relativ durchsichtig. In der kapitalistischen Warenproduktion ist die Verdinglichung so auf die Spitze getrieben, daß sie vom bürgerlichen Bewußtsein und den ihm zugehörigen Denkkategorien nicht mehr durchschaut und begriffen werden kann.

Wer denkt beispielsweise daran, in der Arbeit rund um die Uhr den Ausdruck eines gesellschaftlichen Verhältnisses zu sehen, wo sie doch durch alle Rationalitätserwägungen gerechtfertigt erscheint. Betrachten wir diese Rationalität genauer, so erkennen wir in ihr die Kalkulation um den Wert, nicht den Gebrauchswert. Die sofort einleuchtende Sachrationalität ist gewiß rational unter Voraussetzung des Kapitals. Der Ausbeutungsanspruch des Kapitals tritt hier dem Arbeiter als sachliche Rentabilitätserwägung entgegen (was allerdings nicht nur ein Ausbeutungsanspruch zu sein braucht): ihr müßt nachtarbeiten, weil sich sonst die teure Maschine nicht rentiert.

20) entfällt

Ein anderer verdinglichter Ausdruck des kapitalistischen Klassenverhältnisses ist das Bankwesen mit seinem Geld- und Kreditsystem. Marx schildert das in eindringlicher Weise (Marx 7, 405):

„Im zinstragenden Kapital ist daher dieser automatische Fetisch rein herausgearbeitet, der sich selbst verwertende Wert, Geld heckendes Geld, und trägt es in dieser Form keine Narben seiner Entstehung mehr. Das gesellschaftliche Verhältnis ist vollendet als Verhältnis eines Dinges, des Geldes zu sich selbst. ... Es wird ganz so Eigenschaft des Geldes, Wert zu schaffen, Zins abzuwerfen, wie die eines Birnbaums, Birnen zu tragen. ... In G – G' haben wir die begriffslose Form des Kapitals, die Verkehrung und Versachlichung der Produktionsverhältnisse in der höchsten Potenz."

Ein gutes Beispiel für kapitalistische Verdinglichung und ihre Folgen ist auch die Krise. Jeder bürgerliche Ökonom erklärt sie mit ökonomischen Sachgesetzen. Wenn infolge von Massenentlassungen tausende von Familien auf der Straße sitzen, der Vater zu saufen anfängt, die Mutter nicht mehr weiß, wie sie ihren Kindern die versprochenen Weihnachtsgeschenke beschaffen soll, dann müssen für dieses soziale Drama Dinge herhalten wie DM-Aufwertung, Exportrückgang, Steuererhöhung o. ä. Daß diese Krise aber letztlich aus den gesellschaftlichen Verhältnissen der Warenproduktion resultiert, bleibt dem „verdinglichten Bewußtsein" der bürgerlichen Ökonomie verschlossen. Erst die marxistisch-dialektische Untersuchung offenbart diesen Zusammenhang. Marx schreibt an einer Stelle über die Krise (Marx 6, 127/28):

„Keiner kann verkaufen, ohne daß ein andrer kauft. Aber keiner braucht unmittelbar zu kaufen, weil er selbst verkauft hat. Die Zirkulation sprengt die zeitlichen, örtlichen und individuellen Schranken des Produktenaustauschs eben dadurch, daß sie die hier vorhandne unmittelbare Identität zwischen dem Austausch des eignen und dem Eintausch des fremden Arbeitsprodukts in den Gegensatz von Verkauf und Kauf spaltet. Daß die selbständig einander gegenübertretenden Prozesse eine innere Einheit bilden, heißt ebensosehr, daß ihre innere Einheit sich in äußeren Gegensätzen bewegt. Geht die äußerliche Verselbständigung der innerlich unselbständigen, weil einander ergänzenden, bis zu einem gewissen Punkt fort, so macht sich die Einheit gewaltsam geltend, durch eine – Krise. Der der Ware immanente Gegensatz von Gebrauchswert und Wert, von Privatarbeit, die sich zugleich als unmittelbar gesellschaftliche Arbeit darstellen muß, von besondrer konkreter Arbeit, die zugleich nur als abstrakt allgemeine Arbeit gilt, von Personifizierung der Sache und Versachlichung der Personen – dieser immanente Widerspruch erhält in den Gegensätzen der Warenmetamorphose seine entwickelten Bewegungsformen. Diese Formen schließen daher die Möglichkeit, aber auch nur die Möglichkeit von Krisen ein. Die Entwicklung dieser Möglichkeit zur Wirklichkeit erfordert einen ganzen Umkreis von Verhältnissen, die vom Standpunkt der einfachen Warenzirkulation noch gar nicht existieren."

Die Möglichkeit der Krise ist also immanent in der Ware enthalten, braucht allerdings zu ihrer Verwirklichung die Weiterentwicklung der Ware zum Kapital. Ware und Kapital sind aber Verdinglichungsformen sozialer Verhältnisse. Die Krise findet somit ihre letzte Erklärung nicht in ökonomischen Sachgesetzen, sondern in den sozialen Verhältnissen der warenproduzierenden Gesellschaft.

Alle diese Beispiele zeigen dringend die Notwendigkeit des methodischen Postulats, das Lukács an die Gesellschaftswissenschaft stellt (Lukács, 203):

„Die Auflösung der fetischistischen Dingformen in Prozesse, die sich unter Menschen abspielen und sich in konkreten Beziehungen zwischen ihnen objektivieren, die Ableitung der unauflösbar fetischistischen Formen aus den primären menschlichen Beziehungsformen."

Marx hat dieses Postulat in seiner Warenanalyse exemplarisch erfüllt und damit die entscheidende methodische und inhaltliche Wegweisung für jede marxistische Sozialwissenschaft gegeben. Hier scheidet sich marxistische von nichtmarxistischer Wissenschaft, und als nichtmarxistisch entlarvt sich auch die, die unter linkem Vorzeichen den ökonomischen Dingfetischismus weiterführt.

2. *Entfremdung*

Dem Begriff der Entfremdung geht es in der gegenwärtigen Marxismus-Diskussion noch schlechter als dem der Verdinglichung. In dem allgemeinen Schlamm von Mißverständnissen, Unterstellungen, Vorurteilen, Dogmen, Mystifizierungen, Ökonomistifizierungen, Mechanisierungen und Idealisierungen ist er gerade am Ersaufen. Weil er aber – als Begriff, nicht als Wort! – für jede marxistische Sozialwissenschaft genauso unentbehrlich ist wie der Verdinglichungsbegriff, müssen wir ihn retten. Die einzige Möglichkeit, dies wissenschaftlich zu tun, liegt m. E. genau wie beim Verdinglichungsbegriff in seiner exakten ökonomischen

Fundierung, d. h. in seiner Herleitung aus der Warenanalyse. Nur so können wir den allgemeinen Entfremdungsbrei ersetzen durch einen präzisen Begriff.
Zur Begriffsbestimmung:
Verdinglichung und Entfremdung lassen sich nicht trennen. Beide Begriffe meinen von etwas verschiedenem Blickpunkt aus denselben Sachverhalt. Verdinglichung ist immer auch ein Prozeß der Verselbständigung und Loslösung der menschlichen Produkte (auch die gesellschaftlichen Verhältnisse sind menschliches Produkt) vom Menschen. Seine eigenen Verkehrsformen treten ihm – sobald sie verdinglicht sind in seinen Arbeitsprodukten – als fremde und mit eigener Sachgesetzlichkeit ausgestattete Macht gegenüber. In der entfalteten Warenproduktion hat der einzelne nur die Möglichkeit, sich dem Wertgesetz zu unterwerfen oder zu verhungern. Wer überleben will, muß kaufen und verkaufen, muß sich dem durchorganisierten Tauschsystem bis in die letzten Verzweigungen und institutionellen Absicherungen hinein unterordnen. Die Individuen handeln nicht mehr als freie Subjekte, sondern als Ausübende von Sachgesetzlichkeiten, als Vollzugsorgane fremder dinghafter Gewalten. Das gesellschaftliche System (Produktionssystem, Marktsystem, Verwaltungssystem, schließlich auch das politische und kulturelle System) funktioniert nach seinen eigenen Gesetzen, denen sich der einzelne – unabhängig von seiner persönlichen Einstellung und seinen Bedürfnissen – zu unterwerfen hat, falls er nicht physisch oder psychisch zugrundegehen will. Indem die menschlich-gesellschaftlichen Verhältnisse Dingform angenommen haben, unterstehen sie nicht mehr seiner freien Verfügungsgewalt; sie haben sich ihm „entfremdet".

„Entfremdung" läßt sich also kurz definieren als Zustand, worin der Mensch von den Produkten seiner eigenen Hand beherrscht wird.

„Wie der Mensch in der Religion vom Machwerk seines eignen Kopfes, so wird er in der kapitalistischen Produktion vom Machwerk seiner eigenen Hand beherrscht." (Marx)

In diesem Zusammenhang ist die hegelianisch anmutende Sprache interessant, die Marx immer wieder verwendet. Die Waren erscheinen hier als mit eigenem Kopf und eigenem Willen ausgestattete Subjekte, als gingen sie selbst zu Markte, bezögen sich selbst aufeinander, als würden sich die Wertformen von selbst zur Geld- und schließlich Kapitalform entwickeln. Darin liegt gewiß nicht nur Marx' selbst eingestandene Koketterie mit Hegel, sondern es liegt darin auch ein bewußter sprachlicher Ausdruck für die Herrschaft, welche die Warenwelt über den Menschen ausübt. Durch die der Warenproduktion eigentümlichen Gesetze ist das Tun der Warenproduzenten schon vorentschieden.

„Die Personen existieren hier nur füreinander als Repräsentanten von Ware und daher als Warenbesitzer. Wir werden überhaupt im Fortgang der Entwicklung finden, daß die ökonomischen Charaktermasken der Personen nur die Personifikationen der ökonomischen Verhältnisse sind, als deren Träger sie sich gegenübertreten."(Marx 6, 99/100)

Das Wort „Charaktermaske" pointiert treffend das Entfremdungsverhältnis des Menschen zur Gesellschaft und zum Mitmenschen. Im Verhältnis zur Gesellschaft zeigt es den Menschen als ausführendes Organ gesellschaftlicher Gesetze, im Verhältnis zum Mitmenschen zeigt es ihn als Verkörperung („Personifikation") der gesellschaftlichen Gesetze. Die „einander gleichgültigen Individuen" (Marx) treten sich nicht primär als Personen, sondern als gesellschaftliche Instanzen gegenüber (diese Feststellung ist wichtig für den psychologischen Teil der Arbeit in Kapitel IV und V; sie soll dort psychologisch ausgefüllt werden). Wenn wir das Entfremdungsverhältnis exakt ableiten wollen aus der ökonomischen Basis, dann so, wie es Marx in der Warenanalyse gemacht hat und wie ich in den Ausführungen über die Verdinglichung nachvollzogen habe. Es gibt bezüglich der theoretischen Herleitung der Entfremdung nichts zu sagen, das nicht vorhin schon gesagt worden wäre, denn Verdinglichung und Entfremdung sind Aspekte desselben Sachverhalts. Wenn wir Entfremdung als den Prozeß ansehen, in dem sich der Mensch von seinen Arbeitsprodukten entfremdet, dann ist sie identisch mit Verdinglichung. Wenn wir sie als das Grundverhältnis sehen, in dem der Mensch zu seinen Arbeitsprodukten, zur Gesellschaft und zum Mitmenschen steht, dann ist sie das Ergebnis dieses Prozesses, das Resultat der Verdinglichung. Von der Wortbildung her ist nicht zu entscheiden, welche der beiden Bedeutungen wir nehmen sollen (abgesehen davon, daß von dialektischer Warte eine strenge Unterscheidung von Prozeß und Resultat ohnehin nicht möglich ist).

Wenn ich mich bei meiner Definition nicht für den Prozeß,

sondern für das Verhältnis (21) entschieden habe, so hatte das hauptsächlich zwei Gründe: Erstens gebraucht Marx den Entfremdungsbegriff meistens im Sinne des Verhältnisses und zweitens können so sprachlich leichter die verschiedenen Aspekte der Entfremdung (Entfremdung vom Arbeitsprodukt, von der Gesellschaft, vom Mitmenschen und von sich selbst) unter den Entfremdungsbegriff subsumiert werden (22).

An die Warenanalyse anknüpfend sollen noch einmal zwei dieser Entfremdungsaspekte, die Entfremdung vom Arbeitsprodukt und die Entfremdung von der Gesellschaft, kurz dargestellt werden:

1. Die Entfremdung vom Arbeitsprodukt.
   Der gedankliche Ausgangspunkt ist immer Privatproduktion und Tausch. Alle Eigenschaften, die aus dem Arbeitsprodukt eine Ware machen (Wert, Wertgröße, Wertverhältnis zu anderen Waren) stammen aus diesem gesellschaftlichen Grundverhältnis der Warenproduktion. Sie entstammen also weder den Arbeitsprodukten selbst noch einem bewußten Plan der Produzenten, sondern sie entstammen der durch den Tausch vermittelten ganz spezifischen Art des Zusammenwirkens der Produzenten. Wir sahen das schon bei der einfachen Tauschgleichung und den Schlußfolgerungen, die Marx aus ihr zog: nicht die Individuen geben dem Arbeitsprodukt seine Wertgegenständlichkeit, sondern ihr Tausch

21) Ein „Verhältnis" ist im dialektischen Sinne immer auch ein „Verhalten", und Verhalten ist etwas Prozeßhaftes. Es handelt sich deshalb hier mehr um ein sprachliches als um ein begriffliches Problem. Begrifflich liegt der Unterschied zwischen Verdinglichung und Entfremdung in einer Aspektverlagerung: Verdinglichung bezieht sich auf die Tätigkeit und auf die gesellschaftlichen Verhältnisse des Menschen, während sich Entfremdung auf den Menschen direkt bezieht; es gibt nur die Entfremdung des Menschen oder die Entfremdung vom Menschen.

22) Marx unterscheidet in den „Ökonomisch-philosophischen Manuskripten" vier Aspekte der Entfremdung (Marx 2, 156–160): die Entfremdung vom Arbeitsprodukt, die Selbstentfremdung, die Entfremdung von der Gattung und die Entfremdung des Menschen vom Menschen. Die von mir genannte Entfremdung des Menschen von der Gesellschaft läßt sich wohl am ehesten unter die Entfremdung vom Arbeitsprodukt (die Marx auch bezeichnet als „das Verhältnis zur sinnlichen Außenwelt, zu den Naturgegenständen als einer fremden, ihm feindlich gegenüberstehenden Welt") subsumieren. Die Aspekte der Selbstentfremdung und der Entfremdung von der Gattung werde ich in dieser Arbeit nicht weiter beachten können, weil es für sie noch keine adäquaten psychologischen Zuordnungen gibt; in beiden Aspekten spielt die Tatsache der entfremdeten Tätigkeit eine Rolle, die vom beschränkten Begriffsapparat der Psychologie heute noch nicht nachvollzogen werden kann.

besorgt das. Dasselbe gilt für die im Wert verdinglichte gleiche menschliche Arbeit: nicht die Individuen setzen ihre verschiedenen Arbeiten einander als menschliche Arbeit gleich, sondern ihr Tausch vollzieht diese Abstraktion (23). Der Verdinglichungsprozeß, der bestimmte Momente der menschlich-gesellschaftlichen Tätigkeit im Arbeitsprodukt als dessen besondere Eigenschaften darstellt, vollzieht sich also hinter dem Rücken der Produzenten. Damit hat sich das Arbeitsprodukt dem Menschen entfremdet, denn es tritt jetzt auf mit eigener Sachgesetzlichkeit, der sich der Mensch unterwerfen muß, wenn er weiterhin produzieren, kaufen und verkaufen will.

2. Die Entfremdung von der Gesellschaft.
Das „Eigengesetz" der Ware ist ein gesellschaftliches Gesetz, indem es das Verhältnis der Waren zueinander und damit auch das Verhältnis der Warenbesitzer zueinander bestimmt. Durch das Wertgesetz üben die Waren eine vergesellschaftende Herrschaft über den Menschen aus. Indem aber diese Vergesellschaftung durch eine Sache vermittelt wird, erscheint den einzelnen Individuen ihr wechselseitiger Zusammenhang selbst fremd, „als ein Naturverhältnis außer den Individuen, unabhängig von ihnen" (Marx 4, 76).

> „Die Individuen sind unter die gesellschaftliche Produktion subsumiert, die als ein Verhängnis außer ihnen existiert; aber die gesellschaftliche Produktion ist nicht unter die Individuen subsumiert, die sie als ihr gemeinsames Vermögen handhaben." (Marx 4, 76)

Dieser Tatbestand der Unterordnung unter gesellschaftliche Produktionsverhältnisse, die als Sachverhältnisse außerhalb der Individuen und (scheinbar) unabhängig von ihnen existieren, kehrt in den „Grundrissen" immer wieder. In diesem Tatbestand ist die Entfremdung vom Arbeitsprodukt und die Entfremdung von der Gesellschaft zusammengefaßt. Dazu ein letztes Zitat (Marx 4, 75):

> „Der gesellschaftliche Charakter der Tätigkeit, wie die gesellschaftliche Form des Produkts, wie der Anteil des Individuums an der Pro-

23) „Die Menschen beziehen also ihre Arbeitsprodukte nicht aufeinander als Werte, weil diese Sachen ihnen bloß sachliche Hüllen gleichartig menschlicher Arbeit gelten. Umgekehrt. Indem sie ihre verschiedenartigen Produkte einander im Austausch als Werte gleichsetzen, setzen sie ihre verschiednen Arbeiten einander als menschliche Arbeit gleich. Sie wissen das nicht, aber sie tun es." (Marx 6, 88)

duktion erscheint hier als den Individuen gegenüber fremdes, sachliches: nicht als das Verhalten ihrer gegeneinander, sondern als ihr Unterordnen unter Verhältnisse, die unabhängig von ihnen bestehn und aus dem Anstoß der gleichgültigen Individuen miteinander entstehn. Der allgemeine Austausch der Tätigkeiten und Produkte, der Lebensbedingung für jedes einzelne Individuum geworden, ihr wechselseitiger Zusammenhang, erscheint ihnen selbst fremd, unabhängig, als eine Sache. Im Tauschwert ist die gesellschaftliche Beziehung der Personen in ein gesellschaftliches Verhältnis der Sachen verwandelt, das persönliche Vermögen in ein sachliches."

In diesem Zitat ist schon einiges gesagt über den dritten Entfremdungsaspekt: die Entfremdung der Menschen voneinander. Ihre Gesellschaftlichkeit, das, was sie miteinander verbindet, tritt auf in Gestalt einer fremden und ihnen äußerlichen Sache. Diese zwischenmenschliche Entfremdung soll hier noch nicht weiter ausgeführt werden. Da sie das Thema der ganzen Arbeit bildet, sollen ihrer kategorialen Darstellung zwei eigene Kapitel (Kapitel II und III) gewidmet werden.

Wie Marx in der Warenanalyse zeigt, ist die Entfremdung bereits angelegt in der einfachen Warenproduktion. Zur vollen Entfaltung kommt sie mit der Ausbreitung der Lohnarbeit. In der Gesellschaft bilden sich zwei Klassen heraus, von denen die eine allein die zur Warenproduktion notwendigen Mittel in der Hand hat, während die andere über nichts als ihre Arbeitskraft verfügt. Die Arbeitskraft wird von der Kapitalistenklasse als Ware aufgekauft. Der Arbeiter hat damit die Verfügung über seine eigene Arbeit verloren, und die Produkte, die er schafft, sind nicht mehr *seine* Produkte. Sie sammeln sich in der privaten Hand der Unternehmer zu einer Kapitalmasse, mit der neue Arbeitskräfte gekauft werden können. Hier liegt die Entfremdung des Arbeiters ganz offen: indem er seine Arbeitskraft verkauft, stärkt er den Kapitalisten oder allgemeiner das Kapital. Seine eigenen Arbeitsprodukte schlagen sich auf die Seite des Kapitals und bringen dieses zu immer größerer Entfaltung und Macht. Das Kapital lebt nur von der Lohnarbeit. Diese produziert immerfort selbst die Macht, der sie sich unterwerfen muß.

Die Einordnung in die verselbständigte und verdinglichte Welt der Ware und des Kapitals wird zur Existenzbedingung nicht nur des Lohnarbeiters, sondern des kapitalistischen Menschen überhaupt. Verteilung, Verwaltung und zunehmend auch die Wissenschaft sind weitgehend dem Kapital und seinen „Sachgesetzen" untergeordnet. Erziehungswesen, Recht und Politik dienen der Absicherung des auf dem Klassenverhältnis (also auf dem „sich selbst verwertenden Wert") aufgebauten Gesellschaftssystems. Was vorhin vom Lohnarbeiter gesagt worden ist, gilt im Prinzip auch für den Angestellten, den Verwaltungsbeamten, den Gerichtsassistenten, den Lehrer usw.: Sie vergeben ihre Arbeitskraft an ein ihnen vor- und übergeordnetes System, das sie kraft eigener Sachgesetzlichkeit und Macht zur Unterwerfung zwingt.

Die Entfremdung schlägt sich subjektiv darin nieder, daß die Gesellschaft erlebt wird als bedrohliches Walten anonymer Mächte (bedrohlich, weil mit Sanktionsgewalt ausgerüstet). Wenn ich arbeite, fühle ich mich diesen Mächten ausgeliefert, sie haben mir meine Arbeit weggenommen, noch ehe ich mit ihr beginne, denn sie sind es und nicht mehr ich, die über meine Tätigkeit verfügen. Ich erlebe und verwirkliche nicht mich in meiner Tätigkeit, sondern sie. Und doch leben sie nur durch meine Arbeit.

Stellen wir uns den modernen kapitalistischen Menschen vor: in der Schule, im Büro, in der Fabrik, eingespannt in ein System aus Ordnungen, Unterordnungen und Sachzwängen, ohne Einsicht in das Ganze, darauf angewiesen, eine kleine vorgegebene Funktion auszufüllen. Alle äußeren Faktoren, die sein Leben regulieren (auch z. B. die gesellschaftliche Moral), sind von Anfang an vorgegeben als fremde, außer ihm stehende Mächte. Will er existieren, so muß er sich anpassen, muß ihre Forderungen erfüllen. Auch seine Mitmenschen haben sich angepaßt, sind ein Glied des fremden Apparates geworden. So findet er sich isoliert gegenüber einer anonymen Übermacht. Nicht zu Menschen hat er Kontakt, sondern zu Instanzen (Charaktermasken). Sein Leben liegt nicht mehr in seinen Händen, sondern in den Händen der anonymen gesellschaftlichen Mächte. Diese Abhängigkeit und Fremdbestimmung kann nur erlebt werden als existenzielle Bedrohung (24). Das Gefühl, ausgeliefert zu sein, wird zum Grundgefühl des entfremdeten Menschen. Ausgeliefert sein bedeutet Angst. Die Angst selbst wird – wo sie nicht rationalisiert werden kann – erlebt als naturhafte, fremde Macht. Unsere bürgerlichen Existenzphilosophen haben dieses entfremdete Angstbewußtsein ausgebaut zu einer Philosophie, welche die Existenzangst als eine „Bestimmung des menschlichen

24) Vgl. etwa Kafkas „Prozeß" oder den Film „Jonas"

Seins" begreift, als ein „Konstituens des Lebens überhaupt". Marx hatte recht, das gesellschaftliche Sein bestimmt das Bewußtsein, auch das der Philosophen.

Sätze wie die auf der letzten Seite bringen jeden Skeptiker in Abwehrstellung. Er sieht nur noch die philosophische Aufladung des Entfremdungsbegriffs und nicht mehr seine ökonomische Fundierung. Er nennt das Ganze einen literarischen Essay, aber nicht eine wissenschaftliche Theorie. Ich erinnere deshalb noch einmal an die ökonomische Fundierung: Das Entfremdungsverhältnis war abgeleitet vom Verdinglichungsprozeß als dessen notwendiges (tautologisches) Resultat. Der Verdinglichungsprozeß war mittels Warenanalyse festgemacht an der spezifischen Produktionsweise der warenproduzierenden Gesellschaft (Privatproduktion und Tausch). Damit ist auch die Entfremdung abgeleitet aus den Produktionsverhältnissen und ihnen keineswegs aufgesetzt. Entfremdung ist keine Überbau-Kategorie und kein bloßes Bewußtseinsphänomen, sondern sie ist das aus der Warenproduktion resultierende und sie gleichzeitig bedingende Grundverhältnis des Menschen zu seinen Arbeitsprodukten, seiner Gesellschaft und seinem Mitmenschen. Sie bestimmt sein Bewußtsein genauso wie sein Tun, seine Freizeit – jedenfalls im Prinzip – genauso wie seine Arbeit (25).

3. *Warenfetischismus (26)*

Die marxistische Literatur spricht nicht nur von Verdinglichung und Entfremdung, sondern auch von verdinglichtem und entfremdetem Bewußtsein. Bei der bisherigen Darstellung von Verdinglichung und Entfremdung war der Bewußtseinsfaktor implizit schon enthalten, z. B. wo ich sagte, daß die gesellschaftlichen

25) Eine anschauliche Darstellung der Entfremdung finden wir bei Suchodolsky, 154–193

26) Dieser Abschnitt gehört nicht notwendig zum Thema. Das ich ihn trotzdem bringe, hat zwei Gründe. Erstens: die begriffliche Klärung des ganzen Verdinglichungs- und Entfremdungskomplexes. Die Bewußtseinselemente, die in den bisherigen Ausführungen schon implizit enthalten waren in Ausdrücken wie „erscheint", „scheinbar", „phantasmagorisch" u. a. sollen jetzt begrifflich eingeordnet werden. Zweitens: Der erste Teil der Arbeit befaßt sich mit Vorgängen, die sich hinter dem Rücken der Individuen abspielen und deshalb vom Standpunkt des bloßen Empirikers nicht wahrgenommen werden können. Hieraus ergibt sich eine wissenschaftstheoretische Kontroverse, zu der dieser Abschnitt ein Beitrag sein soll.

Verhältnisse dem Menschen mit „scheinbar" eigener Sachgesetzlichkeit gegenübertreten. Das Wörtchen „scheinbar" verweist auf die Wahrnehmung im Menschenkopf. Aber um gleich einem Mißverständnis vorzubeugen: Es ist nicht nur eine Wahrnehmung, sondern primär ein realer Prozeß, der im Menschenkopf seinen Reflex findet. Der durch die Warenproduktion hervorgerufene Verdinglichungs- und Entfremdungsprozeß vollzieht sich gleichzeitig „über die Köpfe der Menschen hinweg" und „durch ihren Kopf hindurch", wo er sein ideologisches Abbild, den „Warenfetischismus", hervorruft. Der Warenfetischismus als die der ganzen kapitalistischen Welt eigentümliche Bewußtseinsform bedeutet gleichzeitig richtiges und verkehrtes Bewußtsein. Diese besondere Schwierigkeit soll bald genauer demonstriert werden. Doch zunächst: Was ist Warenfetischismus?

Es ist der selbständige Schein, der in der warenproduzierenden Gesellschaft den Arbeitsprodukten (und damit auch – wie gezeigt – den gesellschaftlichen Verhältnissen) anklebt.

„Um daher eine Analogie zu finden, müssen wir in die Nebelregion der religiösen Welt flüchten. Hier erscheinen die Produkte des menschlichen Kopfes mit eignem Leben begabte, untereinander und mit den Menschen in Verhältnis stehende selbständige Gestalten. So in der Warenwelt die Produkte der menschlichen Hand. Dies nenne ich den Fetischismus, der den Arbeitsprodukten anklebt, sobald sie als Waren produziert werden, und daher von der Warenproduktion unzertrennlich ist." (Marx 6, 86/87)

Hier bedeutet Warenfetischismus eine bestimmte Form von falschem Bewußtsein. Falsch deshalb, weil in Wirklichkeit ja die Produkte der menschlichen Hand nicht selbständig sind. Aber was heißt „in Wirklichkeit"? Schon wenige Sätze weiter heißt es:

„Den letzteren (den Warenproduzenten – D. D.) erscheinen daher die gesellschaftlichen Beziehungen ihrer Privatarbeiten als das, was sie sind (!), d. h. nicht als unmittelbar gesellschaftliche Verhältnisse der Personen in ihren Arbeiten selbst, sondern vielmehr als sachliche Verhältnisse der Personen und gesellschaftliche Verhältnisse der Sachen." (87)

Hier haben die Menschen auf einmal eine richtige Abbildung ihrer gesellschaftlichen Verhältnisse im Kopf. Richtig deshalb, weil sich die Verdinglichung eben nicht nur im Kopf abspielt, sondern ein spezifisches Merkmal der realen Produktionsverhältnisse ist.

Wir stehen also vor dem formallogischen Widerspruch, den Warenfetischismus gleichzeitig als falsches und richtiges Bewußtsein aufzufassen. Wir können diesen Widerspruch nicht einfach stehen lassen noch ihn dadurch umgehen, daß wir Marx an dieser Stelle einen Fehler unterstellen. Es ist kein Fehler, sondern ein typisches Beispiel für das, was „Bewußtsein" und „Wirklichkeit" in der dialektisch-materialistischen Gesellschaftstheorie des Kapitalismus bedeuten und wie sie miteinander zusammenhängen. Wir stoßen dabei auf eine merkwürdige Doppelbödigkeit sowohl des Bewußtseins als auch der gesellschaftlichen Wirklichkeit. Der Widerspruch löst sich dann auf, wenn wir – wie Marx dies in der Warenanalyse getan hat – die Wertform der Arbeitsprodukte analysieren und ihren Verdinglichungszusammenhang mit der menschlichen Tätigkeit in der warenproduzierenden Gesellschaft erkennen. Es ist der Verdinglichungsprozeß, der beide Ebenen zu dieser widersprüchlichen Einheit des realen Scheins verbindet. Die Wertform der Arbeitsprodukte und die mit ihr gegebene dinghafte Eigenständigkeit der ökonomischen Gesetze und Verhältnisse ist real und doch ein Schein, sie ist ein Schein und doch real. Konstituiert wird diese Identität von Schein und Realität immer wieder neu durch die menschliche Praxis, in der die Menschen dem Schein gemäß handeln und dadurch den Schein in Realität verwandeln.

Wie die Ware die Grundform des ökonomischen Lebens, so ist der Warenfetischismus die Grundform des ideologischen Lebens in der kapitalistischen Gesellschaft. Die Begriffe „verdinglichtes Bewußtsein", „entfremdetes Bewußtsein" und „Warenfetischismus" sind – zumindest in ihrer Grundbedeutung – synonym. Alle drei beinhalten sie gleichermaßen einen realen wie einen ideologischen Sachverhalt, nämlich die dinghafte Erstarrung und Eigengesetzlichkeit der gesellschaftlichen Organisation und damit die Trennung des Individuums von den gegen es verselbständigten gesellschaftlichen Verhältnissen. Wie total diese Trennung von Individuum und Gesellschaft das kapitalistische Bewußtsein bestimmt, zeigt uns ein Blick auf die bürgerlichen Sozialwissenschaften (einschließlich Ökonomie und Psychologie). Hier gilt die Subjekt-Objekt-Trennung als wissenschaftstheoretische Grundprämisse. Der untersuchende Wissenschaftler betrachtet seinen sozialen Forschungsgegenstand unter der Form des reinen Objekts. Die dafür entwickelte wissenschaftliche „Objektsprache" (Habermas) hat den durch die menschliche

Praxis konstituierten Zusammenhang des gesellschaftlichen Objekts mit dem menschlichen Subjekt längst aus dem Auge verloren. Die Trennung des Arbeiters vom Arbeitsprodukt, worin er sich nicht mehr wiederfindet, hat ihre wissenschaftstheoretische Entsprechung in der Trennung des Sozialwissenschaftlers von seinem Forschungsgegenstand, durch den seine Subjektivität, seine eigene Tätigkeit und seine eigenen Beziehungen in keiner Weise mehr hindurchscheint.

Es erscheint paradox, daß sich gerade in dieser Objektform des sozialwissenschaftlichen Untersuchungsgegenstandes, die doch dessen Unterworfensein unter den Menschen als wissenschaftliches Subjekt suggeriert, genau das Gegenteil versteckt, nämlich die Unterworfenheit des Menschen, auch des Wissenschaftlers, unter die Verhältnisse, die er untersucht. Aber auch dieses Paradox schwindet, wenn wir die durch die Verdinglichung bewirkte widersprüchliche Subjekt-Objekt-Dialektik im Verhältnis des entfremdeten Menschen zur Gesellschaft genauer untersuchen (siehe Abschnitt 4c) dieses Kapitels).

Was es so schwer macht, der Ideologie des Warenfetischismus auf die Schliche zu kommen, sind gerade ihre immer wiederkehrenden Paradoxien, ihre merkwürdige Verquickung von Richtigem und Falschem, ihre totale Distanzierung und Objektivierung der Gesellschaft (siehe Sozialwissenschaften) und zugleich ihre totale Distanzlosigkeit. Der Warenfetischismus verkehrt und mystifiziert seine gesellschaftlichen Inhalte so, daß er mit der gesellschaftlichen Realität übereinzustimmen scheint. Die Mystik der Verdinglichung findet in aller gesellschaftlichen Faktizität ihre Bestätigung. Mystik und Rationalität verbinden sich zu einer Einheit, die mit den Mitteln der bürgerlichen Erkenntnistheorien nicht zu durchschauen ist.

Der bürgerliche Theoretiker sieht zwar auch die menschlichen und die dinglichen Beziehungen, aber er sieht sie getrennt voneinander, nebeneinander auf derselben Realitätsebene; er faßt sie unter den gleichberechtigten Disziplinen der Sozialpsychologie und der Ökonomie. Er sieht nicht ihren Zusammenhang, ihre Identität und die ganz spezifische Art ihrer Vermittlung. Ihre reale Vermittlung ist nämlich der Verdinglichungsprozeß der sich entfaltenden Warenproduktion. Dieser Prozeß spielt sich aber hinter dem Rücken der Individuen ab und wird daher vom Individuum nicht wahrgenommen. Wahrgenommen wird nur sein Resultat, die verdinglichte gesellschaftliche Welt. Sie wird wahrgenommen als eine zwar vom Menschen betätigte, aber sonst von ihm unabhängige und nach eigenen Gesetzen funktionierende Welt von Objekten. Diese Objektgesetze aufzuspüren ist die Zielsetzung der bürgerlichen Ökonomie und Soziologie. Daneben existieren die Disziplinen der Sozialpsychologie und Psychologie, deren Aufgabe es ist, die subjektiven Gesetze des menschlichen Verhaltens zu erkennen. Weil sich die Verdinglichung außerhalb des Wahrnehmungsbereichs des Individuums abspielt, kann der individuelle Empiriker die Einheit des subjektiven und des objektiven Bereichs nicht erkennen. Die Zerstreuung der bürgerlichen Sozialwissenschaft in getrennte und eigenständige Einzeldisziplinen (die auch in der sog. „interdisziplinären" Forschung nur vordergründig beseitigt ist) spiegelt somit exakt die dem bürgerlichen Bewußtsein notwendig immanente Subjekt-Objekt-Trennung wider.

Wenn ich in diesem Zusammenhang von „Subjekt-Objekt-Trennung" spreche, dann meine ich mit „Subjekt" den Menschen mit seinen Eigenschaften, Beziehungen und Verhaltensweisen und mit „Objekt" die gesellschaftliche Organisation mit ihren Gesetzen. Diese Begriffszuordnung ist natürlich problematisch in einer Gesellschaft, deren Verhältnisse sich gegen den Menschen verselbständigt haben zu Verhältnissen von Dingen. Denn diese Dinge treten jetzt auf – und so erscheinen sie auch dem entfremdeten Bewußtsein – mit Subjekt-Charakter, sofern wir das Agierende als „Subjekt" und das Agierte als „Objekt" bezeichnen (man denke hier nur an die Notwendigkeiten der Kapitalverwertung). Der Mensch müßte dann konsequenterweise als das Objekt der verdinglichten gesellschaftlichen Verhältnisse bezeichnet werden. Nun ist diese Betrachtungsweise wiederum richtig und falsch, denn der Mensch ist nicht nur fremdbestimmtes Objekt, sondern – bei aller gesellschaftlichen Determination – immer auch das die ganze Gesellschaft produzierende und reproduzierende Subjekt. Entsprechend die Gesellschaft: sie ist nicht nur Subjekt über den Menschen, sondern gleichzeitig – als sein Produkt – sein Objekt (genaueres darüber in Abschnitt 4c) dieses Kapitels).

Wir haben hier also einen weiteren Aspekt der Doppelbödigkeit. Der Mensch ist tatsächlich Subjekt und er ist tatsächlich Objekt. Dasselbe gilt für die gesellschaftlichen Verhältnisse. Im Warenfetischismus dagegen erscheint der Mensch nur in seiner Objektseite (wenn dies auch in seinen religiösen, philosophischen und ökonomischen Verschleierungsideologien geleugnet wird) und die Gesellschaft nur in ihrer Subjektseite. Warenfetischismus ist deshalb affirmatives Bewußtsein. Der Subjektcharakter der objektiven Verhältnisse beherrscht auch dort das menschliche Bewußtsein, wo diese Verhältnisse mit äußerster wissenschaftlicher Präzision auf ihre objektiven Gesetze hin untersucht werden. Im empirischen Meß-, Zähl- und Rechenakt unterwirft sich der bürgerliche Sozialwissenschaftler als sog. „objektiver Empiriker" seinem eigenen Objekt, denn gerade durch seine Methode präjudiziert er die Eigengesetzlichkeit dieses Objekts. Eigengesetzlichkeit im gesellschaftlichen Bereich bedeutet aber immer Herrschaft der gesellschaftlichen Verhältnisse über den Menschen. Durch die Methode, mit der der bürgerliche Sozialwissenschaftler diese Verhältnisse untersucht und interpretiert, stabilisiert er sie. Dieser affirmative Charakter, mit dem sich der Warenfetischismus in der bürgerlichen Methodologie niederschlägt, entspringt keinesfalls einer bewußten, von Menschen selbst erdachten Rechtfertigungsidee. Er entspringt den Verhältnissen selbst als ihr notwendiges Produkt und als notwendige Bedingung ihrer Reproduktion.

Die aller positivistischen Exaktheit zugrundeliegende Mystifikation, die Lukács an einer Stelle (Lukács, 155) als das Wesen der kapitalistischen Gesellschaft bezeichnet, kann – so sagt Marx (Marx 6, 94) –

„überhaupt nur verschwinden, sobald die Verhältnisse des praktischen Werkeltagslebens den Menschen tagtäglich durchsichtig vernünftige Beziehungen zueinander und zur Natur darstellen. Die Gestalt des gesellschaftlichen Lebensprozesses, d. h. des materiellen Produktionsprozesses, streift nur ihren mystischen Nebelschleier ab, sobald sie als Produkt frei vergesellschafteter Menschen unter deren bewußter planmäßiger Kontrolle steht. Dazu ist jedoch eine materielle Grundlage der Gesellschaft erheischt oder eine Reihe materieller Existenzbedingungen, welche selbst wieder das naturwüchsige Produkt einer langen und qualvollen Entwicklungsgeschichte sind."

4. *Klassenherrschaft des Kapitals*

a) Klassenherrschaft als Dingherrschaft

Das Kapital braucht zu seiner „Selbstverwertung" die menschlichen Agenten: Die Unternehmer auf der einen Seite, die Lohnarbeiter auf der anderen und – in zunehmendem Maße – auch die sog. „Neue Mittelklasse" (Ingenieure, Werbefachleute, Lehrer, Juristen Ärzte u. a.). Die Menschen treten sich gegenüber in den ihnen vom Kapital aufdiktierten Rollen als „ökonomische Charaktermasken". Durch die Gesetze des Kapitals geraten sie in eine fremdbestimmte Abhängigkeit voneinander, in

„jene sachliche Abhängigkeit, die übrigens wieder in . . . persönliche Abhängigkeitsverhältnisse umschlägt." (Marx 6, 82)

Die Personifikation der verdinglichten Verhältnisse verwandelt sachliche Abhängigkeit wieder in persönliche. Menschen herrschen wieder über Menschen, nur ist diese Herrschaft – im Gegensatz zu früheren Gesellschaftsformen – vermittelt durch Sachgesetze. Diese Sachgesetze lösen sich allerdings bei dialektischer Betrachtung ihrerseits wieder auf in zwischenmenschliche Verhältnisse, die jetzt – über die Sachgesetze vermittelt – als persönliche Abhängigkeitsverhältnisse an der Oberfläche der kapitalistischen Gesellschaft in Erscheinung treten. Es handelt sich dabei meistens um Autoritätsverhältnisse, wie wir sie in fast allen Bereichen des gesellschaftlichen Lebens antreffen. Sofern solche Autoritätsverhältnisse – beispielsweise in Betrieb, Büro und Schule – vermittelt sind durch die Sachgesetze des Kapitals, sind sie eine Erscheinungsform des Klassenverhältnisses. Wo das Klassenverhältnis im Gewand persönlicher Autoritätsverhältnisse erscheint, ist es relativ leicht erkennbar und angreifbar. Völlig unerkennbar wird es hingegen dort, wo es im Gewand technischer Rationalität Menschen zur Unterwerfung zwingt. Zur technischen Rationalität gehören Betriebsordnungen genauso wie das System der Arbeitsteilung, Arbeitsintensivierung und Arbeitsüberwachung. Vollendete Kapitalherrschaft ist perfekte Technokratie, die jedem menschlichen Bedürfnis das Argument der Sachnotwendigkeit entgegenhält. Die Sachrationalität verlangt die Arbeit rund um die Uhr, verlangt die Unterordnung des Menschen unter Arbeitsbedingungen, die von der Technik selbst gesetzt zu sein scheinen. Marx charakterisiert das für die Arbeit in der Fabrik folgendermaßen (Marx 6, 425):

„Zunächst verselbständigt sich in der Maschinerie die Bewegung und Werktätigkeit des Arbeitsmittels gegenüber dem Arbeiter. Es wird an und für sich ein industrielles Perpetuum mobile, das ununterbrochen fortproduzieren würde, stieße es nicht auf gewissen Naturschranken in seinen menschlichen Gehilfen: ihre Körperschwäche und ihren Eigenwillen. Als Kapital, und als solches besitzt der Automat im Kapitalisten Bewußtsein und Willen, ist es daher mit dem Trieb begeistet, die widerstrebende, aber elastische menschliche Naturschranke auf den Minimalwiderstand einzuzwängen."

und:

„Aller kapitalistischen Produktion, soweit sie nicht nur Arbeitsprozeß, sondern zugleich Verwertungsprozeß des Kapitals, ist es gemeinsam, daß nicht der Arbeiter die Arbeitsbedingungen anwendet, sondern umgekehrt die Arbeitsbedingungen den Arbeiter anwenden, aber erst mit der Maschinerie erhält diese Verkehrung technisch handgreifliche Wirklichkeit."

Hier ist ein sehr wichtiges Merkmal der kapitalistischen Technokratie und Dingherrschaft angeführt, nämlich die Trennung des Arbeiters von seinen Arbeitsbedingungen. Marx hob diesen Aspekt mehrfach hervor und bezeichnete den Scheidungsprozeß des Arbeiters von seinen Produktionsmitteln und Produktionsbedingungen schlicht als „die Geschichte des Kapitals und der ihr entsprechenden Produktionsweise" (Marx 6, 742).

An dieser Trennung des Menschen von seinen Produktionsmitteln liegt es und keineswegs an der Natur der Technik selbst, daß die Technik dem bürgerlichen Bewußtsein als eine Macht erscheint, die sich bedrohlich über die Menschen erhoben hat. Trennung von den Produktionsmitteln bedeutet ja, daß der überwiegende Teil der kapitalistischen Bevölkerung die Kontrolle über den Einsatz der Technik verloren hat. Die Angst vor der Technik läßt sich somit verstehen als subjektiver Niederschlag der Klassenherrschaft.

Die Sachgesetze, die den Arbeiter zur Unterwerfung unter die kapitalistische Technokratie zwingen, sind die Gesetze des Kapitals. Das personifizierte Kapital ist die Klasse der Kapitalisten. Als personifiziertes Kapital ist auch der Kapitalist eine ökonomische Charaktermaske, also unfrei, fremdbestimmt durch die Sachgesetze (Kapitalverwertung, Konkurrenz usw.), nach denen er selbst über die Arbeiter herrscht.

„Die freie Konkurrenz macht die immanenten Gesetze der kapitalistischen Produktion dem einzelnen Kapitalisten gegenüber als äußeres Zwangsgesetz geltend." (Marx 6, 286).

Aber keinesfalls dürfen Begriffe wie „Dingherrschaft", „ökonomische Charaktermaske" und „Entfremdung" dazu herhalten, den Klassenunterschied zu verwischen und unter marxistischem Vorzeichen die bürgerliche Apologie vom gleichen Boot, in dem wir alle sitzen, zu unterstützen. Marx hat den Klassenunterschied seiner ökonomischen Form nach aufgezeigt in der Gegenüberstellung von Kapital als dem für sich seienden Wert und Lohnarbeit als dem für das Kapital seienden Gebrauchswert. Den subjektiven Unterschied beschreibt er so (Marx/Engels 2, 37):

„Die besitzende Klasse und die Klasse des Proletariats stellen dieselbe menschliche Selbstentfremdung dar. Aber die erste Klasse fühlt sich in dieser Selbstentfremdung wohl und bestätigt, weiß die Entfremdung als ihre eigne Macht und besitzt in ihr den Schein einer menschlichen Existenz; die zweite fühlt sich in der Entfremdung vernichtet, erblickt in ihr ihre Ohnmacht und die Wirklichkeit einer unmenschlichen Existenz."

Die Dingherrschaft des Kapitals vermittelt die beiden Klassen gerade so miteinander, daß sie sich als Ausbeuter und Ausgebeutete, Mächtige und Ohnmächtige gegenüberstehen. Als Dingherrschaft in ihrer allgemeinsten Abstraktheit ist sie klassenunspezifisch als Dingherrschaft in ihrer ökonomischen Formbestimmung und ihrem konkreten Inhalt ist sie Klassenherrschaft.

b) Die Totalität der Klassenherrschaft

Die Praxis des „sich selbst verwertenden" Werts ist die unentwegte Akkumulation. Das Kapital kann nur „für sich" seiender Wert sein, wenn dieses „für sich" in allen gesellschaftlichen Bereichen durchgesetzt wird, wenn also die „Sachzwänge" der Akkumulation in allen dafür relevanten Bereichen respektiert werden. Als für sich seiender Wert ist das Kapital die absolute und die ganze Gesellschaft durchziehende Herrschaft einer Klasse über die andere. Zu dieser Kapitalherrschaft gehören neben den Methoden der Ausbeutung selbst auch die Methoden ihrer Absicherung. So tritt – unter der Regie des Kapitals – neben das System der ökonomischen Ausbeutung ein umfassendes System der außerökonomischen (politischen, juristischen, pädagogischen, ethischen, religiösen) Herrschaftssicherung. Diese Herrschaftssicherung vollzieht sich meistens nicht in Form eines zielbewußten technokratischen Akts (wie z. B. bei den derzeitigen Hochschulreformen oder beim Ausbau des Bundesgrenzschutzes), sondern in Form eines mehr naturwüchsigen Vorgangs, der zwar – genau wie die ökonomischen Gesetze – aus der menschlich-gesellschaftlichen Tätigkeit hervorgegangen ist, aber eben nicht als die Verwirklichung eines bewußten gemeinsamen Plans, sondern – man denke an die Erziehungspraktiken und die gesellschaftliche Moral – als blinder, naturhafter Prozeß. Das Kapital schafft sich seinen eigenen gesellschaftlichen Überbau (27). Und wo – beispielsweise in der Gesetzgebung oder Wissenschaft – doch ein bewußter Plan am Werk ist, so spricht daraus doch meistens die personifizierte „Kapitalseele" bzw. das im Warenfetischismus befangene Bewußtsein. Die gesetzlichen, ethischen und gewohnheitsmäßigen Normen, nach denen sich die Individuen bewegen, entstammen nicht ihrem eigenen Bedürfnis und ihrer eigenen Vernunft, sondern sie entstammen den Beziehungen und Tätigkeiten, worin sie unter der Herrschaft von Ware und Kapital aufeinander bezogen sind. Ganz deutlich ist dies bei der kapitalistischen Eigentums- und Arbeitsethik. Alle diese Normen und Reglementierungen, die sich nach und nach aus dem kapitalistischen Werkeltagsleben entwickelt haben (oder auch vorher schon da waren, im Kapitalismus aber ausgeweitet, zementiert oder modifiziert worden sind), bilden einen Teil des gesellschaftlichen Überbaus, dessen Subjekt nicht mehr der Mensch ist, sondern das Kapital. Sie sind dem Menschen so entfremdet wie die ökonomischen Gesetze des Kapitals.

Totalität der Klassenherrschaft bedeutet sowohl die horizontale (über alle gesellschaftlichen Sektoren sich erstreckende) als auch die vertikale (alle Schichten des menschlichen Handelns durchdringende) Ausbreitung der Klassenherrschaft über alle Bereiche des menschlich-gesellschaftlichen Lebens. Der arbeitende Mensch arbeitet nicht nur, sondern er denkt auch, er fühlt auch, steht auch in Beziehungen zu anderen Menschen. In allen diesen Momenten ist Klassenherrschaft wirksam (28). Klassenherrschaft finden wir überall da, wo die aus der Warenkategorie

27) Paschukanis hat in seinem Buch „Allgemeine Rechtslehre und Marxismus" diesen Zusammenhang am Beispiel des Rechts und der Moral genauer untersucht.

28) Allerdings ist diese Klassenherrschaft widersprüchlich. Wir dürfen sie nicht verstehen als vollständige Determination alles menschlichen Handelns (vgl. den nächsten Abschnitt c)). Auch soll damit keineswegs gesagt sein, daß alles von der Klassenherrschaft infizierte Leben deshalb schon lebensunwert, illusionär, krank usw. wäre. Diesen Fehler hat besonders kraß das Heidelberger SPK (Sozialistisches Patientenkollektiv) begangen. Es resultierte daraus eine lebensfeindliche Negation all dessen, was auch innerhalb kapitalistischer Verhältnisse Spaß machen kann. Diese Haltung entspricht weder dem theoretischen Totalitätsbegriff noch den Notwendigkeiten des Klassenkampfs.

logisch ableitbaren Entfremdungsverhältnisse praktisch realisiert sind: also im Entfremdungsverhältnis des Menschen zu seinen Arbeitsprodukten, zur Gesellschaft, zum Mitmenschen (zur Gattung und zu sich selbst). Klassenherrschaft zeigt sich letztlich auch in der psychischen Struktur der Individuen. So läßt sich m. E. das psychologische Verhältnis von Über-Ich und Es ohne allzuviel theoretische Gewaltanwendung als innerpsychischer Aspekt des Klassenverhältnisses interpretieren (siehe Kapitel IV).

Wenn dieser Totalitätsbegriff richtig ist, dann ist die Klassenherrschaft teilweise klassenunspezifisch. Sie erscheint nicht mehr nur in den Beziehungen zwischen Kapitalisten und Lohnarbeitern, sondern sie erscheint auch in den Beziehungen der Arbeiter untereinander, sogar in denen der Kapitalisten untereinander. Dieses scheinbare Paradox ist in dem dialektischen Begriff der Totalität inbegriffen. Der pragmatisch orientierte Verstand mag sich dagegen sträuben wie er will – wenn wir den dialektischen Begriff der menschlich-gesellschaftlichen Totalität ernstnehmen und wenn wir das ökonomisch bedingte Klassenverhältnis als die Grundlage dieser kapitalistischen Totalität ansehen, dann können wir die Klassenherrschaft nicht mehr zurückstutzen auf ein rein ökonomisches Verhältnis. Die Individuen, die sich im Klassenverhältnis verhalten, verhalten sich mit Leib und Seele. Die Klassenherrschaft muß sich deshalb auch in ihrer Psyche widerspiegeln, und dies nicht nur in Richtung zum Klassengegner, sondern in allen menschlichen Beziehungen. Die nachfolgenden Kapitel sollen zeigen, daß diese Totalität nicht nur ein apriorisches Formalpostulat ist, sondern daß sie sich – wenn auch noch lückenhaft – durch inhaltliche Ableitungen theoretisch nachvollziehen läßt.

Mit dieser theoretischen Bestimmung der Klassenherrschaft als einer gesellschaftlichen Totalität ist noch in keiner Weise eine politische Praxisanweisung gegeben etwa im Sinne eines Kampfes aller gegen alle oder auch nur im Sinne einer klassenindifferenten Beantwortung der Frage nach dem revolutionären Subjekt. Denn wenn sich auch die Klassenherrschaft auf allen Ebenen der kapitalistischen Totalität wiederfindet, so heißt das nicht, daß alle Ebenen politisch gleich relevant sind. Die vorhin zitierte Passage von Marx über die Entfremdung des Kapitalisten und des Arbeiters zeigt deutlich, daß der Kapitalist kein Motiv hat zur Beseitigung seiner Klassenherrschaft, während der Arbeiter sie beseitigen muß, wenn er sich aus seiner „unmenschlichen Existenz“ befreien möchte. Es gibt innerhalb der Totalität eine ökonomische Priorität, aufgrund derer sich das revolutionäre Subjekt nach wie vor aus seinem Verhältnis zu den Produktionsmitteln bestimmt. Wenn in den weiteren Kapiteln die Klassenherrschaft bzw. das Entfremdungsverhältnis klassenunspezifisch gebraucht werden zur Ableitung allgemein zwischenmenschlicher und psychologischer Phänomene, so liegt das z. T. am Untersuchungsgegenstand, z. T. an der mangelnden Differenzierungsfähigkeit der bislang entwickelten psychologischen Begriffe und z. T. an meiner mangelnden theoretischen Potenz. Jedenfalls ist damit keine politische Vorentscheidung getroffen oder die Notwendigkeit einer Klassenanalyse bezweifelt.

c) Die Widersprüchlichkeit der Klassenherrschaft am Beispiel ihrer Subjekt-Objekt-Dialektik

Indem die gesellschaftliche Totalität des Kapitalismus die Klassenherrschaft in allen ihren Momenten enthält, enthält sie auch in allen ihren Momenten die in der Klassenherrschaft gelagerten Widersprüche. In diesem Abschnitt will ich einem Mißverständnis vorbeugen, das sich fast zwangsläufig einzustellen scheint, wenn von Entfremdung und Dingherrschaft die Rede ist. Es ist die Meinung, daß diese Theorie fatalistische Konsequenzen haben müsse, weil in ihr das menschliche Subjekt ausweglos festgehalten sei in einer geschlossenen Totalität von Fremdbestimmung und Dingherrschaft, daß sich also das Subjekt-Objekt-Verhältnis umgedreht hätte: Das ursprüngliche Subjekt des gesellschaftlichen Prozesses, der Mensch, sei in dieser Theorie zum bloßen Objekt degradiert, das ganz und gar von der Gesellschaft als dinghaftem Subjekt beherrscht wird. Der Mensch könne sich nach dieser Theorie nicht mehr emanzipieren.

Bei dieser Argumentation wird übersehen, daß es nach wie vor der Mensch ist, der die entfremdeten gesellschaftlichen Verhältnisse produziert und reproduziert. Der Mensch bleibt der Initiator des Ganzen. Mag dieses ihm verbliebene Subjekt-Sein noch so sehr von den objektiven Verhältnissen umgebogen werden, es geht nie in diesen Verhältnissen auf; es ist vielfach verkrüppelt, manipuliert und kanalisiert, aber es geht nie ganz verloren, sonst hörte die Geschichte auf. Der Mensch hofft, leidet, denkt und produziert weiter; er rennt weiter mit seiner Bedürftigkeit gegen die objektiven Schranken (wenn er nicht bedürftig wäre, würde er nicht produzieren).

Wir können dieser widersprüchlichen Situation nur gerecht werden indem wir sie widersprüchlich formulieren: Der Mensch ist gleichzeitig (initiierendes) Subjekt der gesellschaftlichen Verhältnisse und ihr (fremdbestimmtes) Objekt. Fassen wir das Verhältnis Mensch – Gesellschaft als Subjekt-Objekt-Verhältnis, so findet sich dieses Subjekt-Objekt-Verhältnis – gemäß seinem dialektischen Charakter – innerhalb seiner beiden Pole, dem Menschen und der Gesellschaft, wieder. Beide Pole bilden – miteinander, aber auch jeder für sich allein – eine dialektische Einheit (Totalität). Es ist gerade das Typische an einer solchen dialektischen Einheit, daß ihre Widersprüchlichkeit nicht nur zwischen ihren Polen, sondern auch in ihnen selbst liegt.

Aber die Dialektik führt noch weiter, wenn wir die Pole gesondert betrachten. Die Widersprüchlichkeit, die in ihnen liegt, ist die von Subjekt und Objekt. Egal nun, in welcher Eigenschaft wir sie betrachten, ob als Subjekt oder Objekt, der Widerspruch tut sich von neuem auf: Als Subjekt sind sie zugleich Subjekt und Objekt, und als Objekt sind sie zugleich Objekt und Subjekt. Der Widerspruch des Ganzen – daran scheitert m. E. die formale Logik – ist in jedem seiner Momente enthalten, und der Widerspruch im Einzelnen ist der Widerspruch des Ganzen (29). Im Einzelnen wiederholt sich das Ganze.

29) Dieser typisch dialektische Sachverhalt läßt sich sprachlich schlecht formalisieren. Er läßt sich vielleicht so umschreiben: Wenn ich eine dialektische Einheit in ihre Pole zerlege und betrachte, was diesen beiden Polen an realer Substanz zukommt, dann erkenne ich, daß diese reale Substanz mit dem Pol nicht übereinstimmt, daß sie vielmehr den anderen Pol auch in sich trägt. Das Ganze läßt sich – aufgrund der dialektischen Struktur der Realität – nicht wie bei einer Begriffspyramide in einzelne Bestandteile zerlegen, denn die Struktur des Ganzen findet sich wieder in jedem einzelnen Bestandteil. Die Begriffspyramide kann notwendig sein, um das Ganze sprachlich zu fassen und zu analysieren; sie ist aber kein adäquates theoretisches Abbild des Ganzen. Sie dient der Untersuchung, nicht der Darstellung. Beispiel: Die kapitalistische Gesellschaft bildet eine dialektische Subjekt-Objekt-Einheit, aus der wir als gegensätzliche Pole das menschliche Bedürfnis und die gesellschaftliche Organisation herausnehmen wollen, um sie im einzelnen zu untersuchen. Wir merken dann, daß sich der Gegensatz von Bedürfnis und Gesellschaft innerhalb des Bedürfnisses wiederfindet als Gegensatz von „natürlichem" Bedürfnis (z. B. nach Liebe) und gesellschaftlich deformiertem Bedürfnis (z. B. nach Macht). Würden wir jetzt diese beiden Bedürfnisse einzeln untersuchen, so täte sich der Gegensatz von neuem auf, denn auch das „natürliche" Liebesbedürfnis ist schon durch den Konflikt mit der Gesellschaft verformt, und auch im Machtbedürfnis

Deshalb kann das Einzelne nicht ohne das Ganze verstanden werden, die dialektische Struktur der Realität verhindert das.

Was bedeutet das für unsere Theorie? Wo ist der entscheidende Strang des Grundwiderspruchs, der sich durch die ganze menschlich-gesellschaftliche Totalität hindurchzieht?

Der ökonomische Grundwiderspruch der einfachen Warenproduktion ist der von Gebrauchswert und Wert. Beide Pole dieses Widerspruchs sind gesetzt durch den Menschen: der Gebrauchswert durch sein subjektives Bedürfnis, der Wert durch sein gesellschaftliches Verhältnis. Der Wert ist die verdinglichte Gestalt dieses Verhältnisses. Im Wert hat sich das gesellschaftliche Verhältnis gegen den Menschen verselbständigt; es hat sich – vom Menschen aus betrachtet – objektiviert, das heißt aber: Es ist zum eigenen Subjekt geworden (was voll allerdings erst in der kapitalistischen Gesellschaft geschehen konnte). Der in der Ware enthaltene Widerspruch von Gebrauchswert und Wert ist also genau der von bedürftigem Menschen und gesellschaftlichen Verhältnissen oder kurz: der von Individuum und Gesellschaft.

Die historische Entwicklung geht von der Ware über das Geld zum Kapital. Diese Entwicklung ist – dialektisch gesprochen – die Bewegung des Widerspruchs von Gebrauchswert und Wert. Indem der eine Pol des Widerspruchs, der Wert, immer selbständigere Gestalt annimmt (zuerst Geld, dann Kapital), gewinnt er zunehmende Herrschaft über den anderen. Dem Kapital schließlich als dem „für sich seienden und sich selbst verwertenden Wert“ ist die Lohnarbeit als reiner Gebrauchswert (für das Kapital) total untergeordnet. Das Kapital aber ist das verdinglichte Klassenverhältnis. Es herrscht als eigenes für sich seiendes Subjekt über die Menschen. Aber es ist doch ein Klassenverhältnis und enthält damit einen antagonistischen Widerspruch: den Widerspruch von Lohnarbeit und Kapital, der sich – in den Termini der oben formulierten Subjekt-Objekt-Dialektik – so beschreiben läßt:

1. Das Klassenverhältnis enthält den Subjekt-Objekt-Widerspruch in der Form des Widerspruchs von Lohnarbeit und Kapital, wobei die Lohnarbeit auf der Seite des bedürfti-

äußert sich deformiertes Liebesbedürfnis. Die reale Einheit von subjektivem Bedürfnis und objektiver Gesellschaft erscheint auf der individuellen Ebene in der realen Gestalt der Charaktermaske. Die Widersprüchlichkeit der Charaktermaske wird in Kapitel VI, 1b) ausführlich beschrieben.

gen, produzierenden und reproduzierenden Subjekts (Mensch) steht und das Kapital auf der Seite des produzierten gesellschaftlichen Objekts.

2. Das Klassenverhältnis enthält den Subjekt-Objekt-Widerspruch in der Form des Widerspruchs von Kapital und Lohnarbeit, wobei das Kapital die Seite des (fremdbestimmenden) gesellschaftlichen Subjekts und die Lohnarbeit die Seite des (fremdbestimmten) Objekts vertritt.
3. Dem Klassenverhältnis als Objekt (Produkt des Menschen) betrachtet steht auf der subjektiven Seite der es produzierende und reproduzierende Mensch gegenüber. Hier ist das Klassenverhältnis als Ganzes die Objektseite des Subjekt-Objekt-Widerspruchs.
4. Dem Klassenverhältnis als (fremdbestimmendes) Subjekt betrachtet steht auf der Objektseite der (fremdbestimmte) Mensch gegenüber. Hier ist das Klassenverhältnis als Ganzes die Subjektseite des Subjekt-Objekt-Widerspruchs.
5. Das Klassenverhältnis setzt im Individuum selbst, wenn wir dieses als (produzierendes) Subjekt betrachten, den Subjekt-Objekt-Widerspruch, denn auch sein Subjekt-Sein ist geprägt von dem objektiven Klassenverhältnis.
6. Das Klassenverhältnis setzt im Individuum selbst, wenn wir dieses als (fremdbestimmtes) Objekt betrachten, den Subjekt-Objekt-Widerspruch, denn auch als fremdbestimmtes ist es Subjekt, fremdbestimmtes Subjekt.

In allen sechs Punkten ist der Widerspruch derselbe, nur unter verschiedenen Aspekten formuliert. Der im Klassenverhältnis enthaltene Grundwiderspruch kehrt in allen seinen Teilen wieder. Dabei sind die Pole austauschbar je nach dem Aspekt, unter dem wir die Sache betrachten. Beide Pole haben gleichzeitig Subjekt- und Objekt-Charakter, und der antagonistische Widerspruch, in dem sie zueinander stehen, befindet sich auch in ihnen selbst. Dieses durchgängige Widersprüchlichkeit durchzieht alle durch das Kapital gesetzten Verhältnisse, auch das Entfremdungsverhältnis. Wer aus der Verdinglichungs- und Entfremdungstheorie fatalistische Konsequenzen zieht, trennt diese beiden Pole (das Subjekt vom Objekt) und sieht das Individuum nur als fremdbestimmtes Objekt. Damit aber ist die Dialektik des Widerspruchs preisgegeben, denn zwischen einem Individuum, das bloß noch Objekt der gesellschaftlichen Verhältnisse wäre, und einer Gesellschaft, die völlig unabhängig geworden wäre vom Individuum, könnte es keine dialektische Beziehung mehr geben (es könnte überhaupt keine Beziehung mehr zwischen ihnen geben, denn beide könnten nicht mehr existieren; die Menschheitsgeschichte wäre zu Ende).

5. *Der dialektische Begriff der kapitalistischen Produktion*

Der Arbeiter produziert – der Form nach – Kapital. Kapital ist der „sich selbst verwertende" Wert. Kapital ist also nicht nur eine Summe von Gegenständen oder Geld, sondern es ist auch das verdinglichte Klassenverhältnis. In den „Ökonomisch-philosophischen Manuskripten" lesen wir (Marx 2, 162):

> „Durch die entfremdete Arbeit erzeugt der Mensch also nicht nur sein Verhältnis zu dem Gegenstand und der Art der Produktion als fremden und ihm feindlichen Mächten; er erzeugt auch das Verhältnis, in welchem andre Menschen zu seiner Produktion und seinem Produkt stehn, und das Verhältnis, in welchem er zu diesen andren Menschen steht. Wie er seine Produktion zu seiner Entwirklichung, zu seiner Strafe, wie er sein eignes Produkt zu dem Verlust, zu einem ihm nicht gehörigen Produkt, so erzeugt er die Herrschaft dessen, der nicht produziert, auf die Produktion und auf das Produkt. Wie er seine eigne Tätigkeit sich entfremdet, so eignet er dem Fremden die ihm nicht eigne Tätigkeit an."

Indem der Arbeiter seine mechanische Bewegung an der Maschine macht, produziert er nicht nur Seife oder Autos, sondern er produziert auch Herrschaft und Entfremdung. Diesen Totalitätscharakter der kapitalistischen Produktion, der klar jede ökonomistische Einengung des Produktionsbegriffs sprengt, hat Marx im „Kapital" keineswegs fallengelassen. So heißt es dort an einer Stelle (Marx 6, 604):

> „Der kapitalistische Produktionsprozeß, im Zusammenhang betrachtet, oder als Reproduktionsprozeß, reproduziert also nicht nur Werte, nicht nur Mehrwert, er produziert und reproduziert das Kapitalverhältnis selbst, auf der einen Seite den Kapitalisten, auf der andren den Lohnarbeiter."

Und schließlich, am Ende des dritten Bandes vom „Kapital" (Marx 7, 886):

> „Sie (die kapitalistische Produktion – D. D.) produziert nicht nur die materiellen Produkte, sondern reproduziert beständig die Produktionsverhältnisse, worin jene produziert werden, und damit auch die entsprechenden Verteilungsverhältnisse."

Mit diesem dialektischen Produktionsbegriff ist die ökonomische Priorität keinesfalls preisgegeben; preisgegeben ist lediglich die undialektische Trennung von Objektivem und Subjektivem, von Ding und Mensch, von Gesellschaft und Individuum. Preisgegeben ist auch nicht die spezifische Klassenökonomie, denn indem der Arbeiter Kapital produziert, produziert und reproduziert er seine eigene Ausbeutung, seine eigene Klassenlage und die des Kapitalisten. Von der ökonomischen Form her gesehen tut er das, indem er das Kapital als „sich selbst verwertenden" Wert produziert, von der inhaltlichen Seite her tut er es mit Marx' Worten so (Marx 2, 154):

„Die Arbeit produziert Wunderwerke für die Reichen, aber sie produziert Entblößung für den Arbeiter. Sie produziert Paläste, aber Höhlen für den Arbeiter. Sie produziert Schönheit, aber Verkrüppelung für den Arbeiter. Sie ersetzt die Arbeit durch Maschinen, aber sie wirft einen Teil der Arbeiter zu einer barbarischen Arbeit zurück und macht den andren Teil zur Maschine. Sie produziert Geist, aber sie produziert Blödsinn, Kretinismus für den Arbeiter."

(Es dürfte keine Schwierigkeiten machen, diese Sätze auf die heutigen Verhältnisse im modernen Kapitalismus zu übersetzen.)

Indem der Arbeiter produziert, reproduziert und verschärft er gleichzeitig die Widersprüche, die im Kapitalverhältnis inbegriffen sind und es schließlich sprengen werden. Weil sich unsere politische Emanzipationshoffnung weitgehend auf diese Widersprüche beruft, sollen sie kurz angedeutet werden. Gemäß der kapitalistischen Doppelbödigkeit von menschlicher Praxis und gesellschaftlicher Verdinglichung können wir diese Widersprüche auf beiden Ebenen formulieren. Im Falle des verdinglichten Verhältnisses finden wir sie als sachliche Widersprüche von Produktions- und Konsumtionskapazität, von Akkumulationszwang und Verwertungsschwierigkeiten, von Konkurrenz und langfristigem Profitkalkül. Erscheinungsformen dieser Widersprüche sind z. B. Verschleißproduktion und wirtschaftliche Krise. Im Falle des lebendigen Klassenverhältnisses (als Klassenpraxis) finden wir sie als Auflehnung des bedürftigen Menschen gegen seine Unterdrückung und Ausbeutung. Erscheinungsformen sind Aufruhr, Streik, Polizei, Armee.

Wenn Marx das Klassenverhältnis als ein Verhältnis ansieht, das zur Auflösung treibt, dann denkt er dabei an die objektiven wie an die subjektiven Momente des Widerspruchs. Die Betonung der subjektiven Seite finden wir vor allem in seinen Frühschriften. So schreibt er beispielsweise in der „Heiligen Familie" (Engels/Marx 2, 37):

„Das Privateigentum treibt allerdings sich selbst in seiner eignen nationalökonomischen Bewegung zu seiner eignen Auflösung fort, aber nur durch eine von ihm unabhängige, bewußtlose, wider seinen Willen stattfindende, durch die Natur der Sache bedingte Entwicklung, nur indem es das Proletariat als Proletariat erzeugt, das seines geistigen und psychischen Elends bewußte Elend, die ihrer Entmenschung bewußte und darum sich selbst aufhebende Entmenschung."

Das subjektive Elend und das subjektive Bewußtsein von diesem Elend erscheinen hier explizit als revolutionäre Momente. Daß er diesen Gedanken auch im „Kapital" nicht aufgegeben hat, zeigt folgende Stelle (Marx 6, 790 f.):

„Mit der beständig abnehmenden Zahl der Kapitalmagnaten . . . wächst die Masse des Elends, des Drucks, der Knechtung, der Degradation, der Ausbeutung, aber auch die Empörung der stets anschwellenden und durch den Mechanismus des kapitalistischen Produktionsprozesses selbst geschulten, vereinten und organisierten Arbeiterklasse. . . . Die Stunde des kapitalistischen Privateigentums schlägt. Die Expropriateurs werden expropriiert."

Die Auflösung auf der objektiven Seite formuliert Marx an vielen Stellen. Als wichtigstes Vehikel dieser Auflösung betrachtet er die zunehmenden Verwertungsschwierigkeiten des Kapitals, wodurch die Produktionsverhältnisse zu einer Fessel der Produktivkräfte werden (30), die damit verbundene „allgemeine Überproduktion" (31), die Automatisierung und die mit ihr verbundene tendenzielle Ersetzung der traditionellen Lohnarbeit durch wissenschaftliche Arbeit (was erstens die Wertbestimmung erschwert und zweitens die Entwicklung des „gesellschaftlichen Individuums" begünstigt) (32) und den tendenziellen Fall der Profitrate (33).

30) Vgl. „Grundrisse" 318 f., 336–347
31) Vgl. „Grundrisse" 315 f.
32) Vgl. „Grundrisse" 592–594
33) Vgl. „Kapital" III, 3. Abschnitt. Zum Gesetz des tendenziellen Falls der Profitrate muß allerdings – wie auch zu den anderen Marxschen Untergangshypothesen – gesagt werden, daß es keine fest fundierte Untergangstheorie darstellt. Eine solche ist von Marx nie entwickelt worden. Es scheint manchmal so, als hätte sich in Marx' Untergangsprognosen die Hegelsche Begriffsdialektik verselbständigt. Die Negation und die Negation der Negation standen wohl

Der kapitalistische Produktionsprozeß selbst produziert also die Bedingungen seiner eigenen Auflösung und damit die Bedingungen der menschlichen Emanzipation. Mit dieser Feststellung soll noch einmal einer undialektischen und fatalistischen Interpretation der Verdinglichungs- und Entfremdungstheorie vorgebeugt werden. Wir sollten diesen Gedanken der grundsätzlichen kapitalistischen Widersprüchlichkeit und der daraus sich ergebenden revolutionären Tendenzen für alle folgenden Kapitel beibehalten, weil es uns um die Emanzipation geht bzw. um die kategoriale Grundlage, auf der ein marxistischer Emanzipationsbegriff entwickelt werden kann.

II Die grundsätzliche Trennung von individuellem und gesellschaftlichem Leben auf der Grundlage kapitalistischer Warenproduktion

1. Die besondere Art der Gesellschaftlichkeit in der kapitalistischen Gesellschaft

Marx schreibt im Warenkapitel seiner Schrift „Zur Kritik der politischen Ökonomie“ (Marx 5, 26):

> „Die Bedingungen der Tauschwert setzenden Arbeit, wie sie sich aus der Analyse des Tauschwerts ergeben, sind *gesellschaftliche Bestimmungen* der Arbeit oder Bestimmungen *gesellschaftlicher Arbeit,* aber gesellschaftlich nicht schlechthin, sondern in besonderer Weise. Es ist eine spezifische Art der Gesellschaftlichkeit.“

Mit der spezifischen Art der Gesellschaftlichkeit ist die besondere Art und Weise gemeint, wie die in der warenproduzierenden Gesellschaft lebenden Menschen miteinander in Verbindung stehen und zusammenwirken. Die Sozialpsychologie untersucht die psychologischen Auswirkungen der Vergesellschaftung (in einer Gruppe, Gemeinschaft, Masse) auf das Individuum oder auf die ganze Gemeinschaft. Die Frage, um die es an dieser Stelle, bei dem Versuch einer kategorialen Grundlegung einer

manchmal als begriffliche Kategorien schon fest (z. B. besonders deutlich in den „Ökonomisch-philosophischen Manuskripten“), bevor die ökonomischen Untersuchungsergebnisse vorlagen, die dann manchmal mit Gewalt in die dialektische „Choreographie“ (M. Nicolaus) hineingepreßt wurden. Siehe hierzu Nicolaus, 43–52, und zur Profitrate Salvati, 103–128.

marxistischen Sozialpsychologie, geht, beginnt schon früher: Nicht die psychologischen Auswirkungen der Vergesellschaftung sollen zunächst untersucht werden, sondern die Vergesellschaftung selbst. Die Frage lautet: Gibt es ein bestimmtes gemeinschaftsbildendes (vergesellschaftendes) Prinzip und gibt es Besonderheiten in der Art und Weise des Vergesellschaftet-Seins, die spezifisch kapitalistisch sind und sich aus den ökonomischen Grundgegebenheiten der kapitalistischen Produktionsweise ableiten lassen? Ich will diese Frage auf zwei mögliche Vergesellschaftungsprinzipien hin umformulieren: Was konstituiert in der kapitalistischen Gesellschaft die Vergesellschaftung von Menschen, sind es menschliche Faktoren wie gemeinsame Arbeit, gemeinsame Bedürfnisse und gemeinsames Ziel – in diesem Fall gäbe es keinen grundsätzlichen Gegensatz von individuellem und gesellschaftlichem Leben, das Individuum wäre in der Gemeinschaft aufgehoben – oder sind es unpersönliche, sachliche, von außen wirkende Faktoren, welche die Vergesellschaftung bewirken, indem sie die Individuen von außen aufeinander beziehen, wobei die Individuen gegenseitig unpersönlich und gleichgültig bleiben – in diesem Fall hätten wir einen Gegensatz von individuellem und gesellschaftlichem Leben, das Individuum wäre nicht in der Gemeinschaft aufgehoben, sondern trotz Gemeinschaft isoliert – ? Die Frage ist rhetorisch, die zweite Antwort trifft zu. Es handelt sich in der kapitalistischen Gesellschaft tatsächlich um eine ganz spezifische Form der Gesellschaftlichkeit, in welcher die individuelle Isolierung nicht aufgehoben werden kann. Die kapitalistische Warenproduktion impliziert eine besondere Vergesellschaftungsweise, ohne die m. E. die in Kapitel V beschriebenen sozialpsychologischen Phänomene (beispielsweise die „Pseudogemeinschaft") nicht voll verstanden werden können. Ich will nun anhand der Marxschen Warenanalyse und noch ohne inhaltliche Füllung untersuchen, welcher Art die Vergesellschaftung in der kapitalistischen Warengesellschaft ist und welche besondere Art von Gesellschaftlichkeit sich daraus ergibt.

Vorher aber soll noch die Tatsache veranschaulicht werden, daß es überhaupt verschiedene Arten von Gesellschaftlichkeit gibt. Ich will dazu die Beschreibung benutzen, die Rosa Luxemburg von der urkommunistischen Gemeinde gibt (34).

34) In den beiden Kapiteln „Wirtschaftsgeschichtliches" I und II ihrer Schrift „Einführung in die Nationalökonomie". Diese Darstellung bedarf dringend

Die Gesellschaftlichkeit besteht in dieser Vor-Warengesellschaft darin, daß die Dorfgemeinschaft die Produktion und Verteilung der Güter gemeinsam plant und durchführt. Es gibt keine isolierten Privatproduzenten, sondern jeder arbeitet als integrierter Teil des Ganzen nach dem gemeinsamen Plan, innerhalb dessen ihm ein bestimmter Produktionsbereich zugewiesen worden ist. Jeder arbeitet bewußt für alle:

„Die unmittelbaren Bedürfnisse des täglichen Lebens und ihre gleichmäßige Befriedigung für alle, das ist der Ausgangspunkt und der Endpunkt der ganzen Organisation. Alle arbeiten gemeinsam für alle und bestimmen gemeinsam über alles." (Luxemburg, 150).

Die gegensätzliche Art der Gesellschaftlichkeit in der urkommunistischen Gemeinde und in der warenproduzierenden Gesellschaft demonstriert sie besonders deutlich durch folgende Gegenüberstellung der beiden Gesellschaftsformen (Luxemburg, Auszüge aus den Seiten 200 ff.):

„Die Wirtschaft dieser (urkommunistischen) Gemeinde ist uns ganz klar: es sind die Gemeindemitglieder selbst, die alle den Grund und Boden und sämtliche Produktionsmittel gemeinsam besitzen, ihr gemeinsamer Wille bestimmt auch, was, wann und wieviel von jedem Produkt hergestellt werden soll. Die fertige Produktenmasse wird aber, da sie gleichfalls allen zusammen gehört, unter alle nach Maßgabe der Bedürfnisse verteilt. Nun aber stellen wir uns vor, daß in dieser so beschaffenen kommunistischen Gemeinde eines schönen Morgens das Gemeineigentum aufgehört hat zu existieren und damit auch die gemeinsame Arbeit und der gemeinsame Wille, der die Produktion regelte. Die einmal erreichte hochentwickelte Arbeitsteilung ist selbstverständlich geblieben. Der Schuster sitzt an seinem Leisten der Bäcker hat nichts und versteht nichts als seinen Backofen, der Schmied . . . Aber die Kette, die früher alle diese Spezialarbeiten zu einer

zweier Kommentare.

1. Es handelt sich nicht um eine historisch-empirische, sondern um eine idealtypische Darstellung. Es geht hier lediglich um die Demonstration einer bestimmten Art von Gesellschaftlichkeit, die durch Luxemburgs Darstellung zumindest als Denkmöglichkeit plastische Gestalt gewinnt.
2. Die manchmal etwas euphorische Beschreibungsweise mag dazu verführen, den Urkommunismus als Idealzustand anzusehen. Dies ist natürlich weder von ihr noch von mir beabsichtigt. Die Vergesellschaftung der urkommunistischen Gemeinde vollzieht sich noch auf primitivem Niveau. Der einzelne hat gegenüber der Gemeinde noch keine eigene Individualität entwickelt, er ist „nicht der Gemeinde gegenüber selbständig" (Marx 4, 386), sondern hängt noch „an der Nabelschnur des naturwüchsigen Gemeinwesens". Der Widerspruch von Individuum und Gesellschaft konnte noch gar nicht aufgehoben sein, weil er noch gar nicht existierte.

gemeinschaftlichen Arbeit, zur gesellschaftichen Wirtschaft verband, ist gesprungen. Nun ist jeder auf sich gestellt . . . Die Gemeinde, die ein Ganzes war, ist in einzelne Atome, in einzelne Partikelchen zerfallen, wie ein in tausend Splitter zertrümmerter Spiegel. . . . So ergibt es sich, daß bei hochentwickelter Arbeitsteilung bei gänzlicher Unabhängigkeit der Produzenten voneinander und bei dem Mangel jeglicher Organisation zwischen ihnen, der einzige Weg, um die Produkte verschiedener Arbeiten allen zugänglich zu machen – der Austausch ist. . . . Der Tausch kommt nur dann zustande, wenn ein gegenseitiges Bedürfnis vorliegt. Braucht man augenblicklich keine Stiefel in der Gemeinde, so kann der Schuster noch so fleißig arbeiten und noch so feine Ware anfertigen, niemand wird sie ihm abnehmen und ihm dafür Brot, Fleisch usw. geben, und so bleibt er ohne das Nötigste zum Leben. Hier kommt wieder ein scharfer Unterschied im Vergleich zu den früheren kommunistischen Verhältnissen in der Gemeinde zum Ausdruck. Die Gemeinde hielt sich den Schuster, weil man in der Gemeinde überhaupt Stiefel braucht. Wieviel Stiefel er anfertigen sollte, das wurde ihm von der zuständigen Gemeindebehörde gesagt, er arbeitete ja nur gewissermaßen als Gemeindediener, als Gemeindebeamter, und ein jeder war genau in derselben Lage. Hielt sich aber die Gemeinde einen Schuster, so mußte sie ihn selbstverständlich auch ernähren. Er kriegte seinen Anteil wie jeder andere aus dem gemeinschaftlichen Reichtum und dieser sein Anteil stand in keinem direkten Zusammenhang mit seinem Anteil an der Arbeit. . . . Jetzt kriegt er nur in dem Maße, wie man seine Arbeit braucht, d. h. in dem Maße, wie sein Produkt im Tausch von anderen genommen wird, Zug um Zug. . . . Den Anschluß an die Gesellschaft gibt unserm Schuster also jedesmal nur ein Paar austauschbare Stiefel, allgemein gesprochen, eine Ware von Tauschwert. . . . In der Tat, wir haben gesehen, daß unserem Schuster niemand sagt, daß er arbeiten, was er arbeiten, wieviel er arbeiten soll. Niemand fragt andererseits auch, ob er Lebensmittel braucht, welche er braucht, wieviel er braucht. Niemand kümmert sich um ihn, er existiert für die Gesellschaft nicht. . . . Seine Existenz wird akzeptiert, wenn seine Ware akzeptiert wird. . . . Als Privatperson ist er also kein Gesellschaftsmitglied, ebenso seine Arbeit als Privatarbeit noch keine gesellschaftliche. Er wird Gesellschaftsmitglied nur insofern er austauschbare Produkte, Waren, anfertigt, und nur solange er solche hat und veräußern kann. Jedes ausgetauschte Paar Stiefel macht ihn zum Gesellschaftsmitglied, und jedes unverkäufliche Paar Stiefel schließt ihn wieder aus der Gesellschaft aus. . . . In derselben Lage sind aber neben unserem Schuster alle anderen Warenproduzenten. . . . Und so ergibt sich ein Gesellschaftszustand, bei dem alle Menschen ihr Einzeldasein führen als ganz losgelöste Individuen, die füreinander nicht existieren, und die nur durch ihre Waren fortwährend abwechselnd Anschluß an die Gesamtheit bekommen oder aus diesem Anschluß wieder ausgeschaltet werden."

Wir sehen: das Gesellschaftliche in der urkommunistischen Gemeinde ist das Gemeinsame, und zwar das mit menschlichen Bedürfnissen, menschlichem Bewußtsein und menschlichem Plan ausgefüllte Gemeinsame. Die Menschen verfügen über dieses

Gemeinsame. In Hegelscher Terminologie könnten wir sagen: sie haben ihr Gemeinsames als ihr „Eigentum". In der Warengesellschaft dagegen existiert die Gesellschaftlichkeit als etwas den Menschen Äußerliches, als unpersönliche Abhängigkeit voneinander, die sich wie ein Naturverhängnis über das gesamte gesellschaftliche Leben ausbreitet, ohne vom Menschen bewußt geplant und ohne von seinen Bedürfnissen direkt bestimmt zu sein. Wir können sie als „abstrakte Gesellschaftlichkeit" bezeichnen, abstrakt, weil losgelöst vom konkreten bedürftigen, planenden und arbeitenden Menschen. Die Menschen verfügen nicht über sie, sondern werden von ihr verfügt. Der logische Zusammenhang dieser entfremdeten und abstrakten Gesellschaftlichkeit mit der Warenproduktion ergibt sich aus der Warenanalyse. Er soll kurz nachgezeichnet werden.

Der logische Ausgangspunkt ist wieder das Tauschverhältnis. Aus ihm läßt sich die besondere Form der abstrakten, gleichen menschlichen Arbeit ableiten (vgl. Kapitel I, 1b)). Nur als Produkte dieser gleichen Arbeit sind die Arbeitsprodukte austauschbar, also gesellschaftlich (35). In der Gleichheit der in ihnen vergegenständlichten Arbeiten besteht deshalb der „spezifisch gesellschaftliche Charakter der voneinander unabhängigen Privatarbeiten" (Marx 6, 88). Indem wir aber die gesellschaftliche Arbeit als gleiche Arbeit fassen, abstrahieren wir (und nicht nur wir, sondern der Tausch selbst, der die Abstraktion als reale vollzieht) von ihren konkreten Formen; das gesellschaftliche Band liegt also nicht mehr in der konkreten Tätigkeit. Worin sonst? Im Austausch der Arbeitsprodukte. Aber auch der Austausch erscheint in der entwickelten Warenproduktion nicht mehr als eigene, unmittelbare gesellschaftliche Tätigkeit der Menschen, sondern als fremdbestimmte, vermittelte. Vermittelt wodurch? Durch das Arbeitsprodukt selbst bzw. durch das quantitative Verhältnis, worin sich die einzelnen Arbeitsprodukte als Waren aufeinander beziehen, vermittelt also durch das

35) Hierzu ein interessanter Kommentar von Sohn-Rethel, um die besondere Weise der Vergesellschaftung zu kennzeichnen (Sohn-Rethel, 54): „Die Abstraktion (von der konkreten materiellen Beschaffenheit der Arbeitsprodukte – D. D.) entspringt der zwischenmenschlichen Verkehrsrelation; sie entspringt nicht im Einzelbereich, nicht im Apperzeptionsbereich eines Eigentümers für sich. Sie entspringt in einer Weise, die sich dem Empirismus, welcher sich auf den Apperzeptionsstandpunkt des Individuums versteift, gänzlich entzieht. Denn nicht die Individuen bewirken ihre gesellschaftliche Synthese, ihre Handlungen tun das. Die Handlungen bewirken eine Vergesellschaftung, von der die Handelnden in dem Augenblick, da sie geschieht, nichts wissen."

Wertgesetz. Die gesellschaftliche Verbindung der Individuen ist also vermittelt durch Dinge (36), die als vergesellschaftende Macht von außen die Menschen zueinander in Beziehung setzt. Marx formuliert genau diese entfremdete Gesellschaftlichkeit, wenn er schreibt (Marx 4, 75):

„Der gesellschaftliche Charakter der Tätigkeit, wie die gesellschaftliche Form des Produkts, wie der Anteil des Individuums an der Produktion erscheint hier als den Individuen gegenüber fremdes, sachliches; nicht als das Verhalten ihrer gegeneinander, sondern als ihr Unterordnen unter Verhältnisse, die unabhängig von ihnen bestehn und aus dem Anstoß der gleichgültigen Individuen miteinander entstehn. Der allgemeine Austausch der Tätigkeiten und Produkte, der Lebensbedingung für jedes einzelne Individuum geworden, ihr wechselseitiger Zusammenhang erscheint ihnen selbst fremd, unabhängig, als eine Sache. Im Tauschwert ist die gesellschaftliche Beziehung der Personen in ein gesellschaftliches Verhalten der Sachen verwandelt; das persönliche Vermögen in ein sachliches.“

Die durch das Wertgesetz vermittelte Gesellschaftlichkeit der einander „gleichgültigen“ Individuen ist von allem Persönlich-menschlichen entleert. Das gemeinsame Interesse erscheint nicht als persönliches Motiv (37).

36) Marx bezeichnet an einer Stelle das Geld als das „reale Gemeinwesen“ und als die gesellschaftliche Macht, die die Individuen in der Tasche mit sich tragen (Marx 4, 74/75). Er erklärt dann weiter (ebd., 78): „Eine gesellschaftliche Macht kann es nur besitzen, weil die Individuen ihre eigene gesellschaftliche Beziehung als Gegenstand sich entfremdet haben.“ Diese Formulierung („ihre eigene gesellschaftliche Beziehung als Gegenstand“) zeigt einmal mehr, wie sehr sich Marx bei seiner Darstellung vom Verdinglichungsphänomen leiten ließ.

37) „Das gemeinschaftliche Interesse, was als Motiv des Gesamtaktes erscheint, ist zwar als Fakt von beiden Seiten anerkannt, aber als solches ist es nicht Motiv, sondern geht sozusagen nur hinter dem Rücken der in sich selbst reflektierten Sonderinteressen, dem Einzelinteresse im Gegensatz zu dem des anderen vor.“ Es ist vielleicht interessant, sich gerade in diesem Zusammenhang zu erinnern an Adam Smiths Plädoyer für die kapitalistische Wirtschaftsordnung, worin er mit etwas anderen Worten dasselbe sagte, daß nämlich durch das Aufeinanderstoßen der profithungrigen Einzelinteressen der Gesamtheit am besten gedient sei, obwohl keiner der Beteiligten an die Gesamtheit denke. Daß Smith diese Tatsache als Lob, Marx dagegen als Kritik vorbringt, offenbart bei Marx eine Position, die eindeutig in die „philosophische“, d. h. das bloß Ökonomische transzendierende, Richtung weist. Würde Marx den anzustrebenden menschlichen und gesellschaftlichen Reichtum hauptsächlich ökonomisch definieren, so hätte er sich Adam Smiths Lobrede anschließen müssen, denn die Konkurrenz der isolierten Einzelinteressen war anfangs in der kapitalistischen Gesellschaft tatsächlich ein gewaltiger Motor zur Vergrößerung des gesellschaftlichen und später auch des individuellen materiellen Reichtums. Marx aber definiert den Reichtum so (nicht in den Frühschriften, sondern in den „Grundrissen“, 387):

Ich will noch eine letzte Stelle zitieren, die wenig explizit und fast beiläufig zeigt, daß es Marx bei seiner Kritik tatsächlich um diesen spezifischen un-menschlichen Charakter der Gesellschaftlichkeit geht und daß er dabei eine Alternative, eine „wirkliche" Gesellschaftlichkeit im Kopf hat, von der er jene kritisch abhebt (Marx 4, 79):

„Übrigens hier nur zu bemerken, daß die Übersicht über den Gesamthandel und die Gesamtproduktion, soweit sie faktisch in den Preiscourantlisten vorliegt, in der Tat den besten Beweis liefert, wie den einzelnen ihr eigner Austausch und ihre eigne Produktion als sachliches, von ihnen unabhängiges Verhältnis gegenübertritt. Im Weltmarkt hat sich der Zusammenhang des einzelnen mit allen, aber auch zugleich die Unabhängigkeit dieses Zusammenhangs von den einzelnen selbst zu einer solchen Höhe entwickelt, daß seine Bildung daher zugleich schon die Übergangsbedingung aus ihm selbst enthält. Die Vergleichung (worin jeder einzelne sich Auskunft über die Tätigkeit aller anderen verschafft und seine eigene danach auszugleichen sucht – D. D.) an der Stelle der *wirklichen Gemeinschaftlichkeit und Allgemeinheit.*" (Hervorh. d. Verf.)

Marx stellt also der kapitalistischen Form der abstrakten, vermittelten, entfremdeten Gesellschaftlichkeit die sozialistische Form der wirklichen Gemeinschaftlichkeit gegenüber. Die sozialistische Gesellschaftlichkeit konstituiert sich unmittelbar in der vom gemeinsamen Willen getragenen menschlichen Praxis, die kapitalistische dagegen – soweit sie bis jetzt beschrieben ist – hinter dem Rücken der Individuen im Austausch ihrer Produkte, also auf dem Markt. Wir haben jetzt zu untersuchen, ob sich diese gesellschaftliche „Synthesis des Marktes" (Sohn-Rethel) im Prinzip unterscheidet von der Synthesis im Bereich der Produktion. Für die einfache Warenproduktion stellt sich diese Fra-

„Wenn die bornierte bürgerliche Form abgestreift ist, was ist der Reichtum andres als die im universellen Austausch erzeugte Universalität der Bedürfnisse, Fähigkeiten, Genüsse, Produktivkräfte etc. der Individuen? Die volle Entwicklung der menschlichen Herrschaft über die Naturkräfte, die der sog. Natur sowohl wie seiner eignen Natur? Das absolute Herausarbeiten seiner schöpferischen Anlagen, ohne andre Voraussetzung als die vorhergegangne historische Entwicklung, die diese Totalität der Entwicklung, d. h. der Entwicklung aller menschlichen Kräfte als solcher, nicht gemessen an einem vorhergegebnen Maßstab, zum Selbstzweck macht? Wo er sich nicht reproduziert in seiner Bestimmtheit, sondern seine Totalität produziert? Nicht irgend etwas Gewordenes zu bleiben sucht, sondern in der absoluten Bewegung des Werdens ist." Dies ist ein Ausschnitt aus dem philosophischen Hintergrund, vor dem wir m. E. Marx' ökonomische Ausführungen zu verstehen haben, wenn wir sie in demselben Bedeutungshorizont verstehen wollen, in dem sie geschrieben worden sind.

ge noch nicht, da in ihr die Gesellschaftlichkeit des Marktes und die der Produktion identisch sind (die gesellschaftliche Verbindung der einzelnen Produzenten vollzieht sich ja auf dem Markt, vgl. auch die Fußnote über das Verhältnis von Produktion und Zirkulation in Kapitel I, 1d)). Für die kapitalistische Gesellschaft aber kann diese Identität nicht von vornherein angenommen werden, da der Vergesellschaftungsprozeß des Marktes zunächst in keinem offensichtlichen Zusammenhang mit der Produktion steht. Die Tauschpartner auf dem Markt könnten durchaus in anderer Weise vergesellschaftet sein als die Arbeiter in den Fabrikhallen.

Logisch ist das Vergesellschaftungsprinzip der kapitalistischen Produktion aus dem der einfachen Warenzirkulation zu entwickeln, denn das Kapital als die vergesellschaftende Macht der Produktion entwickelte sich ja aus dem Wert (bzw. Geld), der wiederum der einfachen Warenzirkulation entstammt (38). Indirekt ist deshalb auch die Vergesellschaftung der kapitalistischen Produktion durch den Wert vermittelt, der jetzt als „sich selbst verwertender" Wert die Arbeiter miteinander kombiniert. Aber die Verbindung der Arbeiter untereinander ist nicht durch den Austausch und nicht (jedenfalls nicht direkt) durch das Wertgesetz vermittelt. Vermittelt ist sie vielmehr durch das Kommando des Kapitals und durch die Funktionsweise der Maschine. Auch die Maschine ist Kapital. Kapital aber ist vergegenständlichte abstrakte Arbeit. Vermittelt ist also die Gesellschaftlichkeit auch hier durch die Arbeitsprodukte, die sich dem Menschen entfremdet haben und ihn nun als selbständige Macht von außen vergesellschaften. Das Prinzip der Vergesellschaftung und die Art der Gesellschaftlichkeit sind demnach dieselben wie auf dem Markt. Ich will dies an einer Stelle in den „Grundrissen" veranschaulichen (Marx 4, 373 f.):

> „In dem Produktionsprozeß des Kapitals ist die Arbeit eine Totalität – eine Kombination von Arbeiten –, wovon die einzelnen Bestandteile sich fremd sind, so daß die Gesamtarbeit als Totalität nicht das Werk des einzelnen Arbeiters, und auch das Werk der verschiednen Arbeiter zusammen nur ist, soweit sie kombiniert sind, nicht sich als kombinierende zueinander verhalten."

Die Arbeiter sind zwar kombiniert, verhalten sich aber nicht als

38) Zur Herleitung des Kapitals aus der Zirkulation vgl. Marx 4, 170 ff. und 919–940

Kombinierende zueinander. Wir haben hier genau denselben Sachverhalt wie vorhin: die Vergesellschaftung der Arbeiter, ihre Kombination, findet hinter ihrem Rücken bzw. über ihren Köpfen statt. Sie ist nicht ihre eigene Tat, nicht ihr „Eigentum", sondern ein außer ihnen existierendes Verhängnis. Das kombinierende Moment liegt nicht im Arbeiter und seinen persönlichen Beziehungen zu seinen Kollegen, sondern außerhalb seiner. Sehr klar formuliert Marx diesen wichtigen Sachverhalt in der Fortsetzung der eben zitierten Stelle:

„In ihrer Kombination erscheint diese Arbeit ebensosehr einem fremden Willen und einer fremden Intelligenz dienend und von ihr geleitet – ihre seelenhafte Einheit außer sich habend."

Die gesellschaftliche Kraft der Individuen hat sich in der Form des Kapitals von ihnen abgelöst und tritt ihnen nun als fremde vergesellschaftende Macht gegenüber. Das Kapital ist daher

„die Existenz der gesellschaftlichen Arbeit – ihre Kombination als Subjekt wie als Objekt –, aber diese Existenz als selbständig ihren wirklichen Momenten gegenüber existierend – also selbst als besondre Existenz daneben." (Marx, ebd.)

Der im „Doppelcharakter der Arbeit" (Marx 6, 56 ff.) enthaltene Gegensatz von individueller und gesellschaftlicher Arbeit findet seine drastische Verwirklichung im Kapital, das sich als vergegenständlichte gesellschaftliche Arbeit die individuelle Einzelarbeit unterwirft und aneignet.

Wir finden also auf dem Markt wie in der Produktion genau dasselbe Prinzip einer die Individuen von außen aufeinander beziehenden Vergesellschaftung. Das Gegenteil der abstrakten Gesellschaftlichkeit wäre konkrete Solidarität. Hier stoßen wir auf einen Unterschied zwischen der Gesellschaftlichkeit des Marktes und der der Produktion: die des Marktes führt kaum zur Solidarität, weil sich die Tauschpartner als eigennützige Solipsisten gegenübertreten. Die historischen und gegenwärtigen Kampfaktionen der Arbeiterklasse zeigen hingegen, daß die aufgezwungene Vergesellschaftung unter dem Kommando des Kapitals durchaus zur Solidarisierung führen kann. Jeder große Streik signalisiert die Wiederaneignung der vergesellschaftenden Macht des Kapitals durch die Arbeiter und damit den tendenziellen Umschlag der kapitalistischen Gesellschaftlichkeit in die sozialistische. Das ist die revolutionäre Tendenz in der Bewegung des Widerspruchs von konkreter und abstrakter Arbeit, von vergesellschafteter Produktion und privater Aneignung, von Individuum und Gesellschaft.

Bis jetzt wurde die Gesellschaftlichkeit im ökonomischen Bereich untersucht. Wie ist es mit der Gesellschaftlichkeit der kapitalistischen Menschen im außerökonomischen Bereich, unterscheidet sie sich im Prinzip von der ökonomischen?

Hier ist anzuknüpfen an die Ausführungen über die Totalität der Klassenherrschaft (Kapitel I, 4b)). Klassenherrschaft finden wir überall dort, wo das Kapital herrscht. Das Kapital herrscht aber nicht nur im ökonomischen Bereich, sondern auch (weitgehend) im politischen, juristischen, pädagogischen, moralischen usw. Das Kapital schafft sich seinen eigenen gesellschaftlichen Überbau, wozu auch die gesetzlichen und moralischen Regeln unseres Zusammenlebens gehören. Diese Regeln bestimmen weitgehend die Art und Weise unserer Gesellschaftlichkeit. Da sie sich aber als gleichsam naturwüchsiger Prozeß ohne bewußtes menschliches Planen und Wollen aus dem kapitalistischen Werkeltagsleben heraus entwickelt haben und dem Menschen jetzt mit der gleichen Selbständigkeit gegenübertreten wie ihre ökonomischen Verhältnisse, bilden sie einen Teil jener anonymen gesellschaftlichen Macht, durch welche die Individuen von außen miteinander verbunden werden (und durch die sie – jedenfalls im Falle der moralischen Gesetze, wie die weiteren Kapitel zeigen sollen – daran gehindert werden, sich innerlich persönlich, menschlich miteinander zu verbinden). Beides, sowohl die ökonomischen Gesetze der Warenproduktion und des Warenverkehrs als auch die juristischen und moralischen Gesetze des außerökonomischen zwischenmenschlichen Verkehrs, sind entfremdete Gesetze, denen sich das Individuum zu unterwerfen hat. Würde es sich ihnen verweigern, so wäre bald seine Existenz ruiniert, im Falle der ökonomischen Gesetze seine materielle, im Falle der juristisch-ethischen Gesetze seine soziale und psychische. Die Situation des an eine allgegenwärtige gesellschaftliche Macht ausgelieferten Individuums ist überall vorhanden, im Geschäftsverkehr wie im privaten, am Arbeitsplatz wie beim Sonntagsspaziergang auf der Straße. Die Macht der anonymen Öffentlichkeit verfolgt das Individuum auf Schritt und Tritt. In den Kapiteln IV und V soll untersucht werden, welche psychologischen Mechanismen dabei am Werk sind, wie dieses permanente Entfremdungsverhältnis psychologisch produziert und beständig reproduziert wird, wie die abstrakte Gesellschaftlichkeit zu überwinden versucht und dabei zementiert wird.

2. *Isolierung der Individuen*

Die eben beschriebene Form der kapitalistischen Gesellschaftlichkeit beinhaltet schon die individuelle Isolierung. Der kapitalistische Vergesellschaftungsprozeß vollzieht sich gerade so, daß er die Individuen als einander fremde und gleichgültige, als menschlich isolierte Charaktermasken aufeinander bezieht. Logisch ist den bisherigen Ableitungen nichts neues hinzuzufügen. Kapitalistische Gesellschaftlichkeit und individuelle Isolierung sind zwei Aspekte desselben zwischenmenschlichen Verhältnisses. Dieses Verhältnis soll jetzt noch einmal unter dem Aspekt der Isolierung resümiert werden.

Der Austausch ist die zentrale Verkehrsform der kapitalistischen Gesellschaft. Wer leben will, muß kaufen und verkaufen, also austauschen. Der Austausch ist vermittelt nicht durch ein gemeinsames menschliches Interesse, sondern durch Wert, Geld und Kapital. Marx betont vor allem in den „Grundrissen" die mit dem Austausch verbundene zwischenmenschliche Isolierung und Gleichgültigkeit (Marx 4, 76):

> „Der Austausch als vermittelt durch den Tauschwert und das Geld setzt allerdings die allseitige Abhängigkeit der Produzenten voneinander voraus, aber zugleich die völlige Isolierung ihrer Privatinteressen und eine Teilung der gesellschaftlichen Arbeit, deren Einheit und wechselseitige Ergänzung gleichsam als ein Naturverhältnis außer den Individuen, unabhängig von ihnen, existiert. Der Druck der allgemeinen Nachfrage und Zufuhr aufeinander vermittelt den Zusammenhang der gegeneinander Gleichgültigen."

und (Marx 4, 153 f.)

> „Die Subjekte sind im Austausch nur füreinander durch die Äquivalente, als gleichgeltende und bewähren sich als solche durch den Wechsel der Gegenständlichkeit, worin das eine für andre ist. Da sie nur so als Gleichgeltende, als Besitzer von Äquivalenten und Bewährer dieser Äquivalenz im Austausche füreinander sind, sind sie als Gleichgeltende zugleich Gleichgültige gegeneinander; ihr sonstiger individueller Unterschied geht sie nichts an, sie sind gleichgültig gegen alle ihre sonstigen individuellen Eigenschaften."

Die Individuen haben also eine Beziehung zueinander, bei der von ihren persönlichen Eigenschaften und Bedürfnissen abstrahiert ist. Sie haben die Beziehung als abstrakte Wesen, nicht als konkrete Personen. Ein solches „Verhältnis wechselseitiger Fremdheit" (Marx) existiert nach Marx nicht für die Glieder eines naturwüchsigen Gemeinwesens („Kapital" I, 102). Es existiert nur auf der Grundlage der Warenproduktion. Auf ihrem Boden geht – wie Sohn-Rethel es formuliert hat –

„aller Gebrauch der Waren, sei es zur Konsumtion oder zur Produktion, ausschließlich im Privatbereich der Warenbesitzer vor sich" (Sohn-Rethel, 47).

Sehr deutlich wird der Zusammenhang von Warenproduktion und Isolierung bei der Eigentumsregelung, bei der „Mein" und „Dein" nach striktem Ausschließlichkeitsprinzip definiert sind. Dazu schreibt Sohn-Rethel (Sohn-Rethel, 48):

„Entsprechend seiner Verankerung im Privateigentum, als Verkehrsform gemäß den Regeln des Privateigentums, untersteht der Warenaustausch in jedwedem Einzelfall dem Prinzip der privaten Entgegensetzung der beiderseitigen Eigentumsbereiche. Mein – also nicht Dein; Dein – also nicht Mein: ist das Prinzip, das die Logik des Verhältnisses beherrscht. Dieses Prinzip ergreift jede Einzelheit in dem Maße, als sie für die Transaktion Relevanz gewinnt. Es bewirkt auch das Verhältnis jedes der Kontrahenten zu den Gegenständen, die zum Austausch stehen. Daß sein Interesse an den Gegenständen *sein* Interesse und nicht das der anderen ist, seine Vorstellung von ihnen eben die seinige, daß die Bedürfnisse Empfindungen, Gedanken, die im Spiele sind, polarisiert sind darauf, wessen sie sind, ist das, was zählt. . . . Der Warenaustausch ist somit eine Verkehrsform zwischen unvermischbar getrennten Eigentumsbereichen."

Zum allgemeinen Tatbestand der Isolierung gesellen sich noch einige spezifische Momente der Isolierung, die sich aus einigen besonderen Merkmalen der modernen kapitalistischen Produktionsweise, der Arbeitsteilung, Arbeitsrationalisierung und Arbeitsplatzbewertung ergeben. Der Taylorismus brachte eine Zerlegung der menschlichen Arbeit in einzelne Bewegungselemente, wobei sich die Zerlegung und die effizienteste Neukombination dieser Elemente auf einen völlig isolierten Arbeitsablauf bezog (39). Die heutigen REFA- und MTM-Systeme basieren auf einem ähnlichen, wenn auch nicht so kraß praktizierten Prinzip.

39) Taylor schreibt in seinem Buch „Shop management" (1903), daß sein System „is based upon the precise time and motion study of each workman's job in isolation" (zit. nach Sohn-Rethel, 153).

Für irgendeine Zusammenarbeit mit dem Nachbarn bleibt hier keine Möglichkeit mehr, das System basiert auf absoluter Isolierung (40). Dazu kommen noch gezielte und von Seiten der Betriebsleitung bewußt eingesetzte Isolierungspraktiken wie undurchsichtige Arbeitsplatzbewertungen, fiktive Qualifikationsunterscheidungen und willkürliche Lohndifferenzierungen. Solche Maßnahmen erzeugen über die allgemeine Grundsituation der Isolierung hinaus ein besonderes Klima von Neid und Mißtrauen, das wir übrigens in ähnlicher Weise in fast allen beruflichen Tätigkeitsbereichen wiederfinden.

Die ökonomisch bedingte Isolierung der Menschen findet im ethischen, ideologischen und philosophischen System der bürgerlichen Gesellschaft ihren besonderen Niederschlag. Eugen Paschukanis hat in seinem Buch „Allgemeine Rechtslehre und Marxismus" diesen Zusammenhang teilweise herausgearbeitet. Einige Auszüge mögen dies illustrieren (Paschukanis, 136–139):

„Der kategorische Imperativ ist keineswegs ein gesellschaftlicher Instinkt, denn die wichtigste Bestimmung dieses Imperativs ist, dort wirksam zu sein, wo keinerlei natürliche, organische, überindividuelle Motivierung möglich ist. Wo eine enge gefühlsmäßige Verbindung besteht, die die Grenzen des individuellen Ichs verwischt, kann das Phänomen der moralischen Verpflichtung nicht in Erscheinung treten. Will man diese Kategorie begreifen, so darf man nicht von der organischen Verbindung ausgehen, die z. B. zwischen Muttertier und ihrem Jungen oder zwischen der Sippe und jedem ihrer Mitglieder besteht, sondern vom Zustand der *Isolierung*. . . . Andererseits bemerkt Kautsky ganz richtig, daß die Regel: „Betrachte Deinen Mitmenschen als Selbstzweck" dort einen Sinn hat, wo der Mensch praktisch zum Mittel für einen anderen Menschen gemacht werden kann. Das sittliche Pathos ist mit der Unsittlichkeit der gesellschaftlichen Praxis unlösbar verbunden und nährt sich von ihr. Die ethischen Lehren erheben für sich den Anspruch, die Welt zu ändern und zu verbessern, während sie tatsächlich nur ein verzerrtes Spiegelbild eines Aspekts dieser wirklichen Welt waren, des Aspekts, der die menschlichen Beziehungen dem Wertgesetz unterworfen zeigt. . . . Eine Handlung, die die wirkliche und einzig

40) Es gibt mehrere Stellen bei Marx, die in diesem Zusammenhang relevant sind, z. B. „Kapital" I, 341: „In der Wertproduktion zählen viele immer nur als viele einzelne." Daneben ebd., 352 und 492 und „Kapital" III, 89. Allerdings ist auch der gemäßigte Taylorismus nicht überall verwirklicht, denn es hat sich längst herausgestellt, daß „das menschliche Klima" ein Faktor ist, der die Arbeitsproduktivität enorm steigern kann und deshalb in das Profitkalkül miteinbezogen werden muß. Hieraus ergibt sich eine Tendenz zur Überwindung der individuellen Isolierung. Forciert wird diese Tendenz durch den Einzug der wissenschaftlichen Arbeit in den Produktionsprozeß. Der von daher zu erwartende tendenzielle Umschlag der kapitalistischen Gesellschaftlichkeit in die sozialistische soll in Kapitel VI, 2 etwas ausführlicher behandelt werden.

reale Verkörperung des ethischen Prinzips ist, enthält zugleich auch die Verneinung dieses Prinzips. Der Großkapitalist richtet den kleinen Kapitalisten ‚bona fide' zugrunde, ohne dabei die absolute Wertigkeit seiner Persönlichkeit irgendwie anzutasten. Die Persönlichkeit des Proletariers ist der Persönlichkeit des Kapitalisten ‚prinzipiell gleichwertig'; dieser Umstand findet seinen Ausdruck in der Tatsache des ‚freien' Arbeitsvertrags. Aber aus dieser selben ‚materialisierten Freiheit' entsteht für Proletarier die Möglichkeit, ganz ungestört – zu verhungern."

Frei ist das kapitalistische Individuum insofern, als es ganz allein über seine Ware verfügt. Diese Freiheit besitzt der Arbeiter so gut wie der Unternehmer. Wir haben aber gesehen, daß diese ausschließliche und private Verfügung identisch ist mit Isolierung. Das Gleichheits- und Freiheitsprinzip der bürgerlichen Demokratie offenbart sich als eine Fiktion, die nur auf dem Boden einer Gesellschaft von isolierten Warenproduzenten und Warenbesitzern entstehen konnte. Marx sagt in den „Grundrissen" (156):

„Gleichheit und Freiheit sind also nicht nur respektiert im Austausch, der auf Tauschwerten beruht, sondern der Austausch von Tauschwerten ist die produktive, reale Basis aller Gleichheit und Freiheit. Als reine Ideen sind sie bloß idealisierte Ausdrücke desselben; als entwickelt in juristischen, politischen, sozialen Beziehungen sind sie nur diese Basis in einer andren Potenz. Dies hat sich denn auch historisch bestätigt. Die Gleichheit und Freiheit in dieser Ausdehnung sind gerade das Gegenteil der antiken Freiheit und Gleichheit, die eben den entwickelten Tauschwert nicht zur Grundlage haben, vielmehr an seiner Entwicklung kaputtgehen."

Und im „Kapital" schließlich findet er für die kapitalistischen Menschenrechte nur noch Spott (Marx 6, 189 f.):

„Die Sphäre der Zirkulation oder des Warenaustauschs, innerhalb deren Schranken Kauf und Verkauf der Arbeitskraft sich bewegt, war in der Tat ein wahres Eden der angebornen Menschenrechte. Was allein hier herrscht, ist Freiheit, Gleichheit, Eigentum und Bentham (41). Freiheit! Denn Käufer und Verkäufer einer Ware, z. B. der Arbeitskraft, sind nur durch ihren freien Willen bestimmt. Sie kontrahieren als freie, rechtlich ebenbürtige Personen. Der Kontrakt ist das Endresultat, worin sich ihre Willen einen gemeinsamen Endausdruck geben. Gleichheit! Denn sie beziehen sich nur als Warenbesitzer aufeinander und tauschen Äquivalent für Äquivalent. Eigentum! Denn jeder verfügt nur über das Seine. Bentham! Denn jedem von den beiden ist es nur um sich zu tun. Die einzige Macht, die sie zusammen und in ein Verhältnis bringt, ist die ihres Eigennutzes, ihres

41) Bentham bedeutet hier etwa das größtmögliche Glück der größtmöglichen Zahl.

Sondervorteils, ihrer Privatinteressen. Und eben weil so jeder nur für sich und keiner für den andren kehrt, vollbringen alle, infolge einer prästabilisierten Harmonie der Dinge oder unter den Auspizien einer allpfiffigen Vorsehung, nur das Werk ihres wechselseitigen Vorteils, des Gemeinnutzes, des Gesamtinteresses."

Interessant ist hier für unsere Betrachtung der Isolierung u. a. das Moment des Eigennutzes, auf das Marx auch in den „Grundrissen" mehrmals eingeht. Der Eigennutz, Hauptmotiv in der Philosophie des ethischen Individualismus (Utilitarismus) und in Form der Input-Output-Ökonomik Grundlage einiger moderner sozialwissenschaftlicher „Theorien", ist hier nichts weiter als ein charakterologischer Überbau zum Warenaustausch und notwendig mit diesem verbunden. Dazu noch eine letzte Stelle aus den „Grundrissen" (155):

„Das Individuum A dient dem Bedürfnis des Individuums B vermittelst der Ware a, nur insofern und weil das Individuum B dem Bedürfnis des Individuums A vermittelst der Ware b dient und vice versa. Jedes dient dem andern, um sich selbst zu dienen. Jedes bedient sich des andern wechselseitig als seines Mittels."

Hier ist der zwischenmenschlichen Isolierung und Entfremdung ein besonderer Akzent aufgesetzt: die Individuen benutzen sich wechselseitig als Mittel für ihre eigenen Zwecke. Ein günstiger Nährboden für Angst und Mißtrauen.

Der Kapitalismus organisierte die individuelle Isolierung bis in alle gesellschaftlichen Bereiche hinein. Die tendenzielle Vermarktung aller Gegenstände und Bedürfnisse (vgl. nächstes Kapitel), das unüberschaubare System der kapitalistischen Arbeitsteilung, die Trennung von Hand- und Kopfarbeit, die von Markt und Maschinerie gelenkte Aufsplitterung der Gesamtarbeit in tausende von Einzelfunktionen und schließlich die allgemeine Konkurrenz (vgl. nächstes Kapitel) haben die persönlichen Beziehungen der Menschen weitgehend zerschlagen und an ihre Stelle Sachbeziehungen gesetzt. Die Individuen begegnen sich als ökonomische, juristische, moralische usw. Charaktermasken und nicht als Menschen. Gewiß haben sie auch persönliche Beziehungen zueinander, aber soweit diese Beziehungen gesellschaftlich relevant sind und soweit sie konstruktiv in das gesellschaftliche System integriert sind, sind es Beziehungen zwischen Charaktermasken, Beziehungen, die durch die Sache (Ware, Geld, Kapital) gesetzt sind und nicht durch die Personen selbst.

Die Geschäftsleute, die sich freundlich grüßen, sind sich persönlich ganz egal; die Angestellten, die zusammen Kaffee trinken, konkurrieren miteinander um die Gunst ihres Chefs; Unternehmer, die auf gute Qualität ihrer Waren achten, tun das nicht ihren Kunden, sondern ihrem Profit zuliebe; Eheleute, die sich am liebsten gegenseitig umbrächten, unterlassen dies nicht aus Liebe zum Partner, sondern aus Angst vor der Justiz. Der Widerspruch von individuellem und gesellschaftlichem Leben drückt sich aus in einer fast durchgehenden Doppelbödigkeit der zwischenmenschlichen Beziehungen. Gleichgültigkeit und Freundlichkeit, Haß und Höflichkeit, Hinterlist und Rücksichtnahme finden sich vereint in einundderselben Beziehung. Der Grund hierfür liegt nicht primär in einer aus unbewußten Konflikten stammenden Gefühlsambivalenz und affektiven Reaktionsbildung – dies sind selbst schon Folgen. Der primäre Grund liegt in der kapitalistischen Trennung von persönlichem und gesellschaftlichem Leben. Die Entstehung dieser Trennung ist identisch mit der Entstehung der Entfremdung, also mit dem Prozeß der Verdinglichung, denn in diesem Prozeß hat sich das Gesellschaftliche aus dem persönlichen Bereich hinausverlagert in den sachlichen. Die individuelle Isolierung ist gleichzeitig Ursache (in Gestalt der isolierten Warenproduzenten) und Wirkung dieses Prozesses. Die menschliche Individualität – durch die Warenproduktion zunehmend aus dem gesellschaftlichen Prozeß ausgeklammert und für ihn nicht mehr relevant – sucht nun ihre Entfaltung auf private Weise. Das bürgerliche Bewußtsein hat längst einen Individualitätsbegriff verinnerlicht, dessen wichtigstes Merkmal in der Abgrenzung nach außen, im bloßen individuellen Anders-Sein liegt (42). Die Industrie hat diesen Begriff

42) „Im Rahmen der ‚atomistischen' Auffassung von der Gesellschaft sind Persönlichkeit und Kollektiv Gegensätze. Die Zugehörigkeit des Individuums zu einer Gruppe, die die Aneignung bestimmter Gruppennormen und die Unterwerfung unter die Gruppendisziplin voraussetzt, wird dabei als Verzicht auf eigene Individualität aufgefaßt. Die Individualität, die Freiheit werden ihrerseits vor allem in negativer Beziehung aufgefaßt – als Recht, ‚Nein' zu sagen, als Fähigkeit, dem Gruppendruck und dgl. zu widerstehen." (Kon, 137). Daß sich dieser bürgerliche Individualitätsbegriff kritisch gegen die bürgerliche Gesellschaft wenden kann, zeigte sehr deutlich die antiautoritäre Bewegung. Sie zeigte damit aber gleichzeitig, wie sie teilweise selbst dort, wo sie sich ultralinks gebärdete, bürgerlichen Vorstellungen verhaftet blieb. Relevant im Zusammenhang von bürgerlichem Individualitätsbegriff und bürgerlicher Gesellschaftsordnung sind die Ausführungen von Erich Wulff in seinem Aufsatz „Grundfragen transkultureller Psychiatrie", worin durch die Gegenüberstellung unseres Selbstverständnisses mit dem des vietnamesischen Volkes die gesellschaftliche

kapitalisiert. Die Propagierung von individualitätsfördernden Konsummustern steigert den Absatz und wirkt der tendenziellen Überproduktion entgegen. Die Isolierung ist zur Profitquelle geworden (43).

Bedingtheit unseres „Individual-Ichs" sehr plastisch hervortritt. Der Aufsatz enthält außerdem einen wichtigen Beitrag zur gesellschaftlichen Begründung der Schizophrenie (Schizophrenie als psychotische Form der „Ich-Störung"). Wulff schreibt u. a. (Wulff, 245):

„Das bürgerliche ‚Ich-Ideal' ‚individueller' Selbstverwirklichung wird also am Modell des Privateigentum sich aneignenden, seinen Besitz verteidigenden und hinter diesem sich verschanzenden kapitalistischen Geschäftsmannes gewonnen; die geforderte Ich-Leistung ist dementsprechend die exkludierende, private Aneignung von Besitz. Das ‚Ich' bestimmt sich unter solchen Umständen selber als ursprünglichsten, eigensten, unveräußerlichen privaten Besitz, den niemand einem nehmen kann. Hierher gehört auch die ideologische Vorstellung einer abgeschlossenen individuellen Intimsphäre, der die kapitalistische Realität übrigens immer weniger entspricht. Individuelle Selbstverwirklichung, so können wir zusammenfassen, reduziert sich im Kapitalismus immer mehr auf den Akt der Aneignung von Besitz; sie geschieht nicht mit anderen gemeinsam, sondern gegen sie und auf deren Kosten. So verfährt die klassische Psychopathologie des bürgerlichen Zeitalters durchaus konsequent, wenn sie das Ich-Bewußtsein vorrangig durch das Gegebensein von ‚Meinigkeit' – einer Substantivform des Possessiv-Pronomens der ersten Person singularis – charakterisiert."

43) Isolierung und psychisches (oft auch psychosomatisches) Kranksein sind identisch. Das Heidelberger SPK hatte deshalb durchaus recht, wenn es in seinen Informationsblättern immer wieder betonte, daß im Kapitalismus sogar die Krankheit verwertet würde.
Als empirisches Material zur Isolierung vgl. Stanley Milgrams Aufsatz „Das Erleben in der Großstadt" (vgl. Literaturverzeichnis). Diese Untersuchung über die zwischenmenschlichen Beziehungen in einer amerikanischen Großstadt veranschaulicht und bestätigt drastisch den Tatbestand der Isolierung. (Die teils sicher richtigen, im ganzen aber ziemlich engstirnigen theoretischen Ausführungen dieses Aufsatzes brauchen uns hier nicht zu interessieren. Wir brauchen den Hinweis darauf, daß es in der modernen kapitalistischen Industriegesellschaft noch andere Ursachen der menschlichen Isolierung gibt als gesellschaftlich-strukturelle, nicht zu scheuen, denn die marxistische Kapitalismus-Kritik ist damit in keiner Weise widerlegt. Widerlegt wäre sie nur, wenn sie einen monokausalen Anspruch stellen würde, wonach nur die kapitalistische Gesellschaftsordnung für die zwischenmenschliche Isolierung verantwortlich sei. Aber gerade das tut sie nicht, weshalb auch die Ansicht, daß sich nach der Beseitigung der kapitalistischen Gesellschaftsordnung automatisch das universelle Glück einstelle, eine unmarxistische Illusion ist.)

III Der Warencharakter der zwischenmenschlichen Beziehungen

1. Der Verkauf der Ware Arbeitskraft als allgemeines Sinnbild der zwischenmenschlichen Beziehungen in der kapitalistischen Gesellschaft

Es ist heute fast schon Mode geworden, von unseren „verdinglichten Beziehungen" oder vom „Warencharakter" unserer Beziehungen zu reden. Oft geht dabei die politökonomische Fundierung und die von da ableitbare spezifische Bedeutung dieser Begriffe verloren. In dieser Arbeit soll es darum gehen, die aus der Marxschen Kapitalismus-Theorie ableitbaren Aussagen über die zwischenmenschlichen Beziehungen so präzis wie möglich zu formulieren.

Im modernen Kapitalismus besteht die überwiegende Mehrzahl der erwachsenen Bevölkerung aus Lohnarbeitern. Lohnarbeiter ist jeder, der seine Arbeitskraft als Ware verkaufen muß, um zu leben. Im Verkauf der eigenen Arbeitskraft als Ware drückt sich ein ganz spezifisches zwischenmenschliches Verhältnis aus: der Mensch trennt einen Teil seiner Persönlichkeit (die Arbeitskraft) von sich ab und bietet ihn einem anderen Menschen als Ware an; auf dieser Trennung von Mensch und Eigenschaft basiert die Beziehung dieser beiden Menschen bzw. Klassen. Da die große Mehrheit der Bevölkerung existentiell auf solche Beziehungen angewiesen ist, bildet die Trennung des Individuums von einem Teil seiner Persönlichkeit eine allgemeine Grundlage für die zwischenmenschlichen Beziehungen in der kapitalistischen Gesellschaft.

Dieses Prinzip der „Selbstobjektivierung" (Lukács), bei dem das Individuum einen Teil seiner Persönlichkeit von sich trennt und wie einen Gegenstand in den Produktionsprozeß einbringt, verstärkt sich noch durch die moderne Mechanisierung und Rationalisierung des Arbeitsprozesses.

> „Mit der modernen ‚psychologischen' Zerlegung des Arbeitsprozesses . . . ragt diese rationelle Mechanisierung bis in die „Seele" des Arbeiters hinein: selbst seine psychologischen Eigenschaften werden von seiner Gesamtpersönlichkeit abgetrennt, ihr gegenüber objektiviert, um in rationelle Spezialsysteme eingefügt und hier auf den kalkulatorischen Begriff gebracht werden zu können." (Lukács, 99)

Das Prinzip der Selbstobjektivierung gilt nicht nur in der Fabrik, sondern auch in der Bürokratie. Es übergreift schließlich die ganze Gesellschaft. So schreibt Lukács (110/111):

„Die Feststellung von Marx über die Fabrikarbeit, daß ‚das Individuum selbst geteilt, in das automatische Triebwerk einer Teilarbeit verwandelt' und dadurch ‚in eine Abnormität verkrüppelt' wird, zeigt sich hier (in der Bürokratie – D. D.) um so krasser, je höhere, entwickeltere, ‚geistigere' Leistungen diese Arbeitsteilung verlangt. Die Trennung der Arbeitskraft von der Persönlichkeit des Arbeiters, ihre Verwandlung in ein Ding, in einen Gegenstand, den er auf dem Markte verkauft, wiederholt sich auch hier. . . . Erst der Kapitalismus hat mit der einheitlichen Wirtschaftsstruktur für die ganze Gesellschaft eine – formell – einheitliche Bewußtseinsstruktur für ihre Gesamtheit hervorgebracht. Und diese äußert sich gerade darin, daß die Bewußtseinsprobleme der Lohnarbeit sich in der herrschenden Klasse verfeinert, vergeistigt, aber eben darum gesteigert wiederholen. Der spezialisierte ‚Virtuose', der Verkäufer seiner objektivierten und versachlichten geistigen Fähigkeiten . . . gerät auch in eine kontemplative Attitüde zu dem Funktionieren seiner eigenen objektivierten und versachlichten Fähigkeiten. Am groteskesten zeigt sich diese Struktur im Journalismus, wo gerade die Subjektivität selbst, das Wissen, das Temperament, die Ausdrucksfähigkeit zu einem abstrakten, sowohl von der Persönlichkeit des ‚Besitzers' wie von dem materiell-konkreten Wesen der behandelten Gegenstände unabhängigen und eigengesetzlich in Gang gebrachten Mechanismus wird. Die ‚Gesinnungslosigkeit' der Journalisten, die Prostitution ihrer Erlebnisse und Überzeugungen ist nur als Gipfelpunkt der kapitalistischen Verdinglichung begreifbar."

„Die Verwandlung der Warenbeziehung in ein Ding von ‚gespenstiger Gegenständlichkeit' kann also bei dem Zur-Ware-werden aller Gegenstände der Bedürfnisbefriedigung nicht stehen bleiben. Sie drückt dem ganzen Bewußtsein der Menschen ihre Struktur auf: seine Eigenschaften und Fähigkeiten verknüpfen sich nicht mehr zur organischen Einheit der Person, sondern erscheinen als ‚Dinge', die der Mensch ebenso ‚besitzt' und ‚veräußert', wie die verschiedenen Gegenstände der äußeren Welt. Und es gibt naturgemäß keine Form der Beziehung der Menschen zueinander, keine Möglichkeit des Menschen, seine physischen und psychischen ‚Eigenschaften' zur Geltung zu bringen, die sich nicht in zunehmendem Maße dieser Gegenständlichkeitsform unterwerfen würden. Man denke dabei nur an die Ehe, wobei es sich erübrigt, an die Entwicklung im XIX. Jahrhundert hinzuweisen, da z. B. Kant mit der naiv-zynischen Offenheit großer Denker diesen Tatbestand klar ausgesprochen hat. ‚Geschlechtsgemeinschaft', sagt er, ‚ist der wechselseitige Gebrauch, den ein Mensch von eines anderen Geschlechtsorganen und Vermögen macht . . . die Ehe . . . die Verbindung zweier Personen verschiedenen Geschlechts zum lebenswierigen wechselseitigen Besitz ihrer Geschlechtseigenschaften." (112)

Das Wort „Prostitution", das Lukács in diesem Zitat verwendet, markiert gut, worum es geht: die eigene Persönlichkeit bzw. ein

Teil von ihr wird verschachert gegen Geld und gesellschaftliche Anerkennung. Die Prostitution ist der Inbegriff aller zwischenmenschlichen Beziehungen, die auf dem beschriebenen Prinzip beruhen. Auch Marx spricht in diesem Zusammenhang von der „generellen Prostitution“ (Marx 4, 80):

„Die Austauschbarkeit aller Produkte, Tätigkeiten, Verhältnisse gegen ein Drittes, Sachliches, was wieder gegen alles ohne Unterschied ausgetauscht werden kann – also die Entwicklung der Tauschwerte (und der Geldverhältnisse) ist identisch mit der allgemeinen Venalität, Korruption. Die generelle Prostitution erscheint als eine notwendige Phase der Entwicklung des gesellschaftlichen Charakters der persönlichen Anlagen, Vermögen, Fähigkeiten, Tätigkeiten. Mehr höflich ausgedrückt: das allgemeine Nützlichkeits- und Brauchbarkeitsverhältnis; das Gleichsetzen des Ungleichartigen, wie schön Shakespeare das Geld faßt.“

Bisher wurden zwei Punkte genannt, die begründen sollen, warum die zwischenmenschlichen Beziehungen in der kapitalistischen Gesellschaft tendenziell den Charakter von Warenbeziehungen angenommen haben. Der erste Punkt war die in der Form der Lohnarbeit beinhaltete Selbstobjektivierung des Menschen, der zweite war die moderne Mechanisierung und Rationalisierung des Arbeitsprozesses, bei der die für den Arbeitsprozeß relevanten menschlichen Eigenschaften und Fähigkeiten auf ihren kalkulatorischen Begriff gebracht werden. In beiden Fällen handelt es sich um menschliche Warenbeziehungen im ökonomischen Bereich; aber beidesmal ist die menschliche Persönlichkeit als Ganzes davon betroffen, denn es ist immer ein ganzer (wenn auch verkrüppelter) Mensch, der die Arbeit verrichtet und die spezialisierte Einzelfunktion ausfüllt. Das „allgemeine Äquivalent“ dieser menschlichen Warenverhältnisse im ökonomischen Bereich ist Geld, berufliches Ansehen und Karriere.

Es gibt noch einen weiteren Begründungspunkt für den allgemeinen Warencharakter der zwischenmenschlichen Beziehungen; er betrifft mehr den außerökonomischen Bereich und entstammt nicht wie die beiden ersten direkt der Produktionssphäre, sondern der Konsumtionssphäre: es ist die aus dem Zwang zur Kapitalverwertung resultierende Tendenz zur Verwertung möglichst aller Dinge, auch persönlicher Bedürfnisse und persönlicher Eigenschaften. Ein Bedürfnis läßt sich nur verwerten, wenn ihm ein Gegenstand angeboten wird, eine Ware, durch die es befriedigt werden kann. Zu den Bedürfnissen, die infolge der allgemeinen Isolierung am meisten unbefriedigt bleiben, gehören die Bedürfnisse nach Liebe und Geborgenheit bzw. diese Bedürfnisse in ihrer entfremdeten Form: Bedürfnisse nach Prestige, Überlegenheit und Sicherheit. Diese Bedürfnisse stellen einen riesigen psychologischen Markt. Gelingt es dem Kapital, sie zu verwerten, so profitiert es direkt aus der von ihm selbst organisierten Verkrüppelung des Menschen: die Befriedigung, die es den Menschen vorenthält, bietet es ihnen jetzt per Ware ersatzweise an (44). Es ist zunächst nicht leicht einzusehen, wie solche immateriellen Bedürfnisse durch Gegenstände befriedigt werden können, aber die Taschenträger des Kapitals, die Psychologen, Werbefachleute und Verkaufsstrategen haben das Kunststück längst vollbracht. Man verkauft nicht mehr nur Sachen, sondern man verkauft Persönlichkeit, und damit Anerkennung, Prestige, Überlegenheit usw. (45). Durch geschickte Werbeappelle und kostspielige Manipulationskampagnen verwandelt sich der Gegenstand, der verkauft werden soll, in ein Symbol für die gewünschte Eigenschaft bzw. für die soziale Anerkennung, die mit dieser Eigenschaft verbunden ist. Der Konsument kauft sich Sicherheit in Form eines Jacketts, Prestige in Form eines Rasierwassers, Potenz in Form eines Sportwagens, Schönheit und sexuelle Attraktivität in Form von Kosmetikartikeln, Liebe in Form eines Ringes. Tag für Tag hämmert es uns die Werbung ein:

„Diolen markant sollten Sie tragen, dann kommen sie überall gut an!"

„Selbstsicher, überlegen – durch Kommodore (Krawatte)!"

„Weil Hattric einen Duft hat, mit dem Sie einen phantastischen Effekt bekommen: sympathische Anziehungskraft."

44) Möglicherweise – und das wäre wieder die progressive Seite – wird gerade dadurch der menschlichen Verkrüppelung tendenziell entgegengewirkt. Denn die Profitlogik treibt das Kapital dazu, auch diejenigen menschlichen Bedürfnisse, Sehnsüchte und Leidenschaften aufzuspüren, die bislang gesellschaftlich geächtet und deshalb verdrängt waren. Sehr deutlich können wir dies im sexuellen Bereich verfolgen, wo selbst „perverse" Neigungen kapitalisiert werden. Die Branche „sex and leather" hat einen beachtlichen Umsatz, variationsfreudige Sexsalons sprießen überall aus großstädtischem Boden, und in Hamburg ist gerade das „Gelbe Haus am Pinnesberg" in Vorbereitung, worin Frauen gegen eine Gebühr von 100 DM aufwärts sexuelle Entspannung finden sollen. Diese Kapitalisierung verdrängter Bedürfnisse bedingt ihre Enttabuisierung. Diese wiederum ist Vorbedingung einer wirklichen Emanzipation. Insofern können wir in dem Prinzip der totalen Kapitalisierung durchaus ein progressives Moment sehen. Der „allseitige Mensch" (Marx) befindet sich hier in Vorbereitung, wenn auch vorläufig in entfremdeter Form.

45) Vgl. E. Dichters „Strategie im Reiche der Wünsche"

„Ford Taunus GT mit 2,3 Liter. Überlegenheit, die überlegen macht.“

Auf diese Weise sind menschliche Eigenschaften (Selbstsicherheit, Überlegenheit, Anziehungskraft, Schönheit) von der Gesamtpersönlichkeit losgelöst und selbst zur Ware geworden. Die Menschen kaufen sie und setzen sie ein, um auf dem Markt der zwischenmenschlichen Beziehungen den gewünschten Gegenwert zu erhalten. Die Ware wird zum Ersatzsymbol einer verlorengegangenen Persönlichkeit, zur „gesellschaftlichen Innenausstattung“ des Menschen (46) und zum allgemeinen Zumessungskriterium der gewünschten sozialen Äquivalente. Das allgemeinste Äquivalent ergibt sich logisch aus der Struktur des Warenverkehrs: weil hier infolge der gesellschaftlich organisierten Isolierung die Liebe als emotionale Einheit mit dem oder den anderen nicht mehr zum Zuge kommen kann, ist das allgemeinste Äquivalent die Liebe, aber – wegen der Warenverhältnisse – nicht die im spontanen Wir-Gefühl konkreter Gesellschaftlichkeit und Solidarität sich ausdrückende Liebe, sondern die auf die Warenverhältnisse zurechtgestutzte Liebe: Prestige, Bewunderung, soziale Anerkennung, Eingeschlossen-Sein und Dazugehörigkeit statt Ausstoßung. Ob mit oder ohne Konsumartikel – die allgemeine Tauschstruktur, die Orientierung am Gegenwert steuert mehr oder weniger das gesamte soziale Verhalten auf die Erlangung dieses allgemeinen Äquivalents. Die textilbetonte gute Figur „tauscht sich aus“ gegen interessierte Aufmerksamkeit (47), die neue Wohnungseinrichtung gegen schmeichelnde Anerkennung, die Virtuosität am Klavier oder am Steuer gegen Bewunderung, die scharfsinnige Argumentation gegen respektvolle Zuwendung, die Bescheidenheit gegen moralische Anerkennung, usw. usf. Schon früh hat Marx diese Veräußerlichung und Vermarktung persönlicher Eigenschaften und Beziehungen drastisch formuliert (Marx 3, 35):

46) Vgl. Klaus Horn: Formierte Demokratie und kollektive Infantilität

47) Die Formulierung „tauscht sich aus“ ist hier natürlich mehr eine literarische Figur als eine exakte Beschreibung der Realität. Es handelt sich bei den außerökonomischen Warenbeziehungen auch nicht um Waren im präzisen ökonomischen Sinn, denn als solche müßten sie einen Wert besitzen, dessen Größe von der in sie investierten Arbeitszeit abhinge. Dies ist bei „psychischen“ Waren (Persönlichkeitseigenschaften) natürlich nicht der Fall. Wenn hier trotzdem von „Austausch“ und „Warenbeziehungen“ die Rede ist, so soll damit das Strukturprinzip betont werden, das im außerökonomischen Bereich dasselbe ist wie im ökonomischen, aus dem es stammt.

„Kam endlich eine Zeit, wo alles, was die Menschen bisher als unveräußerlich betrachtet hatten, Gegenstand des Austauschs, des Schachers, veräußert wurde. Es ist dies die Zeit, wo selbst Dinge, die bis dahin mitgeteilt wurden, aber nie ausgetauscht, gegeben, aber nie verkauft, erworben, aber nie gekauft: Tugend, Liebe, Überzeugung, Wissen, Gewissen etc., wo mit einem Wort alles Sache des Handels wurde. Es ist die Zeit der allgemeinen Korruption, der universellen Käuflichkeit oder, um die ökonomische Ausdrucksweise zu gebrauchen, die Zeit, in der jeder Gegenstand, ob physisch oder moralisch, als Handelswert auf den Markt gebracht wird, um auf seinen richtigsten Wert abgeschätzt zu werden."

Wenn wir eine Kurzdefinition des Warencharakters zwischenmenschlicher Beziehungen geben sollten, so könnten wir sagen, er besteht darin, daß menschliche Beziehungen durch Waren vermittelt sind. Zu den Waren zählen dabei nicht nur materielle Dinge, sondern auch die veräußerlichten Persönlichkeitseigenschaften (48) wie „Intelligenz", „gutes Benehmen", „Mut", „Charme" usw. Für die hier zur Debatte stehende Grundstruktur der Beziehungen spielt es keine Rolle, ob sie durch materielle Waren oder durch immaterielle Quasi-Waren vermittelt sind. Dieser Unterschied ist allenfalls bei der inhaltlichen Betrachtung der Warenbeziehungen zu beachten, denn während im letzteren Fall immerhin noch einige – wenn auch veräußerlichte und sehr eng umgrenzte – Teile der Persönlichkeit trainiert werden, vollzieht sich im ersteren Fall die „Persönlichkeitsentfaltung" und die Entfaltung der menschlichen Beziehungen nur noch über den Konsum. Wegen der zunehmenden Schwierigkeiten der Kapitalverwertung und der deshalb zunehmenden Konsumpropaganda (49) wird der Trend in dieser Richtung weitergehen. Wir müssen annehmen, daß mit diesem Prozeß der zunehmenden Entleerung des Menschen und der mitmenschlichen Beziehungen psychische Veränderungen eintreten, die mit dem theoretischen Instrumentarium der derzeitigen Psychologie einschließlich Psychoanalyse nicht mehr faßbar sind (50).

48) Das Wort „Persönlichkeitseigenschaft" darf hier natürlich nicht im Sinne der positivistischen Vermögenspsychologie und Charakterologie mißverstanden werden. Es handelt sich nicht um charakterologische Grundgegebenheiten, sondern um gesellschaftlich geformte Oberflächenmerkmale.

49) Vgl. dazu die Fakten, Zitate und Enthüllungen in Vance Packard's Buch „Die große Verschwendung".

50) Ein anschauliches Beispiel für die unpersönliche, konsumvermittelte Zwischenmenschlichkeit liefert der schwedische Spielfilm „Bernd und Anita". Beide Ehepartner sind in jeder Beziehung angepaßt und unauffällig. Ihr Verhalten im Tanzlokal, ihre Kleidung, ihr schneller Sexualkontakt entsprechen den „unge-

Aus der Warenstruktur der zwischenmenschlichen Beziehungen ergibt sich notwendig die individuelle Charaktermaske auch im psychologischen Bereich. Die in der allgemeinen Isolierung verlorengegangene Liebe und Geborgenheit treibt den einzelnen auf die Suche nach Liebesersatz, nach sozialer Anerkennung und Prestige. Er muß deshalb sein Aussehen und sein Verhalten so einrichten, daß er als Gegenwert die gewünschten Dinge erhält. Er „erkauft" sich die soziale Anerkennung durch die soziale Vermarktung seiner „positiven" und die ängstliche Verbergung seiner „negativen" Eigenschaften. In den Kapiteln IV und V soll untersucht werden, wie die Entstehung und die Aufrechterhaltung der Charaktermaske psychologisch aussieht und welche spezifischen Kommunikationsformen damit verbunden sind.

Aus den allgemeinen zwischenmenschlichen Warenverhältnissen ergibt sich dieselbe Form der abstrakten Gesellschaftlichkeit wie die in Kapitel II beschriebene. Die „Tauschpartner" haben Interesse füreinander als Besitzer bestimmter Eigenschaften und Fähigkeiten, als konkrete Personen sind sie sich gleichgültig. Sie befinden sich wieder in einer Art „Pseudogemeinschaft" miteinander. Die Sensibilität und Offenheit, die sie füreinander entwickeln, dienen nicht dem anderen, sondern ihnen selbst, weil nur so die Realisierung der „Tauschwerte", die Erlangung der sozialen Gegenwerte und der Schutz vor dem Ver-

zwungenen" Verhaltensmustern im modernen Stadtmilieu. Ihre Kommunikation dreht sich anfangs hauptsächlich um Konsumgegenstände, später erlischt sie ganz. Es fällt auf, daß sie kaum irgendwelche spontanen Beziehungen haben, am ehesten noch zu Konsumgegenständen. Vielmehr sind ihre Beziehungen durch Fremdfaktoren vermittelt: die zur Arbeit durch das Geld, die zu den Bekannten (die später ausbleiben) durch den Konsum, die zum Kind durch das internalisierte Bild einer süßen Puppe, die zur Natur durch die Freizeitwerbung. Die Figuren selbst sind tot. Um trotzdem leben zu können, brauchen sie etwas, das sie in Gang hält: Fernsehen, Porno, Kino, Bekannte, Hausbar. Obwohl zunächst nichts Besonderes geschieht, vermittelt jede Szene den Eindruck tiefer Depression. Hier herrscht eine Art von Unterdrückung, die nirgends greifbar, nirgends sichtbar wird. Passivität und Bewußtlosigkeit der beiden lassen ihrem Unglück keinen anderen Ausweg, als sich destruktiv nach innen zu wenden, aber nicht primär als Schuldgefühl, sondern als ständige aggressive Überreiztheit gegen die eigene Familie, den Partner, das Kind. Man spürt: irgendwie haben Partnerschaft und Ehe keinen Platz, keine Grundlage mehr in diesem System der Entpersönlichung. Die Repression des Systems liegt nicht mehr vorrangig in der Auferlegung irrationaler Verhaltensnormen, sondern im Entzug aller persönlich-emotionaler Bindungen. Diese unfaßbare Repression treibt die Mutter an den Rand des Wahnsinns. In blindem Affekt erwürgt sie das schreiende Kind. Unter diesen Verhältnissen, das spürt man genau, war diese Reaktion „normal".

lust dieser Gegenwerte möglich ist. Die kapitalistischen Menschen entwickeln ihre mitmenschliche Antenne primär nicht aus Liebe zueinander, sondern aus Angst voreinander, nicht füreinander, sondern gegeneinander. Wir werden später (in Kapitel V, 2 und VI, 2b)) sehen, daß sich „füreinander" und „gegeneinander" hier kaum trennen lassen. Die Charaktermasken verkehren miteinander in einer ganz spezifischen Dialektik von Kommunikation und Exkommunikation, in der reaktionäre und progressive Momente unlösbar miteinander verbunden sind. Die Betonung des progressiven Moments (VI, 1, 2) erscheint mir politisch wichtig zur Vorbeugung gegen fatalistische Interpretationen. Marx sieht sogar in der allgemeinen Vermarktung und Prostitution der menschlichen Persönlichkeit ein progressives Moment, indem er sie versteht „als eine notwendige Phase der Entwicklung des gesellschaftlichen Charakters der persönlichen Anlagen, Vermögen, Fähigkeiten, Tätigkeiten" (4, 80). Hier ist wieder der Umschlag der abstrakten Gesellschaftlichkeit in eine konkret-mitmenschliche, eines typisch kapitalistischen Merkmals in ein sozialistisches thematisiert. In der Vorbereitung dieses historischen Umschlags liegt die progressive Seite, die Marx in aller Zuspitzung der Entfremdung sieht und in den „Grundrissen" immer wieder betont.

2. *Konkurrenz*

Als Warenbesitzer konkurrieren die Menschen miteinander um die optimale Verwertung ihrer Waren. Wenn wir gemäß den eben gemachten Ausführungen zu den Waren nicht nur materielle Gegenstände zählen, sondern auch die objektivierten Teile der menschlichen Persönlichkeit, so begreifen wir die Konkurrenz als einen Faktor, der nicht nur die ökonomischen Beziehungen der Menschen bestimmt, sondern auch ihre außerökonomischen. Ich hatte die Situation des Lohnarbeiters als Prototyp der allgemeinen zwischenmenschlichen Beziehungen in der modernen kapitalistischen Gesellschaft charakterisiert. In dem Verkauf der eigenen Arbeitskraft als Ware erhält die „Selbstverwertung" des Menschen ihre augenscheinliche Gestalt. Der Zwang zur optimalen Selbstverwertung erzeugt unter den Lohnarbeitern eine ständige Konkurrenzsituation, die durch die *divide-et-impera*-Strategie des Kapitals systematisch geschürt wird. Ähnliche

Konkurrenzmechanismen gelten auch – oft noch gesteigert wegen der größeren Aufstiegschancen – in den Berufstätigkeiten der Mittelschicht. In dem Maße, wie die allgemeine Selbstverwertung in die menschliche Persönlichkeit eingreift und immer mehr Teile von ihr objektiviert, um sie als Quasi-Waren auf den Markt der zwischenmenschlichen Beziehungen zu werfen, geraten die Individuen in einen allgegenwärtigen Konkurrenzkampf, der auch vor ihren persönlichsten Beziehungen nicht mehr haltmacht. In der Arbeit, in der Kunst, im Sport, in der Liebe usw. begegnen sie sich grundsätzlich als Rivalen um Geld, Gunst und Prestige.

„Für den Erfolg gibt es kein Rezept. Wer Erfolg will, braucht vor allem eines, den festen Willen dazu. Den Wunsch, Karriere zu machen, koste es, was es wolle. Kein Rezept also – aber Richtlinien, Prioritäten, die große Linie und ein Marketingdenken zur eigenen Person (!)."

Dieser Text aus einer Werbe-Anzeige im „Spiegel" dokumentiert klassisch die Selbstverwertung des Menschen und die aus ihr resultierende Rücksichtslosigkeit der Konkurrenten gegeneinander. Rücksichtslosigkeit avanciert hier zur sozial anerkannten Tugend.

Je mehr die Individuen zur Erlangung von Geld, Erfolg und sozialer Anerkennung auf ihre Selbstverwertung angewiesen sind, je mehr damit die Vermarktung ihrer Eigenschaften und Fähigkeiten die Grundlage ihres gesellschaftlichen Zusammenhangs abgibt, desto mehr sind sie durch die Konkurrenz getrennt voneinander. Die Zumessung von Geld und Anerkennung vollzieht sich ja nicht nach einem absoluten und ein für allemal festgelegten Maßstab, vielmehr ist der „Tauschwert" meiner eigenen Leistungen abhängig von den Leistungen anderer. Das Versagen der anderen hebt automatisch die Bewertung meiner eigenen Leistung, meiner eigenen vermarkteten Eigenschaften, meiner eigenen Charaktermaske – und umgekehrt. Dieser einfachen Logik zufolge muß der konkurrierende Mensch das Versagen der anderen herbeiwünschen. Natürlich darf dieser Wunsch nicht nackt im Bewußtsein stehen, weshalb auch eine empirische Fragebogenstudie zur Erforschung solcher unseriöser Motive scheitern müßte. Aber wir erinnern uns alle, wie gut es tat, in einer Schularbeit nicht nur gut zu sein, sondern besser als ein anderer, oder welche spontane Erleichterung es schon brachte, wenn ein anderer doch nicht so selbstsicher auftreten konnte, doch nicht so schlagfertig war, so charmant lächeln konnte oder so gut aussah, wie man insgeheim befürchtet hatte. Der andere ist in der Warengesellschaft grundsätzlich derjenige, dessen Erfolg mein Mißerfolg und dessen Schwäche meine Stärke ist. Hier liegt eine wesentliche Erklärung für Argwohn, Neid, Haß und Intrigen, für Konflikte in der eigenen Gruppe, für die heimliche oder offene Angst, welche die kapitalistischen Individuen voreinander haben.

Konkurrenz und Leistung gehören eng zusammen. Die Konkurrenz wird dort am schärfsten, wo es gilt, eine abstrakte (quantitative) Leistung zu erbringen, denn die abstrakte Leistung ist der vorrangige Bewertungsmaßstab in der kapitalistischen Gesellschaft. Dies hat seinen guten ökonomischen Grund. Die kapitalistische Produktion orientiert sich nicht am Gebrauchswert der Waren, sondern am Wert. Die Substanz des Wertes ist die abstrakte Arbeit. Die Wertgröße bestimmt sich nach der Zeitdauer der abstrakten Arbeit. „Abstrakt" ist die Arbeit, sofern sie gesellschaftliche Arbeit ist, denn da interessiert nicht direkt ihr konkretes Produkt, sondern der Wert dieses Produkts, also auch nicht ihre konkrete Qualität, sondern ihre Quantität (Zeitdauer). Diese allgemeine Quantifizierung menschlicher Arbeit, die dem gesellschaftlichen Verkehr der Warenproduzenten entspringt und ihn gleichzeitig bedingt, ist die eine Wurzel des kapitalistischen Leistungsprinzips. Die andere liegt in der Existenz des Geldes. Das Geld ist „seinem Begriff nach"– wie Marx sich ausdrückt (Marx 4, 938) – schrankenlos, d. h. es ist Repräsentant des allgemeinen stofflichen Reichtums, weil in jede beliebige Ware unmittelbar umsetzbar. Aber zugleich ist jede reale Geldsumme quantitativ beschränkt, daher auch nur Kaufmittel von beschränkter Wirkung.

„Dieser Widerspruch zwischen der quantitativen Schranke und der qualitativen Schrankenlosigkeit des Geldes treibt den Schatzbildner stets zurück zur Sysiphusarbeit der Akkumulation. Es geht ihm wie dem Welteroberer. der mit jedem Land nur eine neue Grenze erobert." (Marx 6, 147)

Erst die Verwandlung von Geld in Kapital und von menschlicher Arbeit in Lohnarbeit ersparte den Akkumulatoren diese Sysiphusarbeit: Das Geld vermehrt sich jetzt „von selbst" durch die Ausquetschung menschlicher Arbeits- und Leistungskraft. Das Leistungsprinzip ist so der logische und ideologische Reflex der Ausbeutung.

Das Leistungsprinzip regelt die menschlichen Beziehungen nach der Leistung und dem Können der Einzelnen. Die Polarität Können – Nichtkönnen wird zum vorrangigen Urteilsschema in fast allen Lebensfragen, das Leben infolgedessen zu einem Ablauf von Bewährungssituationen. Die Leistung einer Sekretärin wird bewertet nach der Anschlagszahl pro Minute, die sexuelle Leistung eines Mannes nach der Anzahl seiner Frauen oder seiner Orgasmen, die intellektuelle Leistung eines Studenten nach der Anzahl der gelesenen Bücher und der ihm geläufigen Autorennamen. Wo es gilt, eine Leistung zu erbringen, da besteh die Gefahr zu versagen. Das Leistungsprinzip führt unweigerlich zur Versagensangst, und je tiefer es sich einnistet in die individuellen Tätigkeiten und Beziehungen, desto mehr wird die Versagensangst zu einem Grundbestandteil des ganzen Lebens. Die Industrie profitiert davon. Dazu einige Auszüge aus einem Werbetext, mit dem ein potenzförderndes Mittel verkauf werden soll. Der Text zeigt sehr deutlich die Herausisolierung einer persönlichen Eigenschaft (hier die Potenz) aus dem Gesamtkontext der Persönlichkeit, das Zurechttrimmen dieser Eigenschaft auf den bloßen Leistungsaspekt und ihre warenmäßige Ausstaffierung für einen Markt, auf dem sie sich zu bewähren hat:

„Vom Manne wird heute mehr Leistung erwartet. Nicht nur im Beruf. Auch im Liebesleben; von der Geschlechtspartnerin! Wehe, wenn er versagt! Gegen andere, jüngere, potentere zurückbleibt. Er verliert nicht nur Liebe, Bewunderung und Treue. Er verliert sein eigenes Selbstvertrauen. Ohne Selbstbewußtsein aber kein Erfolg! Weder im Bett, noch im Konkurrenzkampf des täglichen Lebens. Potenz ist mehr als ein Schlagwort. Es ist der Schlüssel zum Erfolg. Man weiß heute, daß Potenz, Selbstwertschätzung und jenes Draufgängertum, das den Erfolg sichert, in engem Zusammenhang stehen. Nur der potente Mann ist erfolgreich. Nur er ist ein Könner. Da und dort! Jede Vitalitätserneuerung auf geschlechtlichem Gebiet, jede Steigerung der Potenz und sexuellen Antriebsmotorik führt zu einem spürbaren Leistungsaufschwung auch im Alltags- und Berufsleben. Mehr sein als andere! Durch LIBIDO-6." (aus „Neue Revue")

Mit solcher Brutalität wird heute das der Warenproduktion entsprechende Bewußtsein forciert. Man denke an die Hunderttausende, die diese Zeilen lesen und glauben! Wo der Mensch nicht ohnehin schon aufgrund der beruflichen Konkurrenzsituation zum Feind des Menschen geworden ist, da wird er durch gezielte Manipulationskampagnen dorthin getrieben. Auch in die besten Beziehungen legt sich allmählich ein Bodensatz von Rücksichtslosigkeit, Neid, Mißtrauen und Angst.

Für Individuen, die so privilegiert sind, daß sie sich bewußt mit ihren zwischenmenschlichen Konflikten auseinandersetzen können, stellt sich bezüglich der Konkurrenz ein heikles Problem. Sie erkennen, wie sehr ihr eigenes Konkurrenzverhalten (z. B. in der politischen Gruppe oder in der Wohngemeinschaft) mitverantwortlich ist für die Angst und Feindseligkeit in ihren menschlichen Beziehungen. Sie wollen sich deshalb von ihrem eigenen Konkurrenzdenken befreien. In einem Akt radikaler Selbstbefragung erkennen sie aber sogleich ein wesentliches Motiv ihres Befreiungswunsches: auf subtile Weise wollen sie doch wieder „besser" sein als andere, um die begehrte Anerkennung zu gewinnen. Sie wollen sich also u. a. aus Konkurrenzgründen von der Konkurrenz befreien. Die Konkurrenz zieht sich als unentrinnbare Bestimmung durch ihr ganzes Verhalten, auch durch die Reflexion und die Negation dieses Verhaltens (wenn man sich bewußt nicht konkurrenzgemäß verhalten will). Die Konkurrenz gehört zur Totalität des kapitalistischen Individuums. Sie findet sich wieder auf allen Wunsch- und Verhaltensebenen, und nicht einmal die Metaebenen der Reflexion sind frei von ihr (51).

Die Konkurrenz ist zwar momentan eine durchgängige, keinesfalls aber eine nicht-aufhebbare Bestimmung unseres individuellen und gesellschaftlichen Seins. Die Befreiung von der Konkurrenz – das ergibt sich logisch aus den bisherigen Ausführungen – vollzieht sich im Prozeß der Umwandlung der kapitalistischen Vergesellschaftung in die sozialistische, der Pseudogemeinschaft in die echte. Auf gesellschaftlicher Ebene fällt diese Umwandlung zusammen mit der Aufhebung des Privateigen-

51) Wir haben hier wieder die – in diesem Fall durch genaue Selbstbeobachtung nachvollziehbare – dialektische Tatsache, daß sich die Bestimmung einer Totalität (hier die Konkurrenz als Bestimmung des individuellen Seins) durch alle Momente dieser Totalität hindurchzieht. Dies heißt aber nicht, daß die Totalität vollkommen determiniert sei durch diese Bestimmung, denn sie enthält noch andere. Wir können annehmen, daß das individuelle Sein, als Totalität betrachtet, in sich genauso widersprüchlich ist wie das gesellschaftliche Sein (das Kapital- und Klassenverhältnis), in das es eingelagert ist, und daß sich diese Widersprüchlichkeit in allen lebendigen Situationen des individuellen Seins wiederfindet. Eine solche durchgängige Widerspruchsanalyse wäre notwendig, um in der konkreten individuellen Konkurrenzsituation die progressive (= die auf Aufhebung der Konkurrenz hintreibende) Seite zu erkennen. Mir scheint allerdings, daß weder unsere heutigen marxistischen noch unsere derzeitigen psychologischen Begriffe für eine derartige Widerspruchsanalyse ausreichen.

ns. Für das Individuum ist sie tendenziell hier und jetzt schon fahrbar in der bewußten Entwicklung kollektiver Lebens-, Ar-:its- und Kampfformen.

Realisierungsangst

Warenbesitzer sind existenziell darauf angewiesen, den Tauschwert (52) ihrer Waren zu realisieren. Zwei Schwierigkeiten sind dabei zu überwinden: erstens muß die Ware einen Markt finden, sie muß also gesellschaftlich akzeptiert werden. Zweitens muß die Tauschwertrealisierung durchgesetzt werden gegen die Konkurrenten, die ebenfalls ihre Tauschwerte realisieren wollen. Es sind dies zwei Momente existentieller Bedrohung, die sich subjektiv niederschlagen in dem, was ich „Realisierungsangst" nenne. Es ist die Angst, daß die Verwertung nicht gelingt, daß die soziale Anerkennung, die man sich einhandeln will, nicht erfolgt, die Angst vor gesellschaftlichem Liebes- und Existenzverlust. Da auch die außerökonomischen Beziehungen der Menschen weitgehend die Form von Warenbeziehungen haben, wird die Realisierungsangst in der kapitalistischen Warengesellschaft zu einem wesentlichen Merkmal der menschlichen Kommunikation überhaupt.

Entstehung und Erlebnisweise der Realisierungsangst in den zwischenmenschlichen Beziehungen seien kurz skizziert.

Die Tauschwertrealisierung findet statt im Tauschakt der Warenbesitzer. Ihr aus der Notwendigkeit der Tauschwertrealisierung entstandenes Verhältnis bringt sie zueinander als Charaktermasken, persönlich bleiben sie sich gleichgültig und anonym. Diese durch die Warenstruktur bewirkte Anonymität macht „die anderen" in meiner individuellen Wahrnehmung zu einer anonymen Masse, der ich mich als isolierter einzelner gegenübersehe. Es handelt sich hier um einen die ganze Gesellschaft kennzeichnenden sozialpsychologischen Sachverhalt, der sich aus der Warenstruktur zwingend ableiten läßt: weil die Indi-

52) Nach der Terminologie der Marxschen Warenanalyse im „Kapital" müßte es hier genaugenommen nicht „Tauschwert", sondern „Wert" heißen. Realisiert werden kann nur der Wert, denn der Tauschwert ist nur die Erscheinungsform des Werts, die dieser bei seiner Realisierung im Tauschakt annimmt. Ich benutze trotzdem das Wort „Tauschwert", weil es die Tauschstruktur sofort sichtbar macht.

viduen sich als Charaktermasken begegnen und nicht als Personen, weil ihre Gesellschaftlichkeit abstrakt bleibt und keine wirkliche mitmenschliche Gemeinschaft bildet, deshalb erlebt der einzelne die anderen als anonyme Masse, schlimmer noch: als anonyme Macht, von der sein persönliches Schicksal abhängt, denn „die anderen" haben es ja in der Hand, ob seine Tauschwerte realisiert werden oder nicht (53). Das Verhalten ‚der anderen' ist jedoch nicht willkürlich. Es unterliegt bestimmten gesellschaftlichen (juristischen, moralischen, gewohnheitsmäßigen) Gesetzen, nach denen sie meine Charaktermaske beurteilen. Diese gesellschaftlichen Gesetze sind ein Teil der entfremdeten gesellschaftlichen Macht (vgl. Kapitel I, 4b)). Indem die anderen zur anonymen Macht werden und indem sie nach den entfremdeten gesellschaftlichen Gesetzen ihre Sanktionen verhängen, erlebe ich sie selbst als Verkörperung der entfremdeten gesellschaftlichen Macht, als anonyme Instanz, als eine Art permanentes Gericht. Hier schließt sich der angsterregende Kreis der Entfremdung: der Mensch, der seine Herrschaft an seine eigenen Produkte verlor, erlebt diese verlorene Herrschaft in seinen Mitmenschen wieder, aber nun als fremde Herrschaft über sich selbst.

An den im vorigen Abschnitt zitierten Werbeslogans fällt auf, daß sie den einzelnen in seiner Beziehung zu anderen ansprechen. „Überlegenheit" gibt es nur über andere. „Bewunderung" gibt es nur durch andere. „Anziehungskraft" gibt es nur auf andere. Die Werbung appelliert also an das Abhängigkeitsverhältnis des einzelnen von den anonymen anderen, von ihrer Wertschätzung und ihrem Urteil. Bei ihnen liegt die Verfügungsgewalt über die begehrten Güter (Anerkennung, Zugehörigkeit, Prestige), bei ihnen liegt deshalb auch eine ungeheure Strafgewalt. Wenn sie mir die Gegenwerte für meine Charaktermaske

53) Ich weiß aus meiner eigenen Erfahrung und aus der anderer, daß diese Anonymität tatsächlich angstvoll erlebt wird – auch dann, wenn „die anderen" Genossen sind, von denen man keine realen Sanktionen zu erwarten hat. Sehr deutlich zeigt sich dies beispielsweise beim Anfertigen einer schriftlichen Arbeit, die sich ja an „die anderen" wendet und die gleichsam als persönlicher Markenartikel ihrem Urteil vorgelegt wird. Die Angst schwindet meist in dem Maße, wie man die anderen persönlich kennenlernt. Ich nehme an, daß die in linken Gruppen häufig anzutreffende dogmatische Fixierung auf die eigenen Positionen nicht zuletzt zurückgeht auf die Isoliertheit der Gruppen voneinander und ihre latente Angst voreinander. Es wäre deshalb ein politisches Gebot, Isolierung und Anonymität innerhalb der Linken durch möglichst weite persönliche Kontaktaufnahme abzubauen.

verweigern, bin ich sozial vernichtet. Von ihrem Urteil hängt meine Existenz ab (54). Ihnen gegenüber befinde ich mich in einer permanenten Bewährungs- und Prüfungsituation. Ich schließe mit ihnen Geschäfte ab: ökonomische im ökonomischen Bereich und psychische im psychischen Bereich. Ich habe aber nie die Garantie, daß das Geschäft gelingt. Nehmen wir den psychischen Bereich. Wenn ich meine Freundlichkeit, meine Ehrlichkeit, mein Wissen usw. einsetze, um von ihnen Sympathie oder Bewunderung zu erhalten, so habe ich nie die Garantie, daß ich die Warenregeln richtig einhalte, daß sie auch mein Partner einhält, daß er nicht etwa plötzlich hinter meine Charaktermaske greift und mich sieht, wo ich mich ihm verbergen wollte. Unweigerlich steht die Angst im Hintergrund: mache ich's richtig? Was denkt der andere von mir? Wie stuft er mich ein? Wie hoch stehe ich bei ihm im Kurs?

Wo die menschliche Solidarität zerrissen ist durch Waren- und Konkurrenzbeziehungen, da treten Sympathie und Liebe auf als käufliche Werte, die man sich durch den Einsatz bestimmter Verhaltenstechniken verdienen kann. Wo aber Liebe und Sympathie erst verdient werden müssen, da ist die ständige Angst vor dem Liebesverlust und die ständige Bedrohung durch die fordernde Umwelt.

Das trefflichste Abbild dieser angsterzeugenden Warenverhältnisse ist die Situation der Prüfung. Hier sind wir offensichtlich gezwungen, eine bestimmte Leistung zu erbringen, um den gewünschten Gegenwert zu erhalten. Hier zeigt sich auch deutlich, welcher Art dieser Gegenwert ist. Er liegt nämlich keineswegs nur in der guten Zensur, sondern er liegt hauptsächlich in der sozialen Anerkennung, in der offiziellen Bescheinigung, von nun an ein vollwertiges Mitglied in der anonymen Gemeinschaft

54) Auch in einer Nicht-Warengesellschaft wäre der Einzelne existenziell angewiesen auf die soziale Anerkennung durch die Gemeinschaft, in der er lebt. Aber diese Anerkennung müßte nicht extra eingehandelt und „verdient" werden, sie wäre ein naturwüchsiger Teil der gemeinsamen gesellschaftlichen Praxis. Sie könnte allenfalls durch massive Fehltritte verwirkt werden. Bei uns ist es umgekehrt: in der allgemeinen Isolierung und Konkurrenz ist die Anerkennung nicht von vornherein da, sie muß vielmehr durch Anpassung, Leistung usw. erworben werden. Da ihre Grundlage aber nach wie vor die der Isolierung und Konkurrenz ist, kann sie nie sicher erworben werden. Das Individuum muß sich ihrer deshalb immer wieder neu versichern. Dahinter steht die dauernde latente Angst, nicht akzeptiert, fallengelassen, ausgeschlossen, exkommuniziert zu werden. Diese Angst vor der Exkommunikation, die nur eine andere Seite der Realisierungsangst ist, ergibt sich logisch aus dem auf Pseudokommunikation (Kommunikation über den Tauschwert) aufgebauten Gesellschaftssystem.

der „anderen“ zu sein. Die Prüfung ist in gewisser Weise eine Art Initiationsritus, mit dem der Kandidat in die Gesellschaft aufgenommen wird. Der Prüfer entscheidet über diese Aufnahme, er vertritt die anonyme Macht „der anderen“. Die Angst, die er auslöst, ist unter diesem Aspekt eine Art Exkommunikationsangst. Die psychische Macht des Prüfers erklärt sich also nicht nur aus der formalen Autoritätsstruktur und der formalen Sanktionsgewalt, sondern vielmehr daraus, daß er in besonders typischer und zugespitzter Weise die anonyme gesellschaftliche Macht verkörpert, welche „die anderen“ grundsätzlich aufgrund der zwischenmenschlichen Warenverhältnisse über den einzelnen besitzen. Die formale Autoritätsstruktur an sich wäre psychologisch relativ bedeutungslos, wenn sie nicht in den Warenverhältnissen verankert wäre und von dorther ihr psychisches Konfliktpotential bezöge. Die Prüfungssituation ist typisch für die allgemeine Lebenssituation des entfremdeten Individuums, und im Grunde ist alle unsere Angst Prüfungsangst. Oft wird dabei das vernichtende Urteil schon vorweggenommen, so daß die Prüfungsangst als brutale Vernichtungsangst erlebt wird (55).

Ein kurzes Resümee zeigt uns, daß Realisierungsangst, Prüfungsangst und Vernichtungsangst identisch sind: Die Realisierung hängt ab vom Urteil der anderen, also Prüfungsangst. Bei negativem Urteil ist die soziale Existenz vernichtet, deshalb Vernichtungsangst (die außerdem aus unbewußten Vernichtungsvorstellungen meist ödipaler Herkunft gespeist sind, siehe Kapitel IV). Natürlich kann hier mit so dürren Worten kein anschauliches Bild dieser zwischenmenschlichen Angst vermittelt werden. Man denke aber beispielsweise an Kafkas „Prozeß“, worin die allgegenwärtige sozialpsychologische Situation des kapitalistischen Menschen auf den dichterischen Begriff gebracht worden ist: die Umwelt erscheint in Gestalt eines anonymen Gerichts, von dem das Individuum verurteilt wird, ohne zu wissen, wofür und von wem. Diese Irrationalität einer Angst, für die

55) In der Regel sind hierbei unbewußte Projektionsvorgänge und Vernichtungsvorstellungen am Werk, die sich dann in vielerlei psychosomatischen Funktionsstörungen auswirken (Schlaflosigkeit, Appetitlosigkeit, Durchfall, Übelkeit, Konzentrationsstörungen, Gedächtnisschwund u.a.). Die Prüfungsangst ist m. E. ein gutes Beispiel für die Notwendigkeit, Marxismus und Psychoanalyse zu verbinden, wenn wir unsere persönlichen Alltagserfahrungen verstehen lernen wollen und wenn wir uns entschließen wollen, nicht mehr mit zwei verschiedenen Selbstverständnissen, einem politischen und einem privaten, herumzulaufen.

keine erkennbaren Gründe angegeben werden können, führte in der bürgerlichen Philosophie zu dem Begriff der „Existenzangst". Trotz der falschen Ontologisierung ist dieser Begriff insofern richtig, als die Angst tatsächlich ein wesentlicher Bestandteil des kapitalistischen Lebens ist. Die Irrationalität dieser Angst macht es dem rationalisierungsgewohnten Durchschnittsbewußtsein unmöglich, die Angst als Angst zu erkennen; es nimmt sie wahr als „schlechte Laune", „Müdigkeit", „Kopfweh", „Magengeschwür", „vegetative Dystonie" u. a., aber nicht als Angst. Deshalb ist auch die sog. „empirische" Psychologie außerstande, diese allgemeine Angst „objektiv" als solche zu erkennen, denn was sich aus ihren „objektiven" Methoden ergibt, ist nichts weiter als die subjektive Interpretation der Befragten bzw. der Auswerter (56).

56) Damit stünde die positivistische Psychologie, die sich selbst als „empirische" und „objektive" bezeichnet, im krassen Widerspruch zu ihrem eigenen Anspruch. Der Vorwurf der mangelhaften Überprüfbarkeit und deshalb der Unwissenschaftlichkeit, den sie gegen die marxistische Wissenschaft richtet, fiele voll auf sie selbst zurück. Eine genauere Untersuchung ihrer Methoden zeigt, daß dies in der Tat so ist. Zur Erfassung von Persönlichkeitsvariablen wie z. B. „Angst" arbeitet die „objektive" Psychologie in der Regel mit Fragebögen und Tests. Um aber auf diese Weise Angst messen zu können, brauchen wir eine Theorie, die uns sagt, wie Angst sich im Test bzw. Fragebogen ausdrückt. Es gibt keine theoriefreien Methoden; das gilt umso mehr, je komplizierter der Sachverhalt ist, der gemessen werden soll. Wie aber wurde die dem Meßinstrument zugrundeliegende Theorie überprüft? Wir könnten hier in einem unendlichen Regreß weiterfragen. Unseren Empiriker allerdings scheint dies alles nicht in Bedrängnis zu bringen. So sehr er sich in der Auseinandersetzung mit seinen marxistischen Kritikern mit der Exaktheit und Objektivität seiner Arbeit brüstet, so sehr entpuppt er sich jetzt als Pragmatiker des gesunden Menschenverstandes. Als Validitätskriterium seiner Meßinstrumente benutzt er Dinge wie Lehrerurteil, psychiatrisches Gutachten, faktorenanalytischen Faktor oder einfach bereits vorliegende Tests. Womit aber wurde die Gültigkeit des Gutachtens oder der Faktorinterpretation empirisch, exakt und objektiv untersucht? Wir stellen fest, daß als letzte Überprüfungskriterien doch wieder die „praktische Erfahrung", der „gesunde Menschenverstand" und die „Evidenz" entscheidend sind. Dies gilt auch für die durch ihre Pseudoexaktheit so bestechende Faktorenanalyse. Die mathematisch gewonnenen Faktoren sagen noch gar nichts, ihre Interpretation alles. Diese Interpretation aber ist immer subjektiv.

Dies heißt aber mit anderen Worten schlicht und einfach: Der Versuch, die „irgendwie" gewonnenen Hypothesen durch Methoden zu überprüfen, deren Ergebnisse sich von diesem „irgendwie" qualitativ unterscheiden, ist gescheitert. Wer seine psychologische Theorie durch Fragebögen, Tests, Verhaltensbeobachtung, Rating-Verfahren oder was auch immer objektiv-empirisch überprüfen will, der begeht bereits einen Denkfehler: Das letzte Überprüfungskriterium sind dabei eben nicht empirische Fakten, sondern die gemeinsame Evidenz (die „Intersubjektivität") von Leuten, die gesellschaftliches und wissenschaftliches Ansehen genießen und untereinander übereingekommen sind, be-

Nur die Psychoanalyse bietet m. E. einen theoretischen Ansatz, mit dem die irrationale, „neurotische“ Angst „wissenschaftlich“ (57) gefaßt werden kann. Im folgenden Kapitel soll deshalb die individualgeschichtliche Entstehung und die Wirkungsweise dieser Angst mit psychoanalytischen Begriffen dargestellt werden.

Bevor ich zum psychologischen Teil übergehe, will ich noch einmal thesenhaft die durch das kapitalistische Warensystem gesetzten zwischenmenschlichen Beziehungen charakterisieren.

1. Die Menschen treten sich als Privateigentümer von Waren, Geld, Kapital und Arbeitskraft gegenüber. Ihr ökonomisches und soziales Grundverhältnis ist der Tausch. Im Privatcharakter ihres ökonomischen Eigentums ist schon die zwischenmenschliche Isolierung enthalten.
2. Die sich aus Privatproduktion und Tausch ergebende Verdinglichung der zwischenmenschlichen Beziehungen (Kapitel I, 2) setzt die isolierten Individuen in ein spezifisches Verhältnis zu ihrer Gesellschaft: diese ist ihnen entfremdet und herrscht als anonyme Macht über sie (I, 2).
3. Die Individuen verhalten sich gemäß den Gesetzen dieser anonymen Macht. Sie begegnen sich als ökonomische Charaktermasken in der Funktion von Warenbesitzern. Als Personen sind sie sich gleichgültig (II, 2).
4. Als ökonomische Charaktermasken sind sie personifiziertes ökonomisches Gesetz und personifizierte gesellschaftliche Macht. Sie treten sich also wechselseitig als gesellschaftliche

stimmte Dinge in bestimmter Weise zu interpretieren. Sie tun dies subjektiv, aber diese Subjektivität ist nicht mehr individuell-willkürlich, sondern gesellschaftlich genormt. „Intersubjektivität“ bedeutet in Wahrheit nicht Objektivität, sondern genormte Subjektivität. Wären unsere bürgerlichen „Empiriker“ ehrlich, so würde ihre Gretchenfrage nicht heißen: wie hast du deine Theorie empirisch überprüft? , sondern: welche Leute stimmen deiner Theorie zu?
Es leuchtet ein, daß durch diese Art von Wissenschaft all die Verschleierungen und Rationalisierungen, mit denen die alltägliche Angst aus dem alltäglichen Bewußtsein ferngehalten wird, nicht aufgebrochen werden können. Eine genauere Darstellung dieser Verschleierungen und Rationalisierungen findet sich in meinem Buch „Angst im Kapitalismus“, Kapitel 6, 1. Abschnitt.

57) Ich schreibe „wissenschaftlich“ in Anführungsstrichen, weil ich meine, daß im sozialwissenschaftlichen Bereich noch keiner die Kriterien gefunden hat, nach denen Wissenschaftliches von Unwissenschaftlichem klar unterschieden werden könnte. In jede Definition von Wissenschaftlichkeit geht zwangsläufig ein erstens die historische Relativität der derzeitigen gesellschaftlichen Praxis und zweitens die subjektive Relativität der Widerspiegelung dieser Praxis im Menschenkopf.

Macht gegenüber. Damit ist im zwischenmenschlichen Bereich dasselbe Machtverhältnis konstituiert wie im Verhältnis des einzelnen zur entfremdeten Gesellschaft.

5. Der gesellschaftliche Zusammenhang der einander gleichgültigen, voneinander isolierten und übereinander mächtigen Individuen ist vermittelt durch dinghafte Faktoren (Ware, Geld, Kapital). Ihre Gesellschaftlichkeit ist deshalb abstrakt, eine bloß äußerliche Bestimmung ihrer individuellen Tätigkeit (II, 2).
6. Die Warenbesitzer befinden sich in einem ständigen Konkurrenzkampf um die bestmögliche Verwertung ihrer Waren. Damit verschärft sich noch die mit der abstrakten Vergesellschaftung einhergehende Isolierung der Individuen.
7. Mit der zunehmenden Verwertung auch der außerökonomischen Güter (menschliche Bedürfnisse und Eigenschaften) durchdringt die Warenstruktur auch den außerökonomischen Bereich. Das Prinzip der Selbstobjektivierung und Selbstverwertung entwickelt sich immer mehr zur Basis der allgemeinen Kommunikation. Damit wird auch die Konkurrenz zum allgemeinen Merkmal des kapitalistischen Lebens (III, 1 und 2).
8. Der „sich selbst verwertende Wert“ hat seinen ideologischen Ausdruck u. a. im kapitalistischen Leistungsbegriff. Mit der allgemeinen Kapitalisierung menschlicher Eigenschaften und Tätigkeiten durchdringt die kapitalistische Leistungsideologie alle Lebensbereiche. Die aus der abstrakten Arbeit stammende abstrakte Leistung wird zum obersten Bewertungsmaßstab (III, 2).

Alle diese aus den ökonomischen Verhältnissen abgeleiteten Grundmerkmale der zwischenmenschlichen Beziehungen – Isolierung, Gleichgültigkeit, Macht übereinander, Konkurrenz und Leistungsbewertung – erzeugen Angst. Das Kind wird in diese angsterzeugenden Verhältnisse hineingeboren und wird sowohl die Angst wie die Verhältnisse reproduzieren. Die Angst selbst wird zu einer Produktivkraft der angsterzeugenden gesellschaftlichen Verhältnisse, indem sie den Menschen zur Anpassung treibt.

Zweiter Teil

Die Füllung der kategorialen Grundlage mit psychologischen Inhalten

IV Psychoanalytische Darstellung der Entstehung zwischenmenschlicher Angst in der individuellen Lebensgeschichte

1. Wiederholung der kategorialen Grundlage in Form einer graphischen Darstellung

Die Kapitel IV und V befassen sich nur noch mit dem, was psychisch zwischen entfremdeten Menschen passiert. Sie basieren aber auf dem, was bisher entwickelt worden ist. Ich will den Gesamtzusammenhang, in den die psychologischen Ausführungen eingeordnet sind, schematisch zusammenfassen in folgendem Schaubild:

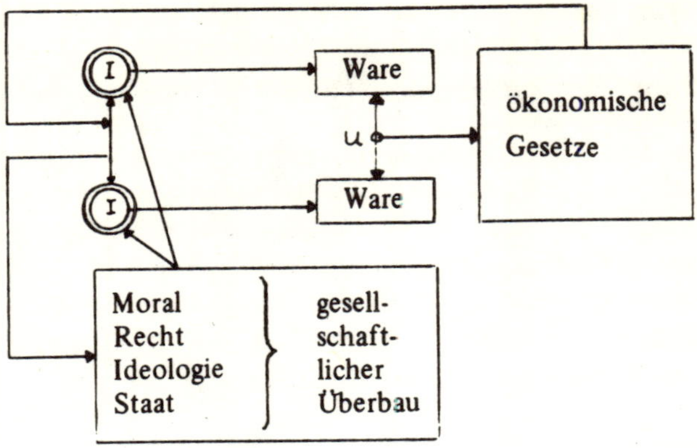

I = Individuum
U = Ursprungsort von Verdinglichung und Entfremdung

Die logische Reihenfolge der einzelnen Gedankenschritte:

1) Die Privatproduzenten I produzieren Waren und tauschen sie aus.
2) Aus diesem Warenaustausch der voneinander unabhängigen Produzenten entwickeln sich hinter ihrem Rücken die ökonomischen Gesetze, welche die Produktion und Verteilung der Güter regeln (zusammengefaßt im Wertgesetz).
3) Diese ökonomischen Gesetze bestimmen die ökonomischen Beziehungen der Produzenten, die sich jetzt als Vollzugsorgane dieser Gesetze, als „ökonomische Charaktermasken" gegenübertreten.
4) Aus diesen verdinglichten Beziehungen der Warenproduzenten und -besitzer entwickeln sich naturwüchsig die außerökonomischen Regeln und Institutionen ihres Zusammenlebens: Staat, Recht, Ideologie, Moral, Wissenschaft u. a., zusammengefaßt als „gesellschaftlicher Überbau".
5) Diese außerökonomischen Gesellschaftsprodukte wirken auf die Individuen zurück. Sie begegnen sich jetzt nicht nur als ökonomische, sondern auch als politische, juristische, moralische, psychologische Charaktermasken.
6) Der durch die Verdinglichung hervorgerufene und in der Entfremdung sich ausdrückende Widerspruch von Indivi-

duum und Gesellschaft schlägt sich nieder in dem Widerspruch von Charaktermaske und Person (von abstraktem und konkretem Menschen), der in den beiden Kreisen um I festgehalten ist.

Die folgenden psychologischen Untersuchungen in Kapitel IV und V beziehen sich auf den fünften und sechsten Punkt. Sie beschäftigen sich mit den Fragen: Wie lernt das Kind, sich als Charaktermaske zu verhalten? Wie sieht der Widerspruch von Charaktermaske und Person psychologisch aus? Welche psychologischen Prozesse laufen ab, wenn Charaktermasken miteinander kommunizieren?

2. *Die Eltern als erste Repräsentanten der entfremdeten Gesellschaft und die Weitergabe der Entfremdung von den Eltern an das Kind*

In der individuellen Lebensgeschichte wird die Entfremdung dem Individuum nicht zuerst durch den entfremdeten Arbeitsprozeß direkt vermittelt, sondern durch die Agenten des Arbeitsprozesses: durch die Eltern und die weiteren Erzieher. Die individualgeschichtliche, subjektive Erfahrung der Entfremdung beginnt also im pädagogischen Prozeß, nicht im ökonomischen. Dies rüttelt natürlich nicht an der Tatsache, daß die Entfremdung objektiv im ökonomischen Prozeß wurzelt und nicht im pädagogischen. Die Kommunikation, die sich im pädagogischen Bereich abspielt, reflektiert die Entfremdungsverhältnisse im ökonomischen Bereich. Die ökonomisch konstituierten zwischenmenschlichen Beziehungen reproduzieren sich zuerst im Verhältnis der Eltern zu ihren Kindern. Auf diese Weise sind die Kinder vom Arbeitsprozeß geprägt, noch ehe sie in ihn eingetreten sind.

Die moderne kapitalistische Gesellschaft hat mit dem tendenziellen Abbau patriarchalischer Familienstrukturen und mit der gigantischen Konsumpropaganda zwei Prozesse ins Rollen gebracht, die bei der gesellschaftstheoretischen Anwendung psychoanalytischer Begriffe berücksichtigt werden müssen: zum einen die tendenzielle Auflösung der Familie als zentraler Erziehungsagentur und zum anderen die tendenzielle Beseitigung von Bedürfnisschranken und moralischen Tabus. Beides drückt sich aus in der modernen Form „repressionsfreier“ und „nicht-autoritärer“ Erziehung (deren Verbreitung allerdings nicht überschätzt werden sollte). Dieser Wandel steht zur Psychoanalyse in einem kritischen Verhältnis, relativiert sie vielleicht als Theorie einer schwindenden Epoche. Mehrere Autoren haben auf diesen Wandel hingewiesen. Mitscherlichs „Vaterlose Gesellschaft“ steht repräsentativ für das Gemeinte. Diese Hinweise markieren heute allerdings eher eine Tendenz als eine schon allgemeingültige Realität. Mögen auch die Erziehungsinhalte des Elternhauses immer weniger direkte Repression beinhalten und mögen sie auch immer weniger den Anforderungen der immer rascher sich wandelnden Gesellschaft entsprechen, mögen außerfamiliäre Erziehungsträger (Massenmedien u. a.) eine immer größere Bedeutung einnehmen, so hinterläßt das Erziehungsprinzip des Elternhauses doch entscheidende psychische Prägungen und Dispositionen, welche die spätere psychische Verarbeitungsweise gesellschaftlicher Einwirkungen wesentlich mitbestimmen. Die Entfremdung wird schon im Elternhaus gleichsam psychisch codiert. Sicher wird die klassische Ödipus-Situation als der von der Psychoanalyse aufgedeckte zentrale „lebensgeschichtliche Knoten“ (Dahmer) im Durchschnitt nicht mehr so dramatisch erlebt; geblieben aber ist – trotz Konsumpropaganda und Sexwelle – ein hohes Maß an Triebunterdrückung (man beobachte nur die Familien bei ihren Sonntagsausflügen). Geblieben ist weitgehend auch das wesensmäßig autoritäre Erziehungsprinzip, das mit der Strafangst des Kindes arbeitet, statt mit seiner Vernunft und Einsicht. Geblieben ist vor allem auch die Tatsache, daß die Erziehungsinhalte sich nicht legitimieren aus einsehbaren Notwendigkeiten der menschlichen Gemeinschaft, sondern aus absoluten und unangreifbaren Prinzipien; früher war es das Prinzip „Gott“, heute ist es mehr das Prinzip „man“. Geblieben ist schließlich die einfache Tatsache, daß es fast ausschließlich die Eltern sind, die das Leben des Kindes in den ersten Jahren bestimmen. „Vaterlos“ ist die Gesellschaft nicht für die ersten Lebensjahre des Kindes, sondern später im Berufsleben, wo die persönliche Herrschaft von Patriarchen weitgehend abgelöst worden ist durch die unpersönliche Herrschaft von Sachgesetzen und Institutionen. Insofern ist die psychische Konstellation in der Familie nicht mehr einfach repräsentativ für die späteren Konstellationen im Erwachsenenalter. Das Über-ich wird andere Inhalte aufnehmen, es wird sich auch formal wandeln von der Gestalt des verinnerlichten Vaters zur anonymen Gestalt des gesellschaftlichen „man“ bzw. zu der des abstrakten Vorgesetzten. Aber auch diese Wandlung ist für die folgenden Ausführungen nicht von grundsätzlicher Bedeutung, denn sie bedeutet keinen Bruch der psychischen Kontinuität der individuellen Lebensgeschichte. Das gesellschaftliche „man“ steht schon in der Kindheit hinter den persönlichen Figuren der Eltern, und die Strafgewalt der Eltern steht noch im Erwachsenenalter unbewußt hinter der anonymen Macht des „man“ oder des Vorgesetzten. Wie wir im einzelnen die gesellschaftlichen Veränderungen psychoanalytisch zu verarbeiten haben, weiß heute wohl noch niemand. Vor allem erfahren wir dies nicht aus der Theorie, sondern aus der Praxis, und hier fehlen mir die Befunde, die mich zwingen würden, die in diesem Kapitel vorgelegte Theorie der individuellen Angstentstehung gründlich zu revidieren.

Um den Zusammenhang der Eltern-Kind-Beziehung mit dem gesellschaftlichen Kontext schematisch darzustellen, brauchen wir nur das Schaubild entsprechend zu erweitern, indem wir dem durch den Doppelkreis dargestellten Individuum folgende Beziehung anhängen:

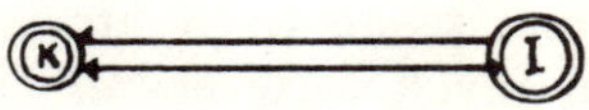

K ist das Kind. Zwischen I (= Eltern) und K besteht erstens eine wechselseitige Beziehung und zweitens eine einseitige von I nach K. Wechselseitig ist die persönliche Beziehung, die Eltern und Kind aufgrund ihrer persönlichen Bedürfnisse und Gefühle zueinander haben. Aber diese Beziehung kann nicht spontan ausgelebt werden. Gemäß der Reglementierung durch die entfremdeten gesellschaftlichen (moralischen, religiösen, juristischen, konventionellen) Gesetze muß ein Teil ihrer libidinösen und affektiven Besetzungen verheimlicht, verdrängt und umgebogen werden. Als gesellschaftliche Charaktermasken verkörpern die Eltern diese Gesetze. Als Charaktermasken haben sie eine zweite, unpersönliche Beziehung zum Kind, die vom Kind anfangs noch nicht erwidert werden kann. Natürlich lassen sich die beiden Beziehungen nur analytisch trennen; in der konkreten Lebenssituation bilden sie eine widersprüchliche Einheit.

Immerhin zeigt diese analytische Trennung einen Widerspruch im Verhalten der Eltern zum Kind, durch den sich bald ihr eigener Widerspruch zwischen Person und Charaktermaske auf das Kind übertragen wird. Das Schaubild (das im ersten Teil der Arbeit theoretisch entwickelt ist) zeigt, woher dieser Widerspruch kommt. Er stammt aus der Warenproduktion, genauer: aus der Verdinglichung und dem aus ihr resultierenden Widerspruch von Individuum und Gesellschaft. In einem kurzen Vorgriff läßt sich jetzt schon sagen, daß der Widerspruch in der elterlichen Beziehung zum Kind, auf den uns die Konsequenzen der Warenanalyse stoßen, vermutlich die Grundlage bildet für jene widersprüchlichen Kommunikationsweisen, die von modernen Schizophrenie-Forschern als „double-bind" beschrieben werden (siehe V, 3).

In dem Maße, wie sich im familiären Sozialisationsprozeß die Entfremdung der Eltern auf das Kind überträgt, verstrickt sich auch das Kind in den Widerspruch von Charaktermaske und Person, muß es selbst einen Teil seiner Person (seiner Impulse, Bedürfnisse und Interessen) hinter seiner Charaktermaske verbergen. Der Ausdruck dieses Widerspruchs und zugleich – wie wir später sehen werden – der innere Motor, der ihn immer aufs neue reproduziert, ist die Angst. Ich meine damit nicht in erster Linie die psychopathologischen Extremformen der Angst, die allein der bürgerlichen Psychologie erwähnenswert erscheinen, sondern ihre gewöhnlichen, unauffälligen Formen, mit denen sie beim „gesunden" Menschen unserer Gesellschaft in Erscheinung tritt als „Hemmung", „Verlegenheit" und „Lampenfieber", als Sprechangst, Prüfungsangst und sexuelle Schüchternheit, als Angst vor Vorgesetzten und Institutionen. Diese Angst erfodert eine besondere Begründung, weil sie sich in der Regel durch keine reale äußere Gefahr erklären läßt. Von der Psychoanalyse wird sie deshalb als „neurotische" Angst bezeichnet im Gegensatz zur „Realangst", die auf eine reale Gefahrsituation bezogen ist (58).

Die neurotische Angst nährt sich – psychologisch betrachtet – aus verdrängten Trieben, die zusammen den verbotenen, hinter der Charaktermaske verborgenen und dennoch sehr lebendigen und realen Teil der konkreten Gesamtperson

58) Die weitere Untersuchung wird zeigen, daß es sich dabei nicht um einen realen, sondern um einen analytischen Unterschied handelt.

bilden. Wollen wir die Entfremdung, in der das Individuum lebt, in Verbindung bringen mit seiner neurotischen Angst, so haben wir zu zeigen, wie die Entfremdung im Triebleben des Individuums verankert ist. Dies kann m. E. nur gelingen mit Hilfe der psychoanalytischen Triebtheorie.

Das kleine Kind lernt seine Umwelt zunächst in Gestalt seiner Eltern kennen. Sie sind von Anfang an die wichtigste äußere Quelle der Triebbefriedigung des Kindes. Sie ernähren es, pflegen und wärmen, behüten und streicheln es. Die sich daraus ergebende Triebfixierung des Kindes an die Eltern bringt das Kind in eine totale psychische Abhängigkeit und die Eltern in eine Position totaler psychischer Macht über das Kind. Bei ihnen allein liegt die Verfügungsgewalt über sein Wohlbefinden. Es ist diese frühkindliche Abhängigkeitssituation, in der die ersten gesellschaftlichen Gesetze auftreten in Form elterlicher Vorschriften und Verbote. Die kindlichen Bedürfnisse stoßen nach und nach auf ein elterliches Reglement, dem sie sich bei Strafe des Liebesverlustes zu unterwerfen haben. In den Bereichen von Nahrungsaufnahme, Analität und Bewegung macht das Kind seine ersten Repressionserfahrungen. Der Konflikt spitzt sich zu mit der Entwicklung seiner sexuell-genitalen Bedürfnisse. Im Alter von 3–4 Jahren zeigt die Elternbindung des Kindes die ersten eindeutigen sexuellen Impulse, die beim Jungen im allgemeinen gegen die Mutter, beim Mädchen gegen den Vater gerichtet sind. Die Gesellschaft aber erlaubt diese sexuelle Beziehung nur in sehr subtilen und prägenitalen Formen. Die genitale Sexualität stößt hier auf ihre erste mächtige gesellschaftliche Schranke. Die Eltern fungieren als Schrankenwärter und verkörpern dem Kind gegenüber eine Strafgewalt, auf die es nur mit Angst reagieren kann (59).

Wichtig in unserem Zusammenhang ist nicht nur der Tatbestand der Triebunterdrückung als solcher, sondern auch die Art und Weise, wie die Triebunterdrückung dem Kind vermittelt wird: von außen, ohne Begründung, als fertiges Gesetz, als pau-

59) Die Psychoanalyse bezeichnet diese Angst als „Kastrationsangst". Wir dürfen annehmen, daß Ödipus- und Kastrationsproblematik heute ein nicht mehr ganz so virulentes Problem darstellen wie zu Freuds Zeiten. Trotzdem sind sie noch durchaus lebendig. Die meisten von uns schleppen diese Problematik unbewältigt ihr ganzes Leben hindurch mit sich herum. Zur Frage, wie aktuell heute noch die Kastrationsangst ist, siehe auch Duhm: „Angst im Kapitalismus", Kap. 3, 1 c. Dort sind auch die Entstehung, Verarbeitungsweisen und Erscheinungsweisen der Angst eingehender dargestellt als es hier möglich ist.

schales und immer wiederkehrendes Verbot von der Art „das tut man nicht!". Würden wir die Eltern fragen, wer das sei: „man" und warum man das nicht tue, sie wüßten in den meisten Fällen keine vernünftige Antwort. Es ist offensichtlich: das Wörtchen „man" verweist das Kind an jene anonymen Mächte, denen sich der Einzelne zu unterwerfen hat, wenn er Leben, Liebe und Geborgenheit haben will. Es ist ein typisches Wort der Entfremdung, denn es zeigt die Unterworfenheit der Eltern unter ein anonymes Gesetz, dessen menschlicher Sinn ihnen genauso uneinsichtig ist wie dem Kind. Die Unfähigkeit der Eltern, die Warum-Frage vernünftig zu beantworten (indem sie z. B. erklären, das Kind selbst oder andere könnten dadurch Schaden erleiden), zeigt ganz deutlich, daß die Moral, die sie dem Kind weitergeben, nicht als menschliche im Dienst des Menschen steht, sondern daß sie – gleichsam als etwas Naturhaftes („das ist einfach so!") – außerhalb und über den Menschen steht. Sie tritt auf in Gestalt einer anonymen Macht, die über den Menschen verfügt, statt umgekehrt.

Durch die reale Strafgewalt der Eltern lernt das Kind, sich solchen anonymen gesellschaftlichen Mächten zu unterwerfen. Indem die Eltern die Gewalt des anonymen „man" vertreten, werden sie unangreifbar. Sie begegnen dem Kind nicht nur als zwei Individuen, sondern sie begegnen ihm als Vertreter der anonymen Gesamtheit „man", deren Macht sich in der elterlichen Strafe kundtut. Dies ist die erste Erfahrung des Kindes von der Gesellschaft. Rebellion erscheint aussichtslos, denn die Eltern sind zu stark und das „man" zu anonym.

Statt sich dagegen aufzulehnen, wird das Kind diese fremde Welt verinnerlichen, sie im eigenen Verhalten reproduzieren und sie später an die eigenen Kinder weitergeben. Welches sind die psychologischen Mechanismen dieser Verinnerlichung und Reproduktion?

3. Der Zusammenhang von Triebverdrängung und Angst

Weil das Kind aufgrund seiner Ohnmacht und seiner psychischen Abhängigkeit den elterlichen Liebesverlust nicht riskieren kann, muß es seine verbotenen Bedürfnisse unterdrücken. Je stärker diese werden, umso größer wird die Gefahr der Bestrafung. In der „genitalen" oder „phallischen" Phase (etwa 3 1/2–5 Jahre) spitzt sich diese Situation dramatisch zu, denn hier verbinden sich starke sexuelle Impulse (60) und die aus ihrer Unterdrückung resultierende Aggressivität des Kindes zu einer gewaltigen Triebenergie, welche das Kind immer wieder – real oder in seiner Phantasie – in die Konfrontation mit der strafenden Gewaltätigkeit der Eltern treibt (61). Um der psychischen und physischen Vernichtungsgefahr zu entgehen, bringt das Kind in seinem Inneren einen Prozeß zu Gang, den die Psychoanalyse als „Verdrängung" bezeichnet, an dessen Existenz wir anhand unserer Träume, psychoanalytischen Fallmaterials und schizophrener Krankheitsbilder nicht zweifeln können, der aber bis heute weitgehend unerforscht ist. Die verpönten Triebe werden aus der Kommunikation ausgeklammert, „exkommuniziert" und ins Unbewußte abgedrängt. Psychoanalytische Fallstudien zeigen aber, daß sie dort weiterleben, aber jetzt außerhalb der sozialen Kontrolle und deshalb ohne die Chance einer sozialen Reifung. Moralisch gesehen ist dieser Vorgang interessant, denn die triebfeindliche Moral erreicht damit im Grunde ihr Gegenteil: der Trieb bleibt in seiner infantil-archaischen, „perversen" und „unmoralischen" Form erhalten. Das Verbotene wird durch das Verbot nicht beseitigt, sondern bewahrt. Als „unmoralischer" und höchst dynamischer Kern steuert es das moralischste Verhalten und bildet so eine permanente Konflikt- und Angstquelle.

Die Strafangst ist der Motor dieses Verdrängungsprozesses. Nach den Ergebnissen psychoanalytischer Fallstudien erscheint es jedoch keinesfalls erforderlich, daß die Strafe, auf die sich die Angst bezieht, in ihrem ganzen Ausmaß vom Kind real erfahren worden ist. Vielmehr scheinen sich – wenn die kindliche Angstentwicklung durch relativ harmlose Bedrohungen und Bestrafungen einmal ins Rollen gekommen ist – phantastische Vorstellungen von Bestrafung und Vernichtung im Kinderkopf ein-

60) Anschauliches Material über die Stärke dieser Impulse liefert Nelly Wolffheim in ihrem Buch „Kindergarten und Psychoanalyse".

61) Signale dieser Gewalttätigkeit sind z. B. elterliche Kastrationsscherze (die in der kindlichen Phantasie ernstgenommen werden, denn das Kind hat ja bereits gemerkt, daß Sexualität etwas „Schlechtes" ist) oder gar die Erfahrung des elterlichen Geschlechtsverkehrs, der dem ahnungslosen Kind kaum eine andere Erklärung als die der väterlichen Gewalttätigkeit offenläßt (der Vater liegt oben, die Mutter stöhnt).

zunisten. Es sind dann zunehmend derartige, meist um das Kastrationsproblem kreisende Vorstellungen, welche das Ausmaß der kindlichen Angst bestimmen. Schon hier wird also der Begriff der „Realangst" problematisch. So schreibt beispielsweise Norman O. Brown (Brown, 35):

„Für die weiteren Überlegungen soll es gleichgültig sein, ob die kindliche Angst einer realen oder einer vorgestellten Bestrafung entspricht, denn phantasierte Vernichtungsvorstellungen sind in jedem Fall die phantastische Weiterentwicklung realer Straferfahrungen. Wir brauchen also die These nicht aufzugeben, daß es reale Straferlebnisse sind, die am Anfang der kindlichen Strafentwicklung stehen und die – vielleicht in phantasierter Übertreibung – das Kind zur Verdrängung treiben."

Allerdings scheint hinsichtlich der Beziehung von Angst und Verdrängung unter den Psychoanalytikern selbst keine volle Übereinstimmung und Klarheit zu herrschen. Die erste Annahme war, daß Angst umgewandelte Libido sei. Noch im Jahr 1920 schrieb Freud in einer Fußnote zur vierten Auflage der „Drei Abhandlungen zur Sexualtheorie" (Freud 1, 93/94):

„Daß die neurotische Angst aus der Libido entsteht, ein Umwandlungsprodukt derselben darstellt, sich also etwa zu ihr verhält wie der Essig zum Wein, ist eines der bedeutsamsten Resultate der psychoanalytischen Forschung."

Erst sechs Jahre später – in seiner Abhandlung über „Hemmung, Symptom und Angst" gab Freud diese Theorie auf. Er betrachtete nun die Angst nicht mehr länger als umgewandelte Libido, sondern als eine nach einem bestimmten Modell ablaufende Reaktion auf Gefahrsituationen. Aber selbst hier behauptete er noch, es sei durchaus möglich, daß „gerade der Überschuß an unverwendeter Libido seine Abfuhr in der Angstentwicklung findet" (Freud 3, 281). Wenige Jahre später wurde dann auch dieser letzte Überrest der alten Theorie preisgegeben. In der „Neuen Folge der Vorlesungen zur Einführung in die Psychoanalyse" (1933 a), 32. Vorlesung schrieb er, daß auch bei der Angstneurose (für die er vorher die Umwandlungstheorie noch gelten lassen wollte) die auftretende Angst eine Reaktion auf eine traumatische Situation sei (Freud 5, 528):

„Daß es die Libido selbst ist, die dabei in Angst verwandelt wird, werden wir nicht mehr behaupten."

Aber schon in „Hemmung, Symptom und Angst“ gehen Freuds Ausführungen genau in die Richtung, die Angst als die Ursache der Verdrängung anzunehmen und nicht umgekehrt. So schreibt er dort bezüglich der Pferdephobie des kleinen Hans (Freud 3, 252/53):

„Aber der Angstaffekt der Phobie, der ihr Wesen ausmacht, stammt nicht aus dem Verdrängungsvorgang, nicht aus den libidinösen Besetzungen der verdrängten Regungen, sondern aus dem Verdrängenden selbst; die Angst der Tierphobie ist die unverwandelte Kastrationsangst, also eine Realangst, Angst vor einer wirklich drohenden oder als real beurteilten Gefahr. Hier macht die Angst die Verdrängung, nicht, wie ich früher gemeint habe, die Verdrängung die Angst.“

Hier ist also die neurotische Angst (Phobie) eine Art konservierter – und natürlich durch die Verdrängung inhaltlich umgebogener – Realangst. Interessant ist auch, daß es hier für Freud keine Rolle mehr zu spielen scheint, ob die Gefahr real ist oder nur als real beurteilt wird, ob sie objektiv oder subjektiv existiert.

Wilhelm Reich übernahm Freuds anfängliche Annahme, die Angst sei umgewandelte Libido. Trotzdem setzt auch er die Realangst an den Anfang der Verdrängung und der weiteren neurotischen Angstentwicklung (Reich, 167):

„Betrachten wir das Gemeinsame an diesen Bedingungen (der neurotischen Charakterbildung – D.D.), so finden wir überaus genitale Wünsche und ein noch verhältnismäßig schwaches Ich, welches aus Angst vor Strafe sich zunächst durch Verdrängungen schützt.“
„Das treibende Motiv aller dieser Maßnahmen, die nun das Ich ergreift, ist letzten Endes bewußte oder unbewußte Angst vor Strafe, die ja durch das heute übliche reale Verhalten der Eltern und Erzieher täglich neu angefacht wird“ (168).

Wie immer also der Zusammenhang von verdrängter Libido und neurotischer Angst gesehen werden mag, Freud und Reich sind sich darin einig, daß die reale Strafangst der anfängliche Motor ist, der den neurotischen Prozeß ins Rollen bringt, indem sie zunächst das Kind zur Verdrängung treibt und dann als neurotische Angst (= konservierte Realangst) neurotische Vermeidungsreaktionen, Charakterpanzerungen und Symptome hervorruft (62).

62) Freud schrieb über den Zusammenhang von Symptom und Angst (Freud 3, 284): „Zwei Meinungen darüber scheinen weit verbreitet zu sein. Die eine

Auch Erich Fromm sieht in der Straf- bzw. Realangst den Ausgangspunkt von Verdrängung und Symptombildung. In dem sozialpsychologischen Teil von „Autorität und Familie", in dem er sich gründlich mit dem Zusammenhang von äußerer Autorität, Über-Ich, Angst und Verdrängung auseinandersetzt, schreibt er (Fromm, 255):

„Der kleine Knabe muß unter dem Druck der Angst vor der Eifersucht des Vaters seine auf die Mutter gerichteten sexuellen und seine gegen den Vater gerichteten feindseligen und eifersüchtigen Wünsche aufgeben; dies wird ihm erleichtert, indem er sich mit dem Vater identifiziert und seine Ge- und Verbote introjiziert. Anstelle der äußeren Angst tritt eine innere, die ihn automatisch vor dem Erlebnis der äußeren Angst schützt."

Entscheidend ist in unserem Zusammenhang nicht die hier von Fromm gegebene klassische Interpretation der Ödipussituation. Sie mag heute modifiziert werden müssen. Entscheidend ist, daß die Realangst vor einer äußeren Gefahr den neurotischen Prozeß einleitet und daß dieser Prozeß als ein Mittel der Angstvermeidung angesehen wird. Das Zitat beinhaltet allerdings schon, daß Verdrängung und Über-Ich-Bildung die Angstvermeidung keineswegs erfolgreich bewirken können. Es findet vielmehr eine Angstverlagerung von „außen" nach „innen" statt; die ursprüngliche Realangst verwandelt sich in neurotische Angst. Der Unterschied zwischen den beiden wird von Fromm folgendermaßen beschrieben (Fromm, 267):

„Sie (die neurotische Angst – D.D.) ist aber von anderer Art als die ‚Realangst', von der wir eben sprachen. Es ist nicht eine klar umrissene Angst vor einer bestimmten Folge, die das verbotene Handeln nach sich zieht, sondern eine irrationale, unbestimmte, emotionelle vor der Autoritätsperson beziehungsweise ihrem verinnerlichten Repräsentanten."

nennt die Angst selbst ein Symptom der Neurose, die andere glaubt an ein weit innigeres Verhältnis zwischen beiden. Ihr zufolge würde alle Symptombildung nur unternommen werden, um der Angst zu entgehen; die Symptome binden die psychische Energie, die sonst als Angst abgeführt würde, so daß die Angst das Grundphänomen und Hauptproblem der Neurose wäre.
Die zumindest partielle Berechtigung der zweiten Behauptung läßt sich durch schlagende Beispiele erweisen. Wenn man einen Agoraphoben, den man auf die Straße begleitet hat, dort sich selbst überläßt, produziert er einen Angstanfall; wenn man einen Zwangsneurotiker daran hindern läßt, sich nach einer Berührung die Hände zu waschen, wird er die Beute einer fast unerträglichen Angst. Es ist also klar, die Bedingung des Begleitetwerdens und die Zwangshandlung des Waschens hatten die Absicht und auch den Erfolg, solche Angstausbrüche zu verhüten. In diesem Sinn kann auch jede Hemmung, die sich das Ich auferlegt, Symptom genannt werden."

Angst „vor der Autoritätsperson bzw. ihrem verinnerlichten Repräsentanten" – diese Formulierung deutet darauf hin, daß eine bestimmte Autoritätsbeziehung, eine zwischenmenschliche Beziehung also, verinnerlicht worden ist, und daß die Angst der Ausdruck dieser verinnerlichten Beziehung ist. Es handelt sich dabei um die Beziehung zum gebietenden, verbietenden und bestrafenden Vater, der aber seinerseits die anonyme gesellschaftliche Macht (das „man") repräsentiert. Die neurotische Angst ist also gleichzeitig Ausdruck der verinnerlichten Beziehung zur entfremdeten Gesellschaft. Das Entfremdungsverhältnis ist zur psychischen Struktur geworden. Ich werde bald genauer darauf zurückkommen.

4. *Über-Ich-Bildung, Über-Ich-Projektion und die Verwandlung von Realangst in neurotische Angst*

Triebverdrängung und Über-Ich-Bildung sind zwei verschiedene Aspekte desselben psychischen Prozesses, die Verdrängung geht einher mit der Bildung des Über-Ichs. Elterliche Normen und elterliche Strafgewalt (63) werden verinnerlicht, das Kind tut allmählich „freiwillig" und von selbst das „Richtige", es besitzt ein „Gewissen". Dieser innere Wächter, der fortan das Leben reguliert, ist im Grunde ein Fremdkörper, ein psychischer Ab-

63) Freud schreibt dazu in „Hemmung, Symptom und Angst" (270):
„. . . so drängt sich die Auffassung auf, daß die Strafe des Über-Ichs eine Fortbildung der Kastrationsstrafe ist." Im nächsten Satz verbindet er diesen Gedanken gleich mit dem der Angstverwandlung: „Wie das Über-Ich der unpersönlich gewordene Vater ist, so hat sich die Angst vor der durch ihn drohenden Kastration zur unbestimmten sozialen oder Gewissensangst umgewandelt."
Freud verweist an dieser Stelle auf seine Ausführungen in „Das Unbehagen in der Kultur" (Freud 4, besonders Kapitel VII und VIII), wo er sich mit dem Ausmaß dieser Angst bzw. mit der Strenge des Über-Ichs befaßt. Er behauptet hier zunächst, daß die Aggression des Über-Ichs diejenige der Autorität konserviere, daß also im Über-Ich das elterliche Strafmaß verinnerlicht sei. Er revidiert das dann, indem er sagt, daß dem Über-Ich außerdem diejenige Aggressivität zukomme, mit der das Kind auf die elterliche Unterdrückung reagiert, die es aber wegen des elterlichen Aggressionsverbots und auch wegen der elterlichen Liebe nicht gegen die Eltern richten kann. Dadurch wird das Verhältnis von äußerer und innerer Strafe komplizierter als es durch die Annahme einer einfachen Verinnerlichung erscheint. Es ergibt sich nämlich jetzt, daß auch liebende Eltern – gerade durch ihre Liebe – im Inneren des Kindes eine Aggressionsbarriere aufbauen und damit ein besonders strenges Über-Ich in ihm erzeugen.

leger der Eltern, eine innere Agentur der entfremdeten gesellschaftlichen Macht. Der äußere Konflikt zwischen Kind und Eltern, zwischen Trieb und gesellschaftlicher Gewalt hat sich verwandelt in den inneren Konflikt zwischen verdrängten Trieben und verinnerlichter Gewalt, zwischen Es und Über-Ich. Wir werden allerdings bald sehen, daß damit der äußere Konflikt keineswegs beseitigt worden ist, daß vielmehr der innere immer wieder nach außen projiziert wird. Aber zunächst soll untersucht werden, was nach der Verinnerlichung des ursprünglich äußeren Konflikts aus der Realangst geworden ist.

Infolge der Über-Ich-Bildung bleibt dem Kind ein großer Teil der Realangst erspart, denn es vermeidet nun aufgrund seiner „eigenen" Gewissensentscheidungen die verbotenen Verhaltensweisen. Durch die Über-Ich-Bildung sind zwei Dinge erreicht: Ein wirksamer Schutz vor realer Gefahr und – ein endgültiger Verlust der individuellen Autonomie, ein Verzicht auf ein eigenes, in freier Entscheidung geführtes Leben. Die Realangst ist gegen Knechtschaft eingetauscht. Aber nicht einmal dieser Tausch ist recht gelungen. Denn mit der Verlagerung des Konflikts von außen nach innen hat sich die Angst nicht aufgelöst, sondern ebenfalls verlagert: Es ist nicht mehr in erster Linie die Angst vor der äußeren Autorität, die reale Strafangst, sondern die aus dem verinnerlichten Konflikt zwischen Trieb und Über-Ich entspringende neurotische Angst, die als allgemeine Ängstlichkeit, Schuldgefühl oder Bauchweh in Erscheinung tritt. Die verdrängten Triebe sind aufgeladen mit einst realer Straferfahrung und geben von jetzt an als unbewußte innere Angstquelle dem ganzen weiteren Leben einen neurotischen Stich.

Der Konflikt zwischen Es und Über-Ich beschränkt seine Auswirkungen keineswegs auf das innere und unbewußte Leben des Individuums. Sein schlimmstes Betätigungsfeld findet er im Verhalten der Individuen zueinander. Entscheidend ist hier der Mechanismus der Über-Ich-Projektion.

Das Über-Ich lebt nie ganz losgelöst von äußeren Autoritäten, sondern in einer ständigen Wechselbeziehung zu ihnen. Wenn wir einer äußeren Autorität begegnen, projizieren wir die Normen, Eigenschaften und Strafgewalt unseres Über-Ichs auf sie. Erich Fromm formulierte das so (Fromm, 258):

„Das Verhältnis Über-Ich: Autorität ist dialektisch. Das Über-Ich ist eine Verinnerlichung der Autorität, die Autorität wird durch Projizierung der Über-Ich-Eigenschaften auf sie verklärt und in dieser verklärten Gestalt wiederum verinnerlicht. Autorität und Über-Ich sind voneinander überhaupt nicht zu trennen. Das Über-Ich ist die verinnerlichte äußere Gewalt, die äußere Gewalt wird so wirksam, weil sie Über-Ich-Qualitäten erhält. Das Über-Ich ist also keineswegs eine Instanz, die in der Kindheit einmal gebildet wird und von da an im Menschen wirksam ist, wie auch immer die Gesellschaft aussieht, in welcher er lebt; das Über-Ich würde vielmehr in den meisten Fällen mehr oder weniger verschwinden oder seinen Charakter und seine Inhalte völlig ändern, wenn nicht die in der Gesellschaft maßgebenden Autoritäten immer wieder den in der Kindheit begonnenen Prozeß der Über-Ich-Bildung fortsetzten oder – richtiger gesagt – erneuerten."

Durch die Über-Ich-Projektion werden also elterliche Eigenschaften, besonders die elterliche Strafgewalt, auf die Projektionsfigur übertragen; die äußere Autorität wird zur übermächtigen, „verklärten" Elternfigur. Die Gewissensangst schlägt wieder um in die Strafangst des Kindes vor seinen Eltern. Wann immer das Individuum vor einer äußeren Autorität Angst hat, liegt eine derartige Über-Ich-Projektion vor. Die einstige Angst vor den Eltern wird nun – über den Umweg des Über-Ichs – neu erlebt, auch wenn in Wirklichkeit keine reale Gefahr vorliegt. Die Angst ist irrational und neurotisch geworden. Es ist die gleichsam konservierte Realangst des Kindes, die nun in ihrer infantilen Form wieder ausbricht, jetzt aber ohne angemessenen Bezug zu einer realen Gefahr (64).

64) Die Unterscheidung zwischen neurotischer Angst und Realangst ist natürlich weitgehend künstlich; dies aus zwei Gründen: Erstens kommen beide Ängste in der realen Situation wohl nie getrennt vor, denn jede reale Angstsituation birgt auch Momente einer realen Gefahr (Liebesentzug u. a.). Zweitens – und das ist wichtiger – ist der Begriff der „realen Gefahr" im Grunde ein ideologischer. Wer sagt uns denn, daß eine reale Gefahr nur dann vorliegt, wenn uns etwas passieren kann, das sich empirisch feststellen läßt (Liebesverlust, Schläge, Kündigung, u. a.)? Dieser oberflächliche Begriff von Gefahr klammert das Entfremdungsphänomen weitgehend aus, denn sonst müßten wir überall dort von Gefahr sprechen, wo wir aufgrund der Entfremdung uns selbst weggenommen sind, uns selbstverwerten und verkaufen müssen, uns als Charaktermaske auf den Markt bringen müssen. Es handelt sich hierbei um eine permanente existenzielle Gefährdung, die genauso real ist wie ein Kinnhaken. Nur hat unser ideologisiertes Bewußtsein für solche Realitäten noch keine Antenne und die Psychologie noch keine Begriffe entwickelt. Wir könnten also statt „neurotische Angst" besser „Entfremdungsangst" sagen. Sie ist zwar neurotisch, also krankhaft, aber die ihr zugrundeliegende Gefahr ist – wenn wir unsere falsche Brille ablegen – höchst real. Realangst und neurotische Angst unterscheiden sich also weniger hinsichtlich der Realität ihres Gefahrenhintergrundes als hinsichtlich der Art und Weise, wie diese Gefahr psychisch verarbeitet wird. Der

Immer, wenn sich der einzelne in einem latenten oder offenen Konflikt befindet mit den Normen seiner Umwelt, reagiert er mit dieser neurotischen Angst. Nehmen wir die Theorie der Triebverdrängung ernst, so verstehen wir, daß der einzelne sich unbewußt fast immer in diesem Konflikt befindet. Durch die Projektion der inneren Richterinstanz nach außen empfindet er die ganze Umwelt als ein angsterregendes anonymes Gericht, vor dem er wegen seiner verbotenen Triebregungen dauernd „schuldig" ist. Hier sei noch einmal an Kafka erinnert. Jede beliebige Person kann vorübergehend dieses Gericht vertreten. Die irrationale Strafangst tritt auch dort auf, wo formal keine Autoritäts- und Abhängigkeitsverhältnisse bestehen, wo aber durch die neurotische Wahrnehmungsverzerrung (Über-Ich-Projektion) die reale Situation im Sinne des autoritären Eltern-Kind-Verhältnisses subjektiv umgebogen wird. Unser Alltagsleben ist voll von solchen neurotischen Angstsituationen. Viele von uns erleben sie schon dann, wenn es an der Tür klopft; wenn jemand sie zu sprechen wünscht; wenn ihnen in der Diskussion jemand entschieden widerspricht; wenn bei einer Versammlung ihr Name aufgerufen wird; wenn sie jemanden um eine Gefälligkeit bitten wollen; wenn sie verliebt sind und an der betreffenden Haustür klingeln; wenn sie in einem Geschäft reklamieren wollen; usw.. Mit jedem anderen ist latent die anonyme Öffentlichkeit anwesend, und zwar die Öffentlichkeit als Gericht. Diese bedrohliche „Allgegenwart der öffentlichen Meinung" (Marcuse), diese permanente Antizipation von Verurteilung, Bestrafung und Vernichtung ist – psychologisch gesehen – das Ergebnis dauernder Projektionsvorgänge, infolge derer sich das Individuum einer übermächtigen Umwelt ausgeliefert fühlt wie einst als Kind den Eltern. Auch der Erwachsene befindet sich seiner gesellschaftlichen Umwelt gegenüber in einer unbewußt-traumatischen Situation der Hilflosigkeit (die oft auch sehr bewußt erlebt wird). Die Art und Weise, wie die Gesellschaft von ihm erlebt wird, ist verankert in den Eltern-Kind-Beziehungen seiner frühen Kindheit. Mit der akuten Angst bricht diese Kindheit durch. Das damals Erlebte oder Vorgestellte wird mittels Über-Ich-Projektion (65) in die reale Gegenwartsituation hineinprojiziert und

Unterschied liegt in der psychologischen Funktionsweise.

65) Mit der Über-Ich-Projektion wird gleichzeitig die verinnerlichte Eltern-Kind-Situation nach außen projiziert. Insofern ist der Begriff der „Über-Ich-Projektion" zu eng. Es handelt sich um eine ganze zwischenmenschliche Szenerie, die

die Gefahr vorweggenommen, auch wenn sie gar nicht existiert. Freud schreibt in seinen Nachträgen zu „Hemmung, Symptom und Angst“ (Freud 3, 303):

„Es ist nun ein wichtiger Fortschritt in unserer Selbstbewahrung, wenn eine solche traumatische Situation von Hilflosigkeit nicht abgewartet, sondern vorhergesehen wird. Die Situation, in der die Bedingung für solche Erwartung enthalten ist, heiße die Gefahrensituation, in ihr wird das Angstsignal gegeben. Dies will besagen: Ich erwarte, daß sich eine Situation von Hilflosigkeit ergeben wird, oder die gegenwärtige Situation erinnert mich an eines der früher erfahrenen traumatischen Erlebnisse. Daher antizipiere ich dieses Trauma, will mich benehmen, als ob es schon da wäre, solange noch Zeit ist, es abzuwenden. Die Angst ist also einerseits Erwartung des Traumas, andererseits eine gemilderte Wiederholung desselben.“

Durch die mit der Über-Ich-Projektion erfolgende Wiederbelebung traumatischer Kindheitserlebnisse erhält alles Gesellschaftliche und Öffentliche seine spezifische neurotische Erlebnisqualität. Im Verhältnis des hilflosen Kindes zu seinen Eltern hat sich sein späteres Verhältnis zur Gesellschaft psychologisch konstituiert. Dies ist die psychologische Verankerung und Reproduktion der Entfremdung.

Wir können jetzt abschließend sagen: Über-Ich-Bildung und Verdrängung sind zwar anfänglich Mittel der Angstabwehr, erreichen aber letztlich das Gegenteil (66). Immer, wenn verdrängte Triebinhalte und verdrängte Situationen in einer realen Lebenssituation reaktiviert werden, bricht die einstige Realangst jetzt als neurotische Angst wieder aus. Um sie abzuwehren, muß immer neue Verdrängungsarbeit („Nachverdrängungen“) geleistet werden, immer neue psychische Energie verausgabt werden. Diese Energie könnte – wäre die Gesellschaft anders konstruiert

abrufbereit im Unbewußten liegt und durch äußere Situationsmerkmale zur Projektion nach außen gebracht wird.

66) Freud kommt in „Das Unbehagen in der Kultur“ zu einem ähnlichen Ergebnis, wenn er schreibt (Freud 4, 398): Wir sehen nun, in welcher Beziehung der Triebverzicht zum Schuldbewußtsein steht. Ursprünglich ist ja der Triebverzicht die Folge der Angst vor der äußeren Autorität: ... Hat man diesen Verzicht geleistet, so ist man sozusagen mit ihr quitt, es sollte kein Schuldgefühl erübrigen. Anders ist es im Falle der Angst vor dem Über-Ich. Hier hilft der Triebverzicht nicht genug, denn der Wunsch bleibt bestehen und läßt sich vor dem Über-Ich nicht verheimlichen. Es wird also trotz des erfolgten Verzichts ein Schuldgefühl zustande kommen, und dies ist ein großer ökonomischer Nachteil der Über-Ich-Einsetzung, ... Für ein drohendes äußeres Unglück – Liebesverlust und Strafe von seiten der äußeren Autorität – hat man ein andauerndes inneres Unglück, die Spannung des Schuldbewußtseins, eingetauscht.“

– für bessere Dinge, für Liebe und produktive Arbeit verwendet werden. Die kindliche Realangst, die uns einst zur Verdrängung zwang, hindert jetzt als neurotische Angst überall unsere ungestörte Zuwendung zu Menschen, Tätigkeiten und Sachen. (Freud hat einmal die verdrängte Triebregung mit einem unerwünschten Gast verglichen, den man aus dem Haus hinausgeworfen hat, der aber immer wieder hereinkommen will und daran nur durch einen Diener gehindert werden kann, der ständig an der Tür postiert ist.)

5. *Reproduktion der Kindesangst in den zwischenmenschlichen Warenverhältnissen*

In Kapitel III sind die zwischenmenschlichen Warenverhältnisse untersucht worden. Die aus ihnen resultierende Angst habe ich als „Realisierungsangst" bezeichnet. In diesem Kapitel IV ist das Eltern-Kind-Verhältnis und die mit der Über-Ich-Produktion ständig erfolgende psychische Reproduktion dieses Verhältnisses dargestellt worden. Die aus ihm stammende Angst habe ich „neurotische Angst" genannt. Jetzt soll noch einmal zusammengefaßt werden, in welcher Beziehung diese beiden Ängste zueinander stehen. Dies ist gleichbedeutend mit der Frage, wie das psychische Eltern-Kind-Verhältnis in die Warenverhältnisse eingelagert ist. Nach der Darstellung dieses Kapitels muß sich diese Einlagerung in der Form der Über-Ich-Projektion vollziehen. Welches also sind die mit der zwischenmenschlichen Warenstruktur gegebenen Merkmale, die den jeweils „anderen" als äußeren Repräsentanten des Über-Ichs geeignet machen?

Die Antwort ist in Kapitel III schon gegeben. Der bzw. die anderen treten auf als anonyme Bewertungsinstanz (Prüfungssituation!), der gegenüber sich der einzelne zu „verwerten" hat. Vom Urteil des/der anderen hängt es ab, ob der eigene „Tauschwert" realisiert werden kann oder nicht, ob ich von dem/den anderen aufgenommen oder abgelehnt werde. Wie der einzelne als Kind der elterlichen Richterinstanz ausgeliefert war, so ist er als Erwachsener einer dauernden Außenbewertung durch den/die anderen ausgesetzt. Die Strafgewalt, die die anderen verkörpern, entstammt objektiv der allgemeinen Warenstruktur der zwischenmenschlichen Beziehungen und subjektiv dem Über-Ich, das auf sie projiziert wird. In der Verbindung von subjektiver und objektiver Strafgewalt fallen auch neurotische Angst und Realisierungsangst zusammen. Die Angst, von dem/den anderen aufgrund einer mißglückten Selbstverwertung nicht akzeptiert zu werden, ist unbewußt identisch mit der Angst, vom entpersönlichten Vater grausam bestraft („kastriert") oder vernichtet zu werden.

Allerdings – der „andere", das ist immer wieder ein anderer, und mit ihm wechseln auch die Normen und Wertmaßstäbe, nach denen der einzelne bewertet wird. Vor allem aber sind sie einem immer rascheren gesellschaftlichen Wandel unterworfen, so daß die Bewertung die inhaltliche Kontinuität verliert, die sie im Elternhaus besaß. Die Konsistenz des früheren Über-Ichs zerbröckelt unter dem Einfluß der Fluktuation der äußeren Fetische und gefährdet damit die innere Stabilität des immer orientierungsloser werdenden Individuums. Es lebt jetzt in einer Art „permanenter Kastrationsangst" (67), da die Übereinstimmung der äußeren und inneren Autorität nicht mehr gewährleistet ist. Der Schutz vor der äußeren Gewalt, den sich das Individuum aufbaute, indem es die Gewalt verinnerlichte, zerrinnt unter dem inhaltlichen Wandel der äußeren Gewalt. Was sich im Wechselverhältnis von Über-Ich und äußerer Gewalt psychisch niederschlägt, ist ein von normativen Inhalten zunehmend entleertes Über-Ich (68), ein innerer Repräsentant abstraktester gesellschaftlicher Gewalt. Die Projektion dieses entpersönlichten und „entnormten" Über-Ichs auf den „anderen" läßt diesen erst recht als anonym erscheinen. Er wird dadurch weder zur persönlichen Vaterfigur, denn er repräsentiert das abstrakte „man", noch ermöglicht er eine verläßliche normative Orientierung, denn er wechselt mit der jeweiligen Rolle, dem jeweiligen Milieu, der jeweiligen Mode, den jeweiligen Launen des Marktes. Aber immer verkörpert er das gesellschaftliche Gesetz, wie dieses auch inhaltlich aussehen mag. Immer verkörpert er auch die anonyme Öffentlichkeit und die entfremdete gesellschaftliche Macht, welche die Befolgung ihrer Gesetze kontrolliert. Immer verkörpert sich also im Verhältnis des einzelnen zum anonymen anderen sein Entfremdungsverhältnis zur Gesellschaft.

Dieses Entfremdungsverhältnis ist ein Aspekt des Klassen-

67) Vgl. Reimut Reiche: Sexualität und Klassenkampf, 97.

68) Am deutlichsten zeigt sich dieser Prozeß in den USA, wo sich die Moral zunehmend reduziert auf das große eine Gebot, dazuzugehören und mitzumachen.

verhältnisses (vgl. Kapitel I, 4 b). Auf diese Weise können wir sagen, daß sich im Verhältnis der entfremdeten Menschen zueinander das Klassenverhältnis abbildet. Es ist psychisch vermittelt durch die gegenseitige Über-Ich-Projektion. Wie die Über-Ich-Bildung einst das Klassenverhältnis in der psychischen Struktur der Individuen verankerte (69), so verlagert die Über-Ich-Projektion dieses verinnerlichte Klassenverhältnis wieder nach außen und garantiert so die „repressive Kontinuität" (J.–M. Brohm) der auf dem Klassenverhältnis basierenden Gesellschaft.

6. *Vier Nachbemerkungen*

1) Die neurotische Angst ist der psychische Niederschlag realer Machtverhältnisse. Den individualgeschichtlichen Ausgangspunkt der neurotischen Entwicklung bilden normalerweise die realen Machtverhältnisse im Elternhaus. Aber es muß noch einmal betont werden: die neurotische Angst könnte nicht zu einem so prägenden Lebensfaktor werden, wenn sie nicht im späteren Leben durch die Machtverhältnisse im außerfamiliären Bereich dauernd geschürt würde (das allgemeinste Machtverhältnis ist das Entfremdungsverhältnis, denn in ihm ist der Mensch der Macht unterworfen, die seine eigenen Produkte auf ihn ausüben, vgl. Kapitel I, 2). Die verinnerlichte Strafinstanz müßte allmählich ihre Macht verlieren, wenn sie nicht durch die reale Strafgewalt gesellschaftlicher Sanktionsinstanzen permanent aufgeladen würde. Die innere Angstquelle steht in dauerndem Wechselverhältnis mit der realen äußeren. Nehmen wir als Beispiel eine Büroangestellte, die immer wieder aufs neue beweisen muß, daß sie die 320 Anschläge pro Minute auch schafft, derentwegen sie angestellt worden ist. Die reale Gefahr der Kündigung trifft sich bei ihr mit ihrer Über-Ich-Angst und perpetuiert damit den repressiven Zirkel, in dem neurotische Angst und Realangst nicht mehr zu trennen sind. Die Ausführungen in Kapitel III zeigen, daß der einzelne infolge der Warenstruktur sei-

69) Der Gedanke, daß durch das Über-Ich die Klassenstruktur im Inneren der Individuen reproduziert wird, existiert – wenn auch noch in ziemlich vager Form – bei verschiedenen Autoren. So schreibt beispielsweise Jean-Marie Brohm in seinem Aufsatz „Psychoanalyse und Revolution" (274): „Das Über-Ich ist, kurz gesagt, das trojanische Pferd der Klassengesellschaft in jedem einzelnen Individuum, welches so strukturell diese Gesellschaft in seinem Kopf reproduziert."

ner sozialen Beziehungen, der allgegenwärtigen Konkurrenzverhältnisse und des abstrakten Leistungsprinzips fast immer und überall einem Gefahrenhorizont ausgesetzt ist, bei dem objektive und subjektive Momente, gesellschaftliche Struktur und neurotische Projektionsphantasie nicht mehr auseinanderzuhalten sind. Der andere ist grundsätzlich Konkurrent und Richter und als solcher gefährlich. Es ist dies aufgrund der objektiven gesellschaftlichen Strukturen genauso wie aufgrund der aus ihnen hervorgegangenen psychischen Strukturen. Die Angst erscheint deshalb auswegslos und unheilbar, solange die emanzipatorische Bemühung nicht beide Pole im dialektischen Verhältnis von Psyche und Gesellschaft erfaßt.

2) Wenn die hier skizzierte Angsttheorie zutrifft, ist zu erwarten, daß die unter unseren gegenwärtigen gesellschaftlichen Verhältnissen vorherrschende Neurosenform die der Angstneurose ist. Ihre Symptome sind: eine allgemeine diffuse Ängstlichkeit, Ohnmachtsgefühle, Vereinsamungsbefürchtungen, Vernichtungsideen, Phantasien von drohendem Wahnsinn und vegetative Beschwerden in verschiedenster Gestalt Ich glaube, wir können – in Übereinstimmung mit Richter (70) – feststellen, daß dies heute der Fall ist. Betrachten wir die Grundstruktur der menschlichen Beziehungen in der kapitalistischen Gesellschaft, wie sie mit der voll entfalteten Warenproduktion notwendig gegeben ist, so können wir mit Sicherheit annehmen, daß Ohnmacht und Angst immer wesentliche Merkmale des kapitalistischen Menschen sein werden. Fraglich erscheint mir allerdings, ob die von der Psychoanalyse aufgedeckten spezifischen Mechanismen der Angstentstehung und Angstverarbeitung notwendigerweise verbunden sind mit den Grundmerkmalen der kapitalistischen Gesellschaft, ob sie nicht vielmehr im Zuge der bereits angedeuteten gesellschaftlichen Wandlungsprozesse revidiert werden müssen. Vorsichtigerweise muß jedenfalls gesagt werden: Die hier vorgelegte Angst-Theorie ist – was ihren psychoanalytischen Teil betrifft, – eine Theorie der Angst im gegenwärtigen Entwicklungsstadium der modernen kapitalistischen Gesellschaft, nicht eine Theorie der Angst im Kapitalismus schlechthin.

3) Die Angst ist abgeleitet worden aus dem allgemeinen Entfremdungsverhältnis des kapitalistischen Menschen zur Ge-

70) Vgl. Richter, 16.

sellschaft und der Menschen untereinander. Die Eltern fungieren hierbei lediglich als Vertreter der entfremdeten gesellschaftlichen Macht, nicht aber als Ausübende spezifischer Funktionen im kapitalistischen Produktions- und Verwertungsprozeß. Die Ausführungen bewegen sich deshalb auf ziemlich abstraktem Niveau, in das klassenspezifische Differenzierungen nicht aufgenommen werden konnten. Ich behaupte, daß eine solche klassenspezifische Differenzierung der systembedingten Angst bis heute nirgends geleistet worden ist und mit den Mitteln der bisherigen bürgerlichen Psychologie einschließlich Psychoanalyse auch nicht geleistet werden kann.

4) Über Emanzipation soll erst im letzten Teil dieser Arbeit gesprochen werden. Trotzdem will ich hier schon einigen falschen Konsequenzen vorbeugen, die immer dann gezogen werden, wenn die politökonomische Fundierung der psychologischen Phänomene aus dem Blickfeld verschwindet. Es könnte dann so scheinen, als säße das Grundübel der kapitalistischen Gesellschaft in den zwischenmenschlichen Beziehungen und müsse auch dort bekämpft werden. Der revolutionäre Befreiungskampf wäre dann gleichbedeutend mit dem Kampf gegen das eigene Über-Ich und gegen diejenigen, auf die ich mein Über-Ich projiziere, in erster Linie also gegen gesellschaftliche Autoritäten aller Art. So berechtigt dieser subjektive Aspekt der Befreiungsbewegung ist, falls ihm der richtige Stellenwert zugeordnet wird, so wenig läßt er sich in der verabsolutierten Form ableiten aus der hier vorgelegten Theorie. Die zwischenmenschlichen Beziehungen, von denen hier die Rede war, sind abgeleitet aus der ökonomischen Organisation der kapitalistischen Gesellschaft. Hier liegt das Grundübel und der Angelpunkt für die Aufhebung der Entfremdung.

V Auswirkungen der Angst auf die Kommunikation

1. Der Blick des Anderen

Der Andere ist für mich immer schon vorgeformt, noch ehe ich ihn kennenlerne. Aufgrund der allgemeinen Waren- und Konkurrenzverhältnisse ist er derjenige, vor dem meine Selbstobjektivierung gelingen muß, vor dem ich mich zu bewähren habe. Aufgrund der entfremdeten gesellschaftlichen Macht, die er repräsentiert, ist er die überlegene Instanz. Und aufgrund der in Kapitel IV dargestellten psychologischen Entstehung und Vermittlung zwischenmenschlicher Entfremdungsverhältnisse besitzt der die elterliche Macht, mich zu durchschauen, zu verurteilen und zu bestrafen. Der Andere existiert in der entfremdeten Gesellschaft grundsätzlich auf zweierlei Weise: einmal als konkretes Individuum, das genauso hilflos und isoliert ist wie ich, und dann als der Andere, als der er für mich in einer Weise existiert, von der er selbst nichts weiß: eben als die unpersönliche Übermacht, welche die anonyme Gesellschaft repräsentiert und im psychischen Projektionsfeld elterliche Strafgewalt annimmt. Unter dem Druck der elterlichen Bedrohung („Kastrationsdrohung") und der diese Bedrohung permanent reproduzierenden Entfremdungsverhältnisse habe ich die zweite Existenzweise des anderen verinnerlicht. Dieser verinnerlichte Andere ist mein ständiger Kommunikationspartner, auch wenn ich allein bin. In träumerischen und tagträumerischen Phantasiedialogen führe ich meinen Selbstbewährungskampf mit ihm, verblüffe ihn vielleicht durch schlagfertige Argumente, erringe seine Sympathie und Bewunderung oder ich überwinde in heroischem Zweikampf meine Angst und mache ihn fertig. Dieser verinnerlichte Andere wird in der Realsituation auf den jeweiligen Kommunikationspartner projiziert. Es ist hauptsächlich dessen Blick, der bei mir die Projektion auslöst. Indem er mich anblickt, verwandelt sich der konkrete Mensch, der mir gegenübersitzt, in eine bedrohliche Instanz. Sein Auge wird zum Richterauge, das auf der Lauer liegt, mich zu durchschauen und zu ertappen. Sein Blick signalisiert eine Gefahr, auf die ich reagieren muß, wenn ich ihr nicht erliegen will. Aber indem ich reagiere, hebe ich die Gefahr nicht auf, sondern reproduziere sie: reagieren heißt ja in diesem Fall, daß ich meine marktgerechten Eigenschaften so herausputze, daß er mich nicht bestrafen wird. Ich ex-kommuniziere dabei den Teil von mir, den er nicht sehen darf, gaukle ihm etwas vor, was so nicht stimmt, und setze mich damit erst recht der Gefahr aus, durchschaut und bestraft zu werden. Indem ich der Angst zu entgehen trachte, verewige ich sie. Die Angst ist hier Ausdruck meiner subjektiven Lage, in der ich ganz vom Anderen beherrscht bin. Er agiert, ich reagiere; er ist Subjekt, ich sein Objekt; er ist Richter, mir bleibt nichts anderes als mich zu verteidigen. Im Richterblick des überlegenen Anderen verliere ich meine Autonomie und Identität.

„So konstituiert mich das Gesehenwerden als ein wehrloses Wesen für eine Freiheit, die nicht meine Freiheit ist. In diesem Sinne können wir uns, soweit wir anderen sichtbar werden, als ‚Knechte‘ betrachten“ (Sartre 1, 356).

Sartre entwickelt in seinem Werk „Das Sein und das Nichts“ (71), eine Ontologie, wonach der Blick des Anderen konstitutiv ist für die zwischenmenschliche Beziehung. „Der Andere“, sagt er, „ist, als Prinzip, der, der mich anblickt“. Und in diesem Blick des Anderen passiert etwas, das Sartre als das „Abfließen“ meiner Möglichkeiten auf den Anderen bezeichnet. Der Andere ist „der heimliche Tod meiner Möglichkeiten“ (352). Ich kann den Anderen, wenn er mich anblickt, nicht mehr frei beobachten, sondern fühle mich von ihm beobachtet. Ich kann nicht mehr tun, was ich will, sondern bin eingeklemmt und festgehalten in seinem Blick, der mich zwingt, zu lächeln, wo ich aggressiv sein möchte, zuzustimmen, wo ich ablehnen müßte, eine Jacke anzuziehen, die mir nicht paßt, unter der ich schwitze, ein Gesicht aufzusetzen, das spannt, bis ich Kopfweh habe. Ich kann auch nicht mehr die Situation uneingeschränkt wahrnehmen und registrieren.

„Wenn dieser dicke und häßliche Passant, der sich tänzelnd auf mich bewegt, mich plötzlich ansieht, ist es mit seiner Häßlichkeit, seiner Fettleibigkeit und seinen Tänzelschritten vorbei“ (Sartre 1, 366).

Mein Identitätsverlust ist aber – nach Sartre – nur die eine Seite des fremden Blicks. Auf der anderen Seite nämlich konstituiere er gerade meine Identität. Das mag auf sehr abstrakter Ebene richtig und allgemeingültig sein. Aber indem ich meine Identität dadurch gewinne, daß meine Möglichkeiten zum Anderen hin abfließen, habe ich als Resultat eben eine verlorene Identität, eine Identität, die im Grunde nicht meine ist, über die ich nicht verfüge. Was sich im Blick des Anderen konstituiert, ist genau der Widerspruch von fremdbestimmter Charaktermaske und eigener Person. Dieser zwischenmenschliche Prozeß wird von Sartre (im Jahr 1950) so beschrieben, als handle es sich um ein Naturmerkmal menschlicher Existenz. Was wir aber durch Selbstbeobachtung konkret erfahren können in der Beziehung zum Anderen, zeigt eine solche Verstümmelung unserer Freiheit

71) P.-P. Sartre 1, hauptsächlich in dem Abschnitt über den „Blick“. Vgl. dazu auch H. Marcuse, 1, 59 ff.

und Gemeinsamkeit und reiht sich außerdem so nahtlos ein in den bisher beschriebenen Grundcharakter kapitalistischer Zwischenmenschlichkeit, daß wir hier an einen Naturprozeß nicht mehr glauben können. Der „Tod meiner Möglichkeiten" – diese destruktive Qualität besitzt der Andere nicht von Natur aus, sondern nur in seiner Verkörperung destruktiver gesellschaftlicher Macht. Seine Gefährlichkeit und seine Neigung, mich zu verfolgen und zu „belauern" (351) besitzt er nicht einfach deshalb, weil er der Andere ist, sondern weil mein eigenes unpersönliches Über-Ich in seinem Blick mich anschaut; weil eine angsterregende Beziehungsstruktur, in der ich traumatische Erfahrungen gemacht habe, wieder zu vibrieren anfängt. Ich gerate in ein bekanntes Machtverhältnis, das mich zur Unterwerfung unter das fremde Subjekt zwingt.

„Es liegt zwischen dem Objekt-Peter und der Subjekt-Therese, ebenso wie zwischen der Objekt-Therese und dem Subjekt-Peter die unendliche Mächtigkeit einer Welt" (Sartre 1, 369).

Das in den vergangenen Kapiteln entwickelte theoretische Instrumentarium könnte uns helfen, diese unendliche Mächtigkeit etwas genauer zu benennen: Es ist die aus der kapitalistischen Warenproduktion hervorgegangene Macht der Entfremdung. Diese Macht schiebt sich zwischen mich und den anderen, weil wir uns objektiv als Charaktermasken, also als Vollzugsorgane dieser Macht, gegenübertreten und weil wir subjektiv die verinnerlichte Macht aufeinander projizieren. Der Blick des Anderen signalisiert die Gefahr, die wir real erlebt haben und die jetzt wiederkehrt in der anonymen Macht, welche der Andere repräsentiert ohne es zu wissen und zu wollen. Diese Gefahr mobilisiert unsere latente Vernichtungsangst. Sartre weist sehr deutlich in diese Richtung (Sartre 1, 345):

„Der Blick, den die Augen offenbaren, von welcher Art sie auch sein mögen, ist reine Verweisung auf mich selbst. Was ich unmittelbar wahrnehme, wenn ich die Zweige hinter mir brechen höre, ist nicht, daß irgendjemand da ist, sondern ist vielmehr, daß ich verletzlich bin, daß ich einen Leib habe, der verwundet werden kann, daß ich mich an einer bestimmten Stelle befinde und daß ich auf keinen Fall von dort entweichen kann, wo ich ohne Verteidigungsmittel bin, kurz, daß ich *gesehen werde*."

2. *Kommunikationsstrategien zur Angstabwehr*

Die Angst vor dem Anderen wird nur selten akut erlebt, denn starke Angst ruft automatisch unbewußte Angstabwehrmechanismen auf den Plan, mit denen die Gefahr (die Wiederholung traumatischer Situationen) umgangen werden kann. Unter diesem Aspekt scheint es mir keine Übertreibung, zu sagen, daß das entfremdete Leben ein System von Angstabwehrtechniken darstellt, mittels derer das Leben zwar biologisch gelebt, psychologisch aber von entscheidenden Lebenserfahrungen abgeschnitten wird (72). Die allgemeinste Form der Angstabwehr ist die marktgerechte Ausstaffierung der eigenen Person, also die Anpassung. Die gesellschaftlich positiv bewerteten Eigenschaften werden herausgeputzt (Imponiergehabe), die negativen versteckt und verschleiert, aus der Kommunikation ausgeklammert, exkommuniziert. Diese Exkommunikation eines Teiles der eigenen Persönlichkeit bildet die Grundlage und Bedingung der entfremdeten Kommunikation. Bedenken wir, was passiert, wenn jemand diese Bedingung nicht einhält: er wird dann als „Spinner", „Verbrecher" oder „Psychotiker" tatsächlich aus der Gemeinschaft exkommuniziert. Indem jeder einzelne mit den anderen dadurch in Kommunikation tritt, daß er einen Teil seiner selbst exkommuniziert, pertetuiert er das entfremdete Kommunikationsprinzip, das auch den Partner zur Exkommunikation zwingt. Man kommuniziert miteinander, indem man sich selbst und den Partner exkommuniziert. Die mit dem Widerspruch von Charaktermaske und Person gegebene Dialektik von Kommunikation und Exkommunikation verleiht der ganzen Kommunikation ihre gefährliche Doppelbödigkeit. Gegenseitige Sympathieversicherungen, Höflichkeitsfloskeln und freundliche Miene müssen herhalten, um die Doppelbödigkeit selbst zu ver-

72) Bei diesen Lebenserfahrungen handelt es sich um sprachlich kaum faßbare und wissenschaftlich noch unerforschte Erlebnisse von Selbstauflösung und Individuation, von lebendiger Totalität und Transzendenz, die sich am besten vielleicht in den drei Worten „Poesie, Wahnsinn und Mysterium" (Edgar Morin) zusammenfassen lassen. Solche Erfahrungen werden heute von einem sensibilisierten Teil der Jugend wieder gesucht. Bewußtseinserweiterung durch Drogen und die Hinwendung zum Zen-Buddhismus zeigen deutlich, wie auf Umwegen wesentliche Lebensinhalte wiedergewonnen werden sollen, die im System individueller und gesellschaftlicher Angstabwehr verlorengegangen sind.
Der schweizerische Psychiater Benedetti beschreibt sehr klar diese Problematik der mit den Angstabwehr-Praktiken verbundenen Verstümmelung des Lebens („Einengung des Lebensentwurfs") in seinem Aufsatz. (siehe Lit.verz.)

schleiern und sich gegenseitig die Angst zu nehmen. Man lacht, wenn der andere lacht, redet mit ihm über ein Thema, das einen eigentlich gar nicht interessiert, bestätigt ihn in seinen Ansichten, auch wenn man andere hat. Um selbst durchstehen zu können, ist jeder auf die Unaufrichtigkeit des anderen angewiesen. Gemeinsames Kaffeetrinken und Zigaretterauchen sind weitere Vergesellschaftungsrituale, mit denen die Kluft überbrückt werden soll, welche die Kommunikationspartner voneinander trennt (73). Würde einer von ihnen die Spielregeln durchbrechen, etwa eine Frage stellen, die nicht ins innere Programm paßt, oder lachen, wo es nicht „am Platze“ ist, so würde beim anderen unweigerlich – vielleicht nur für den Bruchteil einer Sekunde – Angst ausbrechen. Er muß sich dann sehr schnell mit neuen Angstabwehrtechniken vor seiner Angst schützen, wenn er nicht in die Position des Versagers und Verlierers abrutschen will. In solchen Situationen zeigt sich schlagartig die Kluft voller Angst und Feindseligkeit zwischen den beiden. Das gemeinsame Spiel kann jetzt umschlagen in offene Feindschaft. Auch hierfür liegen lang eingeübte Angstabwehrmuster bereit, beispielsweise die „Identifikation mit dem Aggressor“: ich versuche, der antizipierten Feindseligkeit des anderen zuvorzukommen, indem ich selbst ihm Vorwürfe mache, ihm meine Überlegenheit demonstriere oder – wenn ein Publikum dabei ist – indem ich ihn dem Gruppengelächter ausliefere.

Mein jeweiliger Kommunikationspartner, die Gruppe, in der ich mich befinde, oder der Gruppenleiter besitzt als Vertreter der anonymen Öffentlichkeit die Bewertungsmacht. Bewertung meiner Eigenschaften und Fähigkeiten ist nur möglich im Vergleich zu den Fähigkeiten der anderen. In dem Bestreben, von den auf dem zwischenmenschlichen Markt bereitgehaltenen Befriedigungen nicht ausgeschlossen zu werden, müssen wir – bei aller Bescheidenheit und Zurückhaltung – danach trachten, unsere eigenen Fähigkeiten im öffentlichen Bewußtsein über die der anderen zu stellen. Auch im persönlichsten Bereich arbeiten wir mit Gewinnertricks, Täuschungsmanövern, Verstellungstaktiken und Entwertungsstrategien. Gezwungen, mehr und anderes zu erscheinen als wir sind, verwandeln wir uns in einen Krämerladen verwertbarer Masken, degradieren uns zu Regis-

73) Diese Kluft hat auch ihre progressive Seite. Sie treibt den einzelnen dazu, als einzelner mit immer neuer Anstrengung die Kluft zu überwinden und dabei seine individuellen Kräfte zu entfalten.

seuren eines bornierten Inventars an Imponier- und Verstellungstechniken, müssen zugleich aber allerlei Vorbeugemaßnahmen und Alibis erfinden, um den Schein aufrechtzuerhalten und uns nicht als Hasardeure, Lügner oder rücksichtslose Egoisten zu demaskieren.

In Gruppen bildet sich häufig im Dienste individueller Angstabwehr ein kompliziertes Beziehungsgefüge mit komplementären Angstabwehr-Rollen: die Gruppe teilt sich in aktive und passive Mitglieder, in „Rädelsführer" und Mitläufer, in Leute, die viel reden, und solche, die schweigen, in Fortgeschrittene und Anfänger, „Starke" und „Schwache". Die Angstabwehr beruht hier auf einer stillschweigenden Gegenseitigkeit: der „Starke" braucht den „Schwachen" zur Aufrechterhaltung seiner Angstabwehr-Strategie und umgekehrt,(weshalb auch die Emanzipation des einen nicht ohne die des anderen möglich ist). Durch solche Rollenzuordnungen erlangt die Gruppe eine Pseudostabilität, die allerdings schnell zusammenbricht, sobald die Rollen nicht mehr akzeptiert werden. Die Situation ist von vornherein widersprüchlich: einerseits verlangt das Funktionieren der Angstabwehr eine gewisse Gegenseitigkeit und Gemeinsamkeit, gemeinsame Rollenzuteilung, gemeinsame Spielregeln, gemeinsame Bewertungskriterien. Andererseits verlangt die Angstabwehr den Kampf aller gegen alle und damit die permanente Zerstörung der Gemeinsamkeit, denn jeder will ja positiv bewertet werden und Punkte sammeln. Jeder einzelne interessiert sich dabei – infolge der Isolierung und der Konkurrenz, die auch in den harmonischsten Gruppen nicht fehlt – in erster Linie nicht für die Gesamtpunktzahl der ganzen Gruppe, sondern für seine Privatpunktzahl im Vergleich zu der der anderen. Daß hieraus eine Menge Neid und Mißgunst erwächst, ist klar, darf aber nicht zugegeben werden, weil man sich sonst der einhelligen Empörung der anderen ausgeliefert sähe. Damit so eine Panne nicht passiert, muß das Theater abgesichert werden durch ein gemeinsames System von Alibis, Rationalisierungen und Mystifikationen, durch das jedem einzelnen die Integrität seines Verhaltens zugesichert wird.

Die Kommunikation innerhalb eines so widersprüchlichen und gefährlichen Systems gleicht oft einem Tanz auf des Messers Schneide im wahrsten Sinne des Wortes: der Tanz kann nicht aufhören, weil jeder Schritt jeden weiteren erzeugt, ohne die Situation aufzulösen. Wer daneben tappt, der stürzt tief, denn ab und zu braucht die Gruppe ihre Opfer, dessen gemeinsame Ausstoßung die internen Bande festigt. Wo die Ex-Kommunikation des einen ein Mittel wird für die In-Kommunikation der anderen, da beweist sich nur die allseitige Isolierung. Jeder fühlt sich latent exkommuniziert, und wer dieses Gefühl nicht mehr überspielen kann – beispielsweise bei einem Sensitivity-Training oder einem LSD-Trip – der sieht sich plötzlich einer geschlossenen Front gegenüber. Alle Angstvorstellungen, die ihn bisher latent begleiteten, formieren sich plötzlich zu brutaler Realität. Paranoide Wahnvorstellungen und Vernichtungsphantasien können jetzt nicht mehr gruppenkonform reguliert werden. Er stürzt in die Schizophrenie und erfüllt damit das psychotische Programm, das der ganzen Gruppenkommunikation zugrundelag. Seine Strategie ist gescheitert; die anderen profitieren davon.

3. Pseudogemeinschaft und Double bind

Obwohl neurotische Angst und Aggression in der Regel mit unbewußten libidinösen Strebungen verbunden sind, stehen sie doch in einem antagonistischen Verhältnis zur Liebe. Man kann denjenigen, den man haßt, nicht gleichzeitig lieben, zumal infolge paranoider Wahrnehmungsverzerrungen die eigene Feindseligkeit auch dem Partner unterstellt wird. Auch denjenigen, vor dem man Angst hat, kann man nicht lieben, weil man sich infolge unbewußter Angstabwehrstrategien ihm gegenüber verschließt. Die durch die kapitalistischen Produktionsverhältnisse gegebene Atomisierung der Individuen ist psychisch auf vielfältige Weise abgesichert. Aber kein Mensch kann leben ohne Kontakt zu anderen. Die vorhin beschriebenen Kommunikationsstrategien haben nicht nur den Sinn individueller Angstabwehr, sondern auch die Funktion, trotz Angst und Feindseligkeit den Kontakt zu den anderen zu sichern. Es sind Formen der Vergesellschaftung, mit denen versucht wird, auf der Grundlage gegenseitiger Isolierung eine menschliche Gemeinschaft aufzubauen. In der jüngeren Forschung zum Themenkreis „Schizophrenie und Familie" wird diese doppelbödige Gemeinschaft als „Pseudogemeinschaft" bezeichnet. Sie wird folgendermaßen gegen die echte Gemeinschaft abgegrenzt (74):

„Bei der Darstellung von Pseudo-Gemeinschaft liegt der Akzent auf dem überwiegenden Aufgeben im Zusammenschluß auf Kosten der Differenzierung der Identitäten jener Personen, die an der Beziehung beteiligt sind. Dagegen bringt jeder in Beziehungen von echter Gemeinschaft ein Gefühl seiner eigenen sinnvollen, positiv bewerteten Identität ein, und aus dem Erleben bzw. der Teilnahme an der Gemeinschaft erwächst die gegenseitige Anerkennung der Identität des anderen einschließlich der zunehmenden Anerkennung seiner inneren Möglichkeiten und Fähigkeiten.

Mit dem Wachstum und Veränderungen der Situation kommt es in jeder Beziehung zwangsläufig zu veränderten Erwartungen. Damit ist notwendigerweise eine zumindest vorübergehende Nichterfüllung von Erwartungen – das heißt, Nichtkomplementarität verbunden. In der Pseudogemeinschaft aber wird die subjektive Spannung, die aus der Divergenz oder Unabhängigkeit der Erwartungen nebst der offenen Betonung eines Gefühls der eigenen Identität erwächst, nicht bloß als Beeinträchtigung jener besonderen Transaktion erlebt, sondern auch als mögliche Zerstörung der gesamten Beziehung.

Die alternative Möglichkeit wird gar nicht gesehen, oder sie kann nicht in Erwartung gestellt werden: daß nämlich die Anerkennung und Sondierung von Verschiedenheit die Basis der Beziehung zwar ändern, aber auch erweitern bzw. vertiefen kann. Die wirkliche Gemeinschaft toleriert nicht nur, anders als die Pseudogemeinschaft, die Divergenz von Eigeninteressen, sondern lebt geradezu von der Anerkennung solcher natürlichen und unvermeidlichen Divergenz. . . .

In der Pseudo-Gemeinschaft ist der Gefühlsaufwand mehr auf die Erhaltung des *Gefühls* einer gegenseitigen Erfüllung von Erwartungen gerichtet als darauf, veränderte Erwartungen richtig wahrzunehmen. Die neuen Erwartungen bleiben somit unerforscht, und die alten Erwartungen und Rollen dienen, auch wenn sie in gewisser Hinsicht überholt und ungeeignet sind, weiterhin als Struktur der Beziehung.

Die bestehende Beziehung kann dann weder aufgegeben werden, es sei denn unter ganz besonderen oder widrigen Umständen, noch darf sie sich entwickeln oder entfalten. Sie erfordert zwar eine hohe Beteiligung und ist oft stark gefühlsbesetzt, zugleich aber beschränkt sie das Wachstum und nimmt dem zwischenmenschlichen Erleben jegliche Frische. Ambivalenz ist unvermeidlich in Beziehungen, die anscheinend auf einer Ebene viel bieten, was auf anderen Ebenen nicht bestätigt wird. Ohne gegenseitige Wahrnehmung und Anerkennung der Identität jedes einzelnen entsprechend der aktuellen Lebenssituation wird die beibehaltene Beziehung zunehmend subjektiv entleert, steril und erstickend. Die positiven Seiten der Beziehung können nicht erforscht und erweitert werden; was dem außerhalb stehenden Beobachter als negative Aspekte von Zwang und Manipulation erscheinen mag, wird innerhalb der Beziehung einfach als Teil der Bemühung interpretiert, sich noch mehr zusammenzuschließen.

Kurz, die pseudogemeinschaftliche Beziehung enthält ein charakteristisches Dilemma: Divergenz erscheint als Störung der Beziehung und muß

74) Wynne/Ryckoff/Day/Hirsch: Pseudo-Gemeinschaft in den Familienbeziehungen von Schizophrenen, 47.

deshalb vermieden werden; vermeidet man aber Divergenzen, so ist ein Wachstum der Beziehung unmöglich."

Eine Pseudo-Gemeinschaft ist also eine Gemeinschaft, wo im Grunde jeder für sich lebt, ohne die Bedürfnisse und Möglichkeiten des anderen anerkennen zu können. Die bisherigen Gedankengänge machen klar, warum er sie nicht anerkennen kann: er ist ja durch den neurotischen Projektionsmechanismus (Über-Ich-Projektion) daran gehindert, den anderen überhaupt als die konkrete Person, die er ist, wahrzunehmen. Der andere existiert für ihn primär in Gestalt einer internalisierten und in der Realsituaiton auf den Kommunikationspartner übertragenen Projektionsfigur. Der Dialog mit dem anderen ist in erster Linie ein Dialog mit diesem falsch verinnerlichten anderen. Der andere als konkrete Person in ihrem spezifischen anders-sein ist noch gar nicht erkannt.

In ihren weiteren Ausführungen gebrauchen dieselben Autoren den Begriff der „nicht-gemeinsamen Komplementàrität". Ohne es eigentlich zu beabsichtigen, verweisen sie damit auf einen über den psychologischen Bereich hinausreichenden Erklärungsansatz, der im Sinne der Warenanalyse ausgebaut werden könnte. Sie schreiben (Wynne/Ryckoff/Day/Hirsch, 49):

„Natürlich gibt es viele zwischenmenschliche Beziehungen, die nicht entweder durch Gemeinschaft oder durch Pseudogemeinschaft charakterisiert sind. Der Verkehr zwischen Verkäufer und Kunde zum Beispiel hat in der Regel über den Kauf von Waren hinaus keine starke Besetzung zum Ausschluß von Nicht-Komplementarität oder zur Erkundung, was die Beziehung beiden zu bieten hat. Derartige Transaktionen, die statistisch häufig und die allgemein stark insitutionalisiert sind, weisen eine Integration gegenseitiger bzw. komplementärer Erwartungen auf, doch handelt es sich hier um nicht-gemeinsame Komplementarität. Nicht-Gemeinschaft ist gewöhnlich rollengebunden; sie ist, um mit Talcott Parsons zu sprechen, mehr funktionsspezifisch für eine besondere Rolle, als daß sie eine Bereicherungsfunktion für die Beziehung hätte. Nicht-gemeinsame Komplementarität entwickelt sich oft in die Richtung von Gemeinschaft oder Pseudo-Gemeinschaft, besonders dann, wenn eine Beziehung dauerhaften Charakter annimmt oder ihre Bedeutung für die Beteiligten steigt."

Es ist für unseren Zusammenhang interessant, daß gerade der Verkehr zwischen Verkäufer und Kunde als Beispiel für nicht-gemeinschaftliche Komplementarität genommen wird. Wenn es stimmt, daß das Kommunikationsprinzip des ökonomischen Marktes auch weitgehend für die außerökonomischen Beziehungen der Menschen gilt (Kapitel II und III), dann hat das für unsere Verwendung des Begriffs der nicht-gemeinschaftlichen Komplementarität zwei wichtige Konsequenzen: er entspricht erstens der allgemeinen Grundstruktur der zwischenmenschlichen Beziehungen in der kapitalistischen Gesellschaft und nicht nur dem ökonomischen und institutionalisierten Verkehr der Menschen; er kann zweitens nicht mehr in einem so indifferenten Verhältnis zur Gemeinschaft oder Pseudogemeinschaft stehen, sondern gehört eng zur Pseudogemeinschaft (75). Nicht-gemeinsame Komplementarität bedeutet doch, daß das, was die Beteiligten zu einer Komplementarität verbindet, nicht ihr Gemeinsames ist; daß sie von außen, nicht von innen aufeinander bezogen werden. Diese nicht-gemeinsame Komplementarität ergab sich im ersten Teil meiner Arbeit aus der Warenanalyse als ein allgemeines Grundmerkmal der gesellschaftlichen Organisation in der kapitalistischen Warengesellschaft. Käufer und Verkäufer sind in komplementären Rollen aufeinander bezogen durch ein außer ihnen stehendes ökonomisches Gesetz. Arbeiter sind in der kapitalistischen Produktion nur aufeinander komplementär bezogen durch die fremde Macht des Kapitals bzw. der Maschinerie. Nicht-gemeinsame Komplementarität ist Ausdruck des über die Köpfe der Individuen hinweg stattfindenden Vergesellschaftungsprozesses (Kapitel II, 1). Dieser grundlegende Sachverhalt scheint mir in der Tat viel zu tun zu haben mit pseudogemeinschaftlichen Kommunikationsvorgängen. Aus den bisherigen Ausführungen ergibt sich ein kausaler Zusammenhang, den ich kurz in acht Gedankenschritten repetiere:

1) Aus der Warenanalyse ergibt sich das ökonomische Verhältnis der kapitalistischen Individuen als ein Verhältnis abstrakter Gesellschaftlichkeit.
2) Vermittelt ist diese abstrakte Gesellschaftlichkeit (= nicht-gemeinsame Komplementarität) durch Ware, Geld, Kapital, Wertgesetz.
3) Indem sich die Individuen unter dem Diktat dieser dinghaften Mächte als Charaktermasken begegnen, verkörpern sie wechselseitig füreinander die gesellschaftliche Macht. Das Entfremdungsverhältnis des Individuums zur Gesellschaft

75) Ich weite damit natürlich den Begriff der Pseudo-Gemeinschaft aus, beschränke ihn nicht mehr auf die Familie und auf schizophrenogene Extremformen der Kommunikation, sondern benutze ihn zur allgemeinen Charakterisierung der entfremdeten zwischenmenschlichen Beziehungen.

reproduziert sich damit im Verhältnis der Individuen zueinander.

4) Im Elternhaus wird dieses Entfremdungsverhältnis an die Kinder weitergegeben. Das Kind erfährt die entfremdete gesellschaftliche Macht in den Ge- und Verboten seiner Eltern. Durch die Über-Ich-Bildung verinnerlicht es diese Macht und in der Über-Ich-Projektion projiziert es sie sein ganzes Leben lang auf seine Mitmenschen.

5) Weil durch die Über-Ich permanent neurotische Angst aktualisiert wird, müssen angstabwehrende Kommunikationsstrategien entwickelt werden.

6) Infolge dieser Strategien wie auch infolge der Über-Ich-Projektion bleibt der Zugang zum anderen als konkreter Person versperrt. Die Individuen sind psychisch isoliert voneinander.

7) Wenn sich auf diesen psychischen Isolierungsverhältnissen eine Gemeinschaft aufbaut, halte ich es grundsätzlich für angemessen, sie als Pseudogemeinschaft zu bezeichnen. Ich stimme trotzdem der von den Autoren gegebenen Definition der Pseudogemeinschaft voll zu, nur meine ich, daß sie – unter den Bedingungen kapitalistischer Produktionsverhältnisse – grundsätzlich auf die zwischenmenschlichen Beziehungen der einander entfremdeten Individuen zutrifft.

Dieselben Überlegungen gelten im Prinzip – auch mit derselben Begründung – für diejenigen Beziehungen, die von den Schizophrenie- und Familienforschern als „double bind" bezeichnet werden. Auch sie sind ein Ausdruck bzw. ein Teil der kapitalistischen Produktionsverhältnisse und als solcher typisch für die zwischenmenschlichen Beziehungen der kapitalistischen Individuen überhaupt. Die vom double bind geprägte Zweier-Beziehung wird von J. H. Weakland folgendermaßen charakterisiert (Weakland, 222):

„Die allgemeinen Merkmale dieser Situation sind folgende:
1. Das Individuum ist in eine intensive Beziehung verstrickt; das heißt in eine Beziehung, in der es ihm als lebenswichtig erscheint, ganz genau zu unterscheiden, welche Art von Botschaften ihm übermittelt wird, damit es entsprechend reagieren kann.
2. Das Individuum ist in einer Situation gefangen, in der die andere Person in der Beziehung zwei Arten von Botschaften ausdrückt, von denen die eine die andere aufhebt.

3. Und das Individuum ist nicht in der Lage, sich mit den ausgedrückten Botschaften kritisch auseinanderzusetzen, um seine Entscheidung, auf welche Botschaft es reagieren soll, zu korrigieren, d. h. es kann keine metakommunikative Feststellung treffen."

Es scheint mir naheliegend, diese drei Punkte im Sinne meines theoretischen Ansatzes so zu interpretieren:

1. Es ist deshalb für das Individuum so lebenswichtig, die Botschaft richtig zu interpretieren, weil es sonst von der ganzen Strafgewalt der im anderen verkörperten elterlichen und gesellschaftlichen Macht getroffen wird (besonders deutlich in der Beziehung des Kindes zu den Eltern).

2. Die andere Person drückt deshalb zwei Arten von Botschaften aus, weil sie selbst im Widerspruch von Es und Über-Ich, Person und Charaktermaske gefangen ist.

3. Das Individuum ist deshalb nicht in der Lage, sich mit den ausgedrückten Botschaften kritisch auseinanderzusetzen, weil sein Verhalten unter der Steuerung von verdrängten Impulsen und Über-Ich weitgehend zwanghaft verläuft. Die aus dem Widerspruch von Charaktermaske und Person resultierende Angst läßt nicht mehr viel steuernde Reflexion und Flexibilität zu.

Infolge der das ganze Leben durchziehenden unbewußten Dynamik von Projektion und Angst gelten alle drei Bedingungen des double bind grundsätzlich – natürlich mehr oder weniger stark ausgeprägt – für die zwischenmenschlichen Beziehungen der kapitalistischen Gesellschaft. Falls das so ist, halte ich es für problematisch, nur dem Teil der entfremdeten Beziehungen, der auffällig vom „normalen" Durchschnitt abweicht, die pathologischen Bezeichnungen „double bind" und „Pseudogemeinschaft" zu geben. Damit fiele der pathologische Charakter der übrigen Beziehungen, die landläufig als „normal" und „gesund" angesehen werden, wieder unter den Tisch – was sicher nicht im Sinne der Autoren wäre.

4. *Die Beziehung zwischen Arzt und Patient*

Sartre berichtet uns folgende Geschichte (76):

Der Patient A war vierzehn Jahre lang erfolglos in psychoanalytischer Behandlung. Drei Jahre nach dem Abbruch der Behandlung besuchte er seinen Psychoanalytiker und führte mit ihm ein auf Tonband festgehaltenes Gespräch mit vertauschten Rollen: er analysiert jetzt den Analytiker und kehrt damit die Subjekt-Objekt-Beziehung um. Der Psychoanalytiker reagiert darauf mit panischer Angst.

„Die plötzliche Verwandlung des Dr. X, des Subjekts der Analyse, zum Objekt löst bei ihm eine Identitätskrise aus: wie soll er sich erkennen? Er empfindet die plötzliche Fremdheit, die Freudsche ‚Unheimlichkeit', und das ist der Grund des verzweifelten Widerstandes, den er A entgegensetzt: solange das Tonband läuft, spricht er nicht" (Sartre 2, 3).

A interpretiert dem Analytiker diese Weigerung als dessen eigene aus einer unbewältigten Vaterproblematik stammende Angst. Als alles Drängen des Doktors, doch endlich das Tonband auszuschalten, nichts hilft, reagiert er mit eindeutiger Vernichtungsangst. Obwohl er von A nicht körperlich bedroht wird, schreit er:

Zu Hilfe, Mörder, zu Hilfe, zu Hilfe, zu Hilfe!"

Es folgen dann weitere Hilfeschreie mit langem Heulen bis die Polizei kommt, die von den Leuten auf der Straße alarmiert worden ist.

Diese wahre Begebenheit ist in vielerlei Hinsicht äußerst interessant:

– Sie legt die unbewußte Vernichtungsangst des Analytikers bloß und zeigt damit die strukturelle Gleichheit der Psyche von Arzt und Patient.
– Sie zeigt, wie die psychologische Gleichheit mittels institutionalisierter Therapie hinter der institutionalisierten Ungleichheit versteckt wird: der Arzt steht in der Rolle des gesunden und des aktiven Subjekts, der Patient in der Rolle des kranken und des passiven Objekts.
– Sie zeigt, daß diese Subjekt-Objekt-Institutionalisierung für

76) Sartre: Der Narr mit dem Tonband oder die psychoanalysierte Psychoanalyse (siehe Lit.verz.).

den Arzt ein Instrument der Angstvermeidung ist; denn als der Patient die institutionalisierten Rollen der therapeutischen Kommunikation durchbricht, reagiert der Arzt mit derselben Angst, die er beim Patienten behandeln wollte. Sie stellt damit grundsätzlich ein therapeutisches Modell in Frage, in dem der Arzt seine „Gesundheit" dadurch rettet, daß er sich als behandelndes Subjekt einem be-handelten Objekt gegenüberstellt.

Das Beispiel von Sartre stammt aus der Psychoanalyse, aus einem Bereich also, in welchem die gegenseitige Rollenabgrenzung noch relativ durchlässig ist (77). Viel krasser finden wir das therapeutische Subjekt-Objekt-Verhältnis in der offiziellen Medizin und Psychiatrie. Die an ihrer allgemeinen entfremdeten Objektrolle erkrankten Patienten kommen in eine Anstalt, deren „therapeutische" Bemühungen gerade die wissenschaftliche und praktische Trennung des behandelnden Subjekts vom behandelten Objekt zur Grundlage haben. Das ohnehin isolierte Individuum wird nun als „Patient" auch offiziell aus der Gemeinschaft ausgesondert, und auf der Grundlage dieser Ex-Kommunikation soll es dann befähigt werden, wieder sinnvoll mit seinen Mitmenschen zu kommunizieren. Die Absurdität sticht ins Auge. Bürgerliche Therapie und besonders bürgerliche Psychiatrie ist die institutionalisierte Abspaltung der eigenen Krankheit von sich selbst und ihre Projektion auf den Patienten, der dadurch abgespalten wird von den „Gesunden"; sie ist die institutionalisierte Selbstentlastung des Arztes durch die Zementierung eines Kommunikationssystems, worin der Arzt als Subjekt dem Patienten gegenüber gesellschaftliche Macht repräsentiert. Der Patient ist dabei nicht nur der Privatmülleimer des Arztes, der Patient als Institution ist vielmehr der Mülleimer der ganzen Gesellschaft.

David Cooper befaßt sich intensiv mit diesen Zusammenhängen. Er bezeichnet das ärztliche Subjekt-Objekt-Verhältnis als Gewaltverhältnis und schreibt (Cooper, 31)

77) Alfred Lorenzer hat in seinem Buch „Sprachzerstörung und Rekonstruktion" den Versuch gemacht, zu zeigen, daß sie in einer richtigen Psychoanalyse sogar ganz wegfällt, jedenfalls dort, wo der Psychoanalytiker in einem „koinästhetischen" Verhältnis zum Patienten steht. Falls Lorenzers Interpretationen nicht überhaupt zu optimistisch sind, müssen wir vermuten, daß ihm die psychoanalytische Situation so viel Macht über den Patienten verleiht, daß er sich ein solches Verhältnis ab und zu leisten kann.

„Um zu verstehen, in welchem Sinne ich das Wort ‚Gewalt' hier gebrauche, müssen wir es als die zerstörende Wirkung der Freiheit einer Person auf die Freiheit einer anderen begreifen. Es ist keine direkte psychische Aggressivität, obwohl diese sich daraus ergeben mag. Die freie Handlung (oder Praxis) eines Menschen kann die Freiheit eines anderen zerstören oder sie zumindest durch Irreführung lähmen."

Unter diesem Gesichtspunkt können wir sagen, daß die institutionalisierte Therapie bei uns eine institutionalisierte Zerstörung der Freiheit des Patienten ist. Wir können weiterhin sagen (siehe Kapitel III), daß in der entfremdeten Gesellschaft jeder, nicht nur der Arzt, seine Macht und Freiheit dadurch zu verwirklichen trachtet, daß er die des anderen zerstört (78). Die zwischenmenschliche Struktur der Klinik ist nur der institutionalisierte Ausdruck der allgemeinen Beziehungsstruktur, worin entfremdete Menschen miteinander verkehren. Bei diesen Strukturen und Prozessen handelt es sich psychologisch um allgemeine Formen der Angstabwehr, philosophisch um zerstörte Dialektik und marxistisch um die permanente Reproduktion des aus der Verdinglichung (also aus der Warenproduktion) stammenden Entfremdungsverhältnisses zwischen Idividuum und Gesellschaft innerhalb der zwischenmenschlichen Beziehungen. – Für diese Reproduktion soll der nächste Abschnitt ein weiteres Beispiel bringen.

5. *Das wissenschaftliche Gespräch*

Eine Gruppe sitzt zusammen und spricht über ihre gruppeninternen persönlichen Konflikte. Ein Gruppenmitglied versucht in einem Diskussionsbeitrag, das eben Gesagte auf einen theore-

78) „Obwohl mit der fortschreitenden Industrialisierung der Spielraum für den einzelnen notwendigerweise laufend enger geworden war, klammerte man sich in den bürgerlichen Schichten noch immer an den Traum von der Möglichkeit einer allmächtigen Entfaltung des Individuums. Natürlich befand sich dieser Traum bereits in einem unaufhebbaren Widerspruch zu dem Druck, der sich immer mehr verschärfenden Konkurrenz in der gesellschaftlichen Realität. Die freie Selbstentfaltung des einen verlangte die kompensatorische Unterdrückung des anderen. Die jeweils Mächtigeren mußten versuchen, die Schwächeren in Schach zu halten, um sich mit deren Hilfe nach wie vor den Traum einer omnipotenten Selbstentfaltung gestatten bzw. erfüllen zu können" (Richter, 20).
Die revolutionäre Linke sollte sich ihr eigenes zwischenmenschliches Klima einmal daraufhin betrachten!

tischen Begriff zu bringen, um es zu erklären. Nehmen wir an, sein Beitrag sei richtig und außerdem von der Sprache her verständlich. Trotzdem reagieren die anderen teils mit Angst, teils mit Aggressionen. Der psychologischen Beobachtung fällt sofort auf, daß es sich hierbei um neurotische Reaktionen im Zusammenhang mit Über-Ich-Projektionen handelt. Warum konnte ein theoretischer Beitrag solche unbewußten Prozesse auslösen? Warum bewirkte der Beitrag nicht im Gegenteil eine allgemeine Solidarisierung? Von seinem Inhalt her hätte er dies tun können, denn eine theoretische Aussage über persönliche Probleme ist immer eine verallgemeinernde Aussage; das Allgemeine aber ist das, was allen gemein ist, also das, worin sich im Grunde alle wiederfinden könnten. Warum hatte der theoretische Beitrag trotz dieses verbindenden Inhalts keine verbindende, sondern eine zerstörende Wirkung?

Wir können – auch wenn wir einmal ganz von der Person des Diskussionsredners absehen – diese Frage natürlich nicht voll beantworten, aber wir können aufgrund der früheren Ausführungen doch folgendes feststellen:

Indem der Diskussionsredner wissenschaftliche Theorie zuhilfe nahm, repräsentierte er für die anderen entfremdete gesellschaftliche Macht, denn Wissenschaft ist in der kapitalistischen Gesellschaft das Produkt entfremdeter gesellschaftlicher Arbeit und entfremdeter gesellschaftlicher Erfahrung – und als solches selbst eine entfremdete Macht. *Der gesellschaftliche Inhalt des wissenschaftlichen Beitrags kann von den anderen nicht als konkret gesellschaftlicher, also gemeinsamer und sie verbindender Inhalt wahrgenommen werden, weil die Vergesellschaftung der Menschen in der kapitalistischen Warengesellschaft nicht ihre eigene gemeinsame Tat ist, sondern ein entfremdeter, hinter ihrem Rücken ablaufender Vorgang, der die einzelnen als isolierte Individuen zurückläßt. Die anderen Gruppenmitglieder konnten deshalb die Erfahrung einer konkreten und sie menschlich verbindenden Gesellschaftlichkeit und Allgemeinheit gar nicht machen, konnten deshalb auch nicht in der Allgemeinheit des theoretischen Beitrags ihre konkret menschliche Allgemeinheit und Gemeinsamkeit erkennen.* Es geht ihnen gegenüber der wissenschaftlichen Theorie ähnlich wie den Arbeitern gegenüber dem Kapital: sie haben ihr Gemeinsames als entfremdete Macht außer sich. Die Allgemeinheit der Theorie ist entfremdete Allgemeinheit, und derjenige, der die Theorie formuliert, ist Repräsentant dieser entfremdeten Allgemeinheit. Entfremdete Allgemeinheit aber ist entfremdete gesellschaftliche Macht. Entfremdete gesellschaftliche Macht ist internalisiert im Über-Ich. Durch ihre äußere Repräsentation in dem Diskussionsredner provoziert sie die Gruppenmitglieder zur Über-Ich-Projektion.

Würden wir solche Gedankengänge konsequent immer weitertreiben, so würden wir unser Bewußtsein auf eine Reise schicken, auf der wir selbst in einen psychoseähnlichen Zustand geraten könnten. Verwirrend jedenfalls und doch klar muß es auch für jenes Gruppenmitglied gewesen sein, das bei einem wissenschaftlichen Gespräch auf einer ähnlichen Gruppensitzung in starker Erregung folgende Verbalkonstruktion lieferte:

„Ich glaube, daß wir uns etwas Allgemeines nur konkret beweisen lassen können; daß wir uns nur Konkretes oder Allgemeines konkret und allgemein beweisen und zeigen lassen können wollen, wenn wir uns nur als Menschen konkret und allgemein auf uns gegeneinander als gleichzeitig konkrete und allgemeine aufeinander ein- und zugehen" (zitiert nach der Tonbandaufnahme).

Der zentrale Sinn dieser Aussage liegt darin, daß wir unsere zwischenmenschliche Entfremdung überwinden müssen, wenn wir die Wissenschaft als unser gemeinsames Werkzeug gebrauchen wollen. Andernfalls verfügt nicht der Mensch über die Wissenschaft, sondern die Wissenschaft als entfremdete Macht über den Menschen, und dies eben deshalb, weil das Gemeinsame, das die Wissenschaft reflektiert, nicht eine konkret erfahrene Gemeinsamkeit widerspiegelt (gemeint ist mit „Wissenschaft" immer die Sozialwissenschaft).

Betrachten wir die wissenschaftlichen Diskussionen im etablierten Wissenschaftsbetrieb, aber auch in linken Studentengruppen, so zeigt sich sofort, daß die aus der Entfremdung der Wissenschaft resultierende wissenschaftliche Macht tatsächlich für die Bestreitung persönlicher Macht- und Konkurrenzkämpfe eingesetzt wird. Wissenschaft als Machtmittel ist die logische Konsequenz zwischenmenschlicher Entfremdung. Gleichzeitig vertieft sie die Entfremdung, indem sie den einzelnen mit der gesellschaftlichen Macht des besseren Theoretikers konfrontiert und ihn die eigene Ohnmacht fühlen läßt. Auch hier gilt also, was ich vorhin am Beispiel der institutionalisierten Therapie gesagt habe: Jeder verwirklicht seine Macht und Freiheit dadurch, daß er sich selbst die gesellschaftliche Macht aneignet (der Arzt durch den weißen Mantel, der Großgenosse in der politischen Gruppe durch die Theorie) und damit die Freiheit und Macht des anderen zerstört. Gelingt ihm dies, so belohnt ihn die bürgerliche Terminologie mit den Prädikaten „ichstark", „souverän", „autonom", „gesund" und „erfolgreich". Wie vorhin beim Arzt-Patient-Verhältnis handelt es sich auch hier um eine gesellschaftlich anerkannte Angstabwehrstrategie, die nur dadurch erfolgreich ist, daß der andere um so mehr Angst bekommen hat. Es geschieht dies nicht bewußt und mit bösem Willen, sondern als Verhaltensmechanismus, der mit so blinder Automatik abläuft und sich schon so tief in die institutionelle Struktur unserer Gesellschaft eingekerbt hat, als gehöre er zur ewigen Natur des Menschen. Mit Klaus Horn können wir ihn bezeichen als

„versteinerten Niederschlag von gesellschaftlichen und familiären Gewaltverhältnissen, welcher das Verhalten eines einzelnen so naturhaft von innen heraus bestimmt, wie das Klassenverhältnis es von außen tut" (Horn 2, 117).

6. Die zerstörte Dialektik von Peter und Paul

„In gewisser Weise geht's dem Menschen wie der Ware. Da er weder mit einem Spiegel auf die Welt kommt, noch als Fichtescher Philosoph: Ich bin ich, bespiegelt sich der Mensch zuerst nur in einem andren Menschen. Erst durch die Beziehung auf den Menschen Paul als seinesgleichen, bezieht sich der Mensch Peter auf sich selbst als Mensch. Damit gilt ihm aber auch der Paul mit Haut und Haaren, in seiner paulinischen Leiblichkeit, als Erscheinungsform des Genus Mensch" (Marx 6, 67 Fußnote).

Diese von Marx formulierte Dialektik der Beziehung zum anderen und zu sich selbst mag von einem Psychologen ignoriert werden, weil sie mit seinen „wissenschaftlichen" Begriffen nicht gefaßt werden kann. Wer sie dennoch akzeptiert, sieht, daß sie unter den Bedingungen kapitalistischer Produktionsverhältnisse und der in ihnen ablaufenden psychischen Mechanismen fundamental gestört ist. Das durch Triebverdrängung und Über-Ich-Projektion psychisch vermittelte Entfremdungsverhältnis zwischen den Menschen läßt die Beziehung von Peter zu Paul als seinesgleichen in der Regel nicht zu. Wo der Andere grundsätzlich als (latenter oder manifester) Konkurrent und Richter erscheint, werden unbewußte Abwehr- und Sperrmechanismen den Kontakt zu ihm blockieren und die Erfahrung konkreter Gemeinsamkeit mit ihm verhindern. Die Beispiele des Arzt-Patient-Verhältnisses und des wissenschaftlichen Gesprächs zeigen sehr deutlich, daß es unter diesen Bedingungen nicht möglich ist, die dialektische Gegenseitigkeit zu bewahren. In diesen „undialektischen“ Verkehrsformen haben wir nicht nur das Produkt, sondern auch die permanente Reproduktion gesellschaftlicher Gewalt zu sehen. Diese Gewalt ist zwar psychologisch noch nicht beschreibbar, ist aber genauso real und auf die Dauer genauso brutal wie die einer offenen sozialen Ächtung. Deshalb schreibt Laing (Laing, 17):

> „Die schlimmste Gewalt von allen ist allerdings die gegenseitige Leugnung der Gegenseitigkeit, die Erzeugung eines unterkühlten, undialektischen Zustandes der Erstarrung sowohl durch den Patienten, der Kommunikation ablehnt, als auch durch den Psychiater, der diese Ablehnung obendrein als Unfähigkeit abstempelt.“

Wir können heute wissenschaftlich noch nicht formulieren, was es bedeutet, sich auf den Anderen als seinesgleichen zu beziehen. Die bürgerliche Sozialwissenschaft kennt ja wegen ihrer grundsätzlichen Subjekt-Objekt-Trennung derlei Dinge nicht. Jeder aber, der in einer besonders angstfreien Situation eine solche Beziehung einmal erlebt hat, weiß, daß sie etwas qualitativ ganz und gar Neues ist, das sich von allen gewohnten Beziehungsqualitäten unterscheidet: die Trennung zwischen mir und dem Anderen ist aufgehoben, ich habe vor ihm keine Angst mehr, die Doppelbödigkeit der Beziehung ist beseitigt, ich erlebe bei mir eine klare Identität, die durch keine Abwehrzwänge und kein Tauschverhältnis mehr zerrissen ist. Solche Solidaritätserlebnisse versetzen uns in die Lage, das Ausmaß der Trennung, der Zerstörung zwischen mir und dem Anderen richtig einzuschätzen. Sie sind wichtige Alternativerlebnisse, nicht nur weil sie uns einen Maßstab geben zur Kritik der momentan gegebenen Verhältnisse, sondern weil wir in ihnen antizipatorisch die Realität der Utopie, an der wir das Bestehende messen, erfahren können.

Dialektik beruht auf der Identität von Gegensätzen. Die Dialektik der Beziehung zwischen mir und dem Anderen beruht darauf, daß der Andere mir zwar als wirklich anderer entgegengesetzt ist, daß wir aber trotzdem eine Einheit bilden, so daß sich jeder von uns im anderen wiederfinden kann. Jeder bewahrt dabei (genauer: erhält dadurch erst) seine eigene Identität. Unsere Einheit ist also nicht das Ergebnis einer regressiven Identifizierung, auch nicht eine archaische „union mystique“ (C. G. Jung). – Das unausrottbare Bedürfnis, diese Einheit trotz aller gewaltsamen Trennung herzustellen, führt allerdings häufig zu regressiven Formen zwischenmenschlicher Vereinigung, die – im Gegensatz zur eben beschriebenen kommunistischen Form zwischenmenschlicher Einheit – weitgehend mit tiefenpsychologischen Begriffen beschreibbar sind. Die regressive Vereinigung besteht in der Regel darin, daß das eigene Ich aufgegeben wird (z. B. bei einer kollektiven Identifizierung mit einem Führer, einem Symbol, einer Idee; vgl. Freuds Ausführungen zur Massenpsychologie) oder darin, daß das Ich des anderen vernichtet wird. Ein Beispiel dafür wäre der Sexualmord (79).

79) Sexualmord als perverser Ausdruck eines regressiven Vereinigungswunsches – dies ist natürlich eine gewagte Behauptung. Ich will versuchen, sie kurz zu begründen.
Freud sieht im sexualsadistischen Vernichtungswunsch u. a. ein Überbleibsel prägenitaler Aggressionen, die er interpretiert als das Bestreben des Kindes, die Trennung zwischen sich und dem Liebesobjekt (Mutter) dadurch zu beseitigen, daß es sich das Liebesobjekt einverleibt und damit dessen eigene, fremde Existenz aufhebt. Interessant in diesem Zusammenhang verschiedene Bräuche, Riten, Mythen primitiver Völker, beispielsweise die Verspeisung des sterbenden Vaters oder die Einverleibung der Kraft des Gegners, indem man ihn auffrißt. Es gibt auch beim kultivierten Abendländer emotionale Assoziationen zum Geschlechtsverkehr, die in dieselbe Richtung weisen, etwa: „Hineinbeißen und alles vergessen“, aufreißen und hineinkriechen“, „an mich drücken und zerquetschen“, „ich könnte dich fressen“, „friß mich doch!“ Zumindest ein gedämpfter Sadismus bzw. Masochismus gelten auch bei uns als durchaus normale Komponenten des erwachsenen Sexualverhaltens. Sadismus wäre demnach zum guten Teil eine Reaktion auf die Trennung, die nun auf infantilarchaische Weise überwunden werden soll. Das unterdrückte Bedürfnis nach Vereinigung bricht sich gewaltsam Bahn und überrennt die konventionellen Schranken der Angst, hinter denen der einzelne isoliert bleibt. Freud sagt von den Perversionen (Freud 1, 38): „Die Allgewalt der Liebe zeigt sich vielleicht nirgends stärker als in diesen ihren Verirrungen.“ Sexualsadismus wäre gleichzeitig eine Erscheinungsform der zwischenmenschlichen Entfremdung und eine Rebellion gegen diese Entfremdung.
In Freuds Triebtheorie finden wir den Umschlag einer aktiven Triebregung in eine passive und umgekehrt. Aufgrund dieses Triebdualismus können wir vermuten, daß der Sexualmörder die aktive Vernichtung gleichzeitig als eine Art eigenen Vernichtet-werdens erlebt oder wenigstens als eine Art Selbstauflösung, bei der die hinter den Angstmauern zurückgestauten Energien plötzlich die Grenzen seines Ichs überrennen (die Angst des Sexualmörders sowie der in ihm lebendige Dualismus von Vernichten und Vernichtet-werden wird von dem amerikanischen Psychoanalytiker und Kriminologen Karpman betont in seinem Aufsatz „The sexual offender and his offenses“, wo er u. a. schreibt (Übersetzung von mir): „Das abnorme Bild des Sadismus spiegelt innere Span-

Die zerstörte Dialektik von Peter und Paul ist nicht oder nur in Ausnahmefällen zu reparieren durch gemeinsame Gespräche, Gruppentherapien oder Drogen; das wäre tatsächlich ein oberflächlicher Ansatz, der die Basis der menschlichen Beziehungen, nämlich die gemeinsame Arbeit und die mit ihr verbundenen sozioökonomischen Verkehrsweisen, außer acht läßt. Das Problem der Emanzipation ist nicht zu lösen vom Problem der Arbeit. Die Dialektik von Peter und Paul ist vermittelt durch ihre „gegenständlichen Tätigkeiten", wodurch sie sich erst als „Gattungswesen" begreifen können. Grundlage der wirklichen mitmenschlichen Gemeinschaft, in der die Trennung zwischen mir und dem anderen aufgehoben ist, ist daher die nicht-entfremdete kollektive Arbeit. Das nächste Kapitel wird sich mit diesem Problem ausführlicher befassen.

nung und Angst wider, für die die Handlung Erleichterung bringen soll. Der Sadist erleichtert sich von der Angst, indem er einem anderen das antut, von dem er Angst hat, daß es ihm angetan würde,"). Diese Selbstauflösung findet ihren körperlichen Ausdruck im Orgasmus. Die Tendenz zur Selbstauflösung schien für Freud ein so auffälliges Merkmal unseres Trieblebens zu sein, daß er dafür den Begriff des „Todestriebes" einführte (dessen unkritische Universalisierung und spätere Revision uns hier nicht zu interessieren braucht). Todestrieb ist das Bestreben, die aus dem Zustand des Getrenntseins resultierende unlustvolle Spannung abzubauen, indem man die Trennung auf regressiv-archaische Weise überwindet. „Tod" scheint hier eine prägenitale Urform der Vereinigung zu sein. Wo immer das Vereinigungsbedürfnis (also die Liebe) an der gewaltsamen Trennung scheitert, wird es zurückgeworfen auf dieses archaische Stadium des Todestriebes.

Die gewaltsame Trennung ist im modernen Kapitalismus gesellschaftlich durchorganisiert bis in die persönlichen Beziehungen hinein. Die für den Sexualmörder geltenden unbewußten Vorgänge gelten deshalb tendenziell auch für das Triebleben der „normalen" Menschen. Was beim Sexualmörder explosiv zum Ausbruch kommt, bleibt bei ihnen neurotisch unterdrückt. Die Neurose – lehrt uns Freud – ist das „Negativ der Perversion" (Freud 1, 41).

Dritter Teil
Emanzipation

VI Einige Aspekte eines marxistischen Emanzipationsbegriffs (80)

1. Gegen die Resignation

Eine so umfangreiche Darstellung der zwischenmenschlichen Verkrüppelung, ihrer ständigen Produktion und Reproduktion sowie ihrer untilgbaren Notwendigkeit innerhalb des Systems, in dem wir leben, mag auf den, der sie ernstnimmt, resignierend wirken. Resignation ist ein Zustand ohne Hoffnung. Ausdruck einer ausweglosen Verstrickung, auf die keine *tätige* Antwort mehr gefunden werden kann. Tatsächlich zeigte und zeigt sich immer wieder – vor allem bei studentischen Gruppen –, daß die intensive Beschäftigung mit ihren eigenen persönlichen Konflikten sie nicht aus der Resignation hinaus, sondern tiefer in sie

80) Ich habe in dieses Kapitel einige Passagen meines Buches „Angst im Kapitalismus" übernommen.

hineinführt. Der Protest gegen die gesellschaftliche Barbarei, der sich anfänglich in radikalen Aktionen äußerte, ist stellenweise einer radikalen Resignation gewichen, in der keine Möglichkeiten einer sinnvollen politischen Arbeit mehr gesehen werden.

Ob ich Hoffnung habe oder nicht, ist keineswegs nur eine Frage meiner charakterlichen Disposition, meines subjektiven Optimismus oder Pessimismus, sondern weitgehend auch eine Frage einer richtigen oder falschen Theorie. Politische Resignation ist möglicherweise eine Folge falscher Theorie. Die antiautoritäre Bewegung und ihre Zerbröckelung haben dies m. E. deutlich gezeigt. Ihr theoretisches Rüstzeug wies einige Lücken und Fehler auf, die die Resignation vieler Genossen zumindest begünstigten. Ich denke dabei hauptsächlich an drei Punkte:

Erstens ist die marxistische Ökonomie nur wenig in das Bewußtsein dieser Bewegung eingegangen; aber gerade sie liefert einen wichtigen Beitrag zur Emanzipationsfrage, indem sie aufzeigt, daß der kapitalistische Produktionsprozeß selbst ein tendenziell revolutionärer Prozeß ist, daß also die Emanzipation des Menschen zumindest als reale Chance in den objektiven Entwicklungstendenzen dieser Gesellschaft angelegt ist.

Zweitens bot die mangelnde Sensibilisierung für die widersprüchliche Dialektik von progressiven und reaktionären Momenten in der eigenen Lebenssituation kaum die Möglichkeit, in den psychischen Konflikten, unter denen man litt, noch ein progressives Moment zu erkennen. Auch die Einsicht in die gesellschaftliche Bedingtheit dieser Konflikte konnte langfristig nicht viel weiterhelfen, weil diese Bedingtheit oft im Sinne eines mechanistischen Determinismus interpretiert wurde: „Wir sind alle Produkt der Gesellschaft." Dafür, daß wir gleichzeitig ihre Produzenten sind und daß dieses aktive, vorwärtstreibende Moment trotz aller Verkrüppelung ein wesentlicher Teil unserer Psyche ist, bot das rebellische und oft bloß antithetisch negierende Bewußtsein zu wenig Raum. So wurde die Entfremdung häufig als eine geschlossene Totalität wahrgenommen, aus der es nur einen anarchistischen Ausbruch gab oder gar keinen. Das mangelnde Verständnis für die progressiven Tendenzen der kapitalistischen Gesellschaft und für den Subjektcharakter des Menschen, der ihm trotz aller Entfremdung geblieben ist, und die daraus resultierende undialektische Interpretation des Widerspruchs von Individuum und Gesellschaft führte den einzelnen dazu, sich gegen die Gesellschaft zu stellen, sie abstrakt zu verneinen, statt in sie hineinzugehen, nach ihren Gesetzen gegen ihre Gesetze zu arbeiten und so an der dialektischen Aufhebung ihrer Widersprüche mitzuwirken. Es ist genau diese Position der abstrakten Negation, die Lenin als „kleinbürgerlichen Revolutionarismus“ bezeichnet hat, weil sie nur in der subjektiven Situation des Individuums und nicht auch in den objektiven Bewegungstendenzen der gesellschaftlichen Gesamtsituation verankert ist.

Drittens bot die vorwiegend psychoanalytische Betrachtung individueller und zwischenmenschlicher Phänomene kaum die Möglichkeit, den emanzipatorischen Wert von tendenziell nicht-entfremdeter Arbeit zu verstehen. So konnte und kann heute noch in vielen Gruppen von Emanzipation gesprochen werden, ohne daß dabei an Arbeit auch nur gedacht wird. Psychisches wird dabei nicht auf Arbeit zurückgeführt, sondern Arbeit auf psychisches (indem beispielsweise intensives Arbeiten einzelner Genossen ausschließlich psychologisch interpretiert und denunziert wurde als Kompensation, Ersatzbefriedigung u. a.). In dieser fehlenden Sensibilität für die emanzipatorische Funktion der Arbeit zeigt sich sehr deutlich der idealistische Zug der Psychoanalyse und der sich an ihr orientierenden Befreiungsversuche. Wenn wir die Psychoanalyse für die marxistische Emanzipationsdebatte retten wollen, wenn wir verhindern wollen, daß sie immer wieder einem bornierten antipsychologischen Dogmatismus zum Opfer fällt, müssen wir sie in ihrer idealistischen Beschränktheit erkennen und sie in den marxistischen Rahmen stellen, der diese Beschränktheit überwindet bzw. korrigiert.

Um solche Fehler und die mit ihnen verbundene Resignationsgefahr zu vermeiden, scheint es mir notwendig, einen marxistischen Emanzipationsbegriff zu entwickeln, welcher Individuum und Gesellschaft in wirklich dialektischer Weise miteinander verbindet und das Individuum als tätiges Subjekt der Gesellschaft zur Grundlage hat. In den folgenden Abschnitten will ich – unter Berücksichtigung der drei eben kritisierten Punkte – einige Gedanken zu einem derartigen Emanzipationsbegriff zusammentragen.

2. *Die progressive Seite der Angst*

a) Angst als Ausdruck von Verweigerung und Rebellion

Die neurotische zwischenmenschliche Angst ist Ausdruck eines ungelösten Konflikts, den wir auf verschiedenen Ebenen formulieren können: Auf gesellschaftstheoretischer Ebene ist es der Konflikt zwischen Lohnarbeit und Kapital, bedürftigem Individuum und gesellschaftlichem Gesetz; auf sozialpsychologischer Ebene der zwischen mir und dem Anderen, durch den das gesellschaftliche Gesetz verkörpert wird; auf individualpsychologischer Ebene ist es der Konflikt zwischen Triebregungen und verinnerlichtem gesellschaftlichem Gesetz (Über-Ich). Dieser auf allen Ebenen gleiche Widerspruch ist noch nach keiner Seite hin aufgelöst, sonst wäre die Angst nicht da. Die Angst signalisiert die Unfreiheit des Menschen, indem sie ihn der entfremdeten gesellschaftlichen Macht außen und innen unterworfen zeigt. Aber genauso signalisiert sie Freiheit, indem sie zeigt, daß die Unterwerfung auf individuelle Gegenkräfte stößt, die sich noch nicht integriert haben. In der Angst regt sich das Verbotene, die geheimen Wünsche und Bedürfnisse, der nicht-unterdrückte Mensch (81). Würden wir innerhalb dieser Gesellschaftsordnung aufhören, Angst zu haben, so hätte das Kapital endgültig über den Menschen gesiegt. So betrachtet, ergibt sich eine andere Bewertung der Angst, wir brauchen uns ihrer nicht mehr zu schämen. Zumindest in linken Gruppen, in denen man sich dieses Zusammenhangs bewußt ist, sollte es allmählich nicht mehr nötig sein, die Angst voreinander zu verstecken durch destruktive Kompensationsmanöver und Gewinnertricks. Dies reproduziert nur immer wieder aufs neue die psychische Konfliktsituation und schwächt außerdem die politische Schlagkraft der Gruppe. Stattdessen müßten wir dahin kommen, die Angst bei uns selbst und bei den anderen als etwas Selbstverständliches (in dieser Gesellschaft) zu akzeptieren. Wo aber die Angst wirklich akzeptiert wird, da baut sie sich von selbst ab, denn hier gilt der therapeutische Satz, daß man dort, wo man Angst haben darf,

81) Genau genommen gibt es in uns naturlich nichts, das nicht durch die gesellschaftliche Unterdrückung irgendwie deformiert wäre. Das Verbotene existiert in uns als infantil-chaotischer Triebherd. Aber allein dadurch, daß es so virulent existiert, zeigt es, daß die Unterdrückung nicht ganz und gar gelungen ist.

keine mehr hat (82).

Gesellschaftliche Unterdrückung erzeugt individuelle Aggressionen, die aber ihrerseits unterdrückt werden und dann als gefährliches Potential den unbewußten Konflikt mit der Gesellschaft weitertreiben. Je heftiger die Aggressionen, desto heftiger der Konflikt, desto lähmender die Angst. Aber Lähmung bedeutet nicht Ruhe und Zufriedenheit, sondern ist der Ausdruck einer im Gleichgewicht antagonistischer Kräfte gefesselten Dynamik. Gruppendynamische Erfahrungen, faschistische Progrome, politische Demonstrationen und Polizeiaktionen zeigen, daß diese gebannte Dynamik jederzeit entfesselt werden kann. Angst schlägt dann um in Aggressivität, Lähmung in Aufruhr. Die unterdrückte Rebellion wird frei und formiert sich – wenn sie richtig kanalisiert wird – zur revolutionären Kraft. Das ist die Chance, die durch die Angst signalisiert wird, und es ist nicht nur eine persönlich-emanzipatorische, sondern auch eine geschichtliche Aufgabe revolutionärer Gruppen, diese Chance zu nutzen, zeugt doch die in Angst erstickte Rebellion von einem Freiheitsanspruch, der aufgrund des historischen Entwicklungsstandes unserer gesellschaftlichen Produktivkräfte heute eingelöst werden könnte.

Wer seine eigene Angst in diesen Zusammenhängen begreift, wer weiß, daß sie nicht in erster Linie ein persönlicher Defekt ist, sondern ein gesellschaftlicher, daß sie nicht in erster Linie aus einem ungelösten Ödipuskonflikt resultiert, sondern aus der Herrschaft der brutalen und durch nichts mehr gerechtfertigten gesellschaftlichen Verhältnisse über den Menschen, dessen Verhältnis zur eigenen Angst wird sich gründlich ändern. Die Angst wird ein Motor seines neuen Bewußtseins und ein Motor

82) Hierauf beruht z. B. das therapeutische Prinzip der „paradoxen Intention" von Viktor Frankl. Allerdings handelt es sich dabei mehr um ein autosuggestives als ein wirklich überzeugtes inneres Akzeptieren.
Ich darf nur dort wirklich Angst haben, wo ich weiß, daß sich der andere in meiner Angst wiederfindet, ohne zu erschrecken. Ob der andere sich in meiner Angst wiederfindet, erkenne ich daran, wie er auf sie reagiert und über sie spricht. Reagiert er beispielsweise mit übermäßiger Anteilnahme und Besorgnis, so weiß ich, daß er mich nicht versteht, weil er seine eigene Angst noch nicht verstanden hat. Seine Anteilnahme ist dann „unecht", eine Reaktionsbildung auf seine unbewußte Abwehr. Nicht besser ist es in der Regel, wenn Gruppenmitglieder anfangen, die Angst psychologisch zu analysieren und den Betreffenden mit psychologischen Fachausdrücken zu benennen. Sie tun damit im Grunde etwas Ähnliches wie der Arzt in dem schon beschriebenen Arzt-Patient-Verhältnis mit dem Patienten und stoßen ihn nur tiefer in seine Isolierung, aus der es für ihn vielleicht kein Zurück mehr gibt.

seines Handelns. In seiner Angst erlebt er bewußt die kriminelle Gesellschaftsordnung. Sein Bewußtsein beweist ihm einen Weg, der Handlung ermöglicht, und bewahrt ihn davor, in die passive Subjektlosigkeit zurückzufallen.

b) Angst als Ausdruck des unterdrückten Gattungswesens

Angst, sagt Freud, sei eine Reaktion auf Trennung (83). Wir können das differenzieren: daß auf Trennung mit Angst reagiert wird, zeigt, daß gleichzeitig der Wunsch da ist, die Trennung aufzuheben (84). Dieser Wunsch kollidiert mit den gesellschaftlichen Mächten, welche die menschliche Vereinigung verhindern, und aus dieser Kollision entsteht die Angst. Angst zeugt also gleichzeitig vom Zustand der Trennung (Isolierung) und vom Bedürfnis, diesen Zustand zu überwinden. Was die Menschen in der kapitalistischen Gesellschaft voneinander trennt, läßt sich wie im vorigen Abschnitt auf verschiedenen Ebenen formulieren; auf der psychologischen Ebene ist es die Über-Ich-Projektion und die mit ihr verbundene Ex-Kommunikation eines Teils der eigenen Persönlichkeit aus Angst vor Bestrafung. Angst und zerstörte Kommunikation sind aber gleichermaßen unerträglich und rufen deshalb im Individuum Verhaltensmechanismen hervor, durch welche die Angst vermindert und die Trennung überwunden werden soll. Die Mechanismen der Angstabwehr und die der Trennungsüberwindung sind dabei weitgehend identisch, denn Angstabwehr bedeutet im allgemeinen, daß das Individuum sein Verhalten darauf abzielt, von den anderen akzeptiert und aufgenommen zu werden. Wir können

83) Freud: „Wir haben vorhin die Entwicklungslinie verfolgt, welche diese erste Gefahrsituation und Angstbedingung mit allen späteren verbindet, und dabei gesehen, daß sie alle etwas Gemeinsames bewahren, indem sie alle in gewissem Sinne eine Trennung von der Mutter bedeuten, zuerst nur in biologischer Hinsicht, dann im Sinne eines direkten Objektverlustes und später eines durch indirekte Wege vermittelten" (Freud 3, 290).
Diese angsterzeugende Trennungsproblematik bleibt natürlich nicht auf das Mutter-Kind-Verhältnis beschränkt. Aufgrund der auf Trennung basierenden Gesellschaftsstruktur (Kapitel II) und der durch diese Struktur dauernd reaktivierten frühkindlichen Trennungsproblematik finden wir sie überall dort, wo Menschen sich sympathisch sind, aber wegen der inneren und äußeren Strafgewalt keine *Grenzüberschreitung* riskieren können.

84) Ganz deutlich am Beispiel der Sexualität. Der Sexualtrieb – in welcher Perversion auch immer – ist eine der mächtigsten Kräfte, die auf die Überwindung der Isolierung abzielen. Siehe dazu die Fußnote über Sexualsadismus in Kapitel V, 6.

die Angst als einen Motor bezeichnen, der alle möglichen Verhaltensregister in Bewegung bringt, um die Kluft zu überbrücken. Auch hierin hat die Angst ihre progressive Seite. Sie wirkt als innere Produktivkraft, indem sie das Individuum zu den größten Anstrengungen anspornt, die bedrohliche Trennung zu den anderen zu überwinden. Wer beispielsweise durch Imponierverhalten den Kontakt zu den anderen aufrechtzuerhalten sucht, entfaltet dabei enorme psychische Kräfte, produziert dies und jenes, trainiert seine Fähigkeiten und „verwirklicht" sich mit soviel Kraft, daß den anderen für ihre eigene Selbstverwirklichung kein Raum und kein Atem mehr bleibt. Auch das Ziel dieser energievollen Bewegung ist im Grunde progressiv, sofern es in der Überwindung der Trennung besteht. Aber alles vollzieht sich in der entfremdeten Form der Selbstverwertung (Kapitel III) und der Charaktermaske. Die wirkliche Aufhebung der Trennung kann deshalb nicht gelingen, die „Pseudogemeinschaft" (V, 3) zeigt dies ganz deutlich. Alle Versuche, die individuelle Isolierung abzubauen und der Angst zu entkommen, entzünden den Widerspruch zwischen den Individuen nur aufs neue. Das Entfremdungsverhältnis der Menschen untereinander ist widersprüchlich, und der Widerspruch findet sich in allen Momenten dieses Verhältnisses wieder. Die individuelle Aktion, die den Widerspruch aufheben soll, erzeugt bzw. reproduziert ihn gerade. Diese ganze Widersprüchlichkeit ist festgehalten in der Charaktermaske. Als Charaktermasken sind sich die Menschen fremd, aber als Charaktermasken haben sie auch Kontakt zueinander. Drastischer: Indem sie sich fremd bleiben, haben sie Kontakt zueinander, und indem sie Kontakt zueinander haben, bleiben sie sich fremd. Die Charaktermaske bedingt gleichermaßen ihre Trennung wie ihre Verbindung. In der Charaktermaske kreuzt und widerstreitet sich ihr Gattungswesen auf zwei verschiedenen Ebenen: einmal als die entfremdete gesellschaftliche Macht (die sie von außen als Charaktermasken aufeinander bezieht) und zum anderen als ihre eigene gesellschaftliche, libidinöse Kraft (die sie von innen, aus dem eigenen Bedürfnis heraus aufeinander bezieht). Daß sie sich tatsächlich als Charaktermasken verhalten, zeugt vom einen genauso wie vom anderen. Denn sie würden sich nicht als Charaktermasken verhalten, wenn sie nicht durch gesellschaftliche Macht dazu gezwungen wären; sie würden sich aber auch nicht als Charaktermasken verhalten, wenn sie nicht den Wunsch hätten, Teil der menschlichen Gemeinschaft zu sein. Daß sie dies sein wollen, weist auf ihr eigenes Gattungswesen. Daß sie dies nur in der Form der Charaktermaske sein können, und deshalb gerade nicht wirklich sein können, weist auf das entfremdete Gattungswesen, das ihnen als fremdes gesellschaftliches Gesetz übergestülpt ist. Ihr eigenes Gattungswesen muß, wenn es zum Zuge kommen will, in die Charaktermaske schlüpfen und damit die Gestalt des entfremdeten Gattungswesens annehmen, welches das eigene Gattungswesen unterdrückt. Nehmen wir als Beispiel die Höflichkeit.

„Die progressive Seite der Höflichkeit ist der versteckte Wunsch nach Zärtlichkeit“,

schreibt mit Recht das Heidelberger SPK (85). Hier regt sich das eigene, auf Überwindung der Trennung hinwirkende Gattungswesen. Die reaktionäre Seite der Höflichkeit liegt in ihrer maskenhaften und normativen Form. Höflichkeit ist ein gesellschaftliches Gesetz; wer unhöflich ist, kriegt es zu spüren. Die entfremdete gesellschaftliche Macht hat die versteckte Zärtlichkeit umfunktioniert zur Maske. Was zärtlich die Verbindung sucht, dient jetzt gleichzeitig der Aufrechterhaltung gesellschaftlicher Gewalt. Deshalb schreibt das SPK weiter, und wieder mindestens teilweise zu recht:

„Die reaktionäre Seite ist die erzwungene Verschleierung der unmenschlichen Produktionsverhältnisse. Die Forderung nach Höflichkeit, wo es um die Entlarvung der kapitalistischen, krankmachenden Verhältnisse geht, gründet sich ganz auf der reaktionären Seite, auf dogmatischen Stillhalte-Strukturen.“

So sind immer beide Seiten des Gattungswesens in der Charaktermaske anwesend: die Macht des Kapitals als des entfremdeten Gattungswesens und das Bedürfnis des Individuums nach Verwirklichung seines eigenen libidinösen Gattungswesens. Sie decken sich und stehen doch im Widerspruch zueinander. Aus diesem Widerspruch kommt die Angst. Emanzipation wäre Aufhebung dieses Widerspruchs. Sie bestünde darin, daß die Individuen sich das entfremdete und im Kapital vergegenständlichte Gattungswesen wieder aneignen. Der kapitalistische Produktionsprozeß bereitet durch den sich verschärfenden Widerspruch

85) Sozialistisches Patientenkollektiv 1, 24.

von abstrakter und konkreter Vergesellschaftung (siehe nächsten Abschnitt) diese Entwicklung objektiv vor. Wenn die Angst nicht immer wieder vom Kapital beschlagnahmt werden soll, muß sie die immer funktionsloser werdende Kapitalhülle sprengen und so den Widerspruch des Gattungswesens aufheben. Sie kann dies nur, wenn sie sich mit revolutionärem Bewußtsein verbindet. Andernfalls flüchtet sie immer wieder in die Charaktermaske, in welcher der ganze Widerspruch als ständige Angstquelle fortbesteht. Die Angst, die nach menschlicher Gemeinschaft strebt, kann ihr Ziel radikal nur dann erreichen, wenn sie das Kapitalverhältnis als den zentralen Grund aller Trennungsverhältnisse auflöst. Sie löst damit sich selbst auf. Dies ist die politische Dimension der Angst.

3. Die im kapitalistischen Produktionsprozeß stattfindende tendenzielle Umwandlung der abstrakten (kapitalistischen) Gesellschaftlichkeit in die konkrete (sozialistische)

Nach den bisherigen Ausführungen haben wir nun eine ganze Reihe von formalen Definitionsmöglichkeiten für den Begriff der Emanzipation. Emanzipation ist z. B. die Aufhebung des Widerspruchs von Individuum und Gesellschaft, von eigenen und entfremdeten Gattungskräften oder – was dasselbe ist – die Aneignung der gesellschaftlichen Macht durch den Menschen oder – wieder dasselbe – die Umwandlung der kapitalistischen Form der Gesellschaftlichkeit in die sozialistische (siehe II, 1).

Wir haben jetzt zu untersuchen, ob der moderne kapitalistische Produktionsprozeß einige Momente eines derartigen Wandels sichtbar macht. Ich habe bereits auf die Kampfaktionen der Arbeiterklasse hingewiesen, welche zeigen, daß das Entfremdungsverhältnis der Arbeiter gegenüber der gesellschaftlichen Macht des Kapitals tendenziell umschlagen kann in eine kollektive Aneignung dieser Macht (II, 1 gegen Ende). Das Kapital ist ja das Produkt der vergesellschafteten Produktion, es ist also schon formal die Aufhebung der Vereinzelung, es ist Kollektivkraft (vgl. Marx 4, 483). Aber diese Kollektivkraft ist noch eine fremde Macht, denn die kombinierten Arbeiter haben ihre „seelenhafte Einheit“ noch außer sich.

Ich habe bei der Formulierung der kapitalistischen Subjekt-Objekt-Dialektik (I, 4 c) zu zeigen versucht, daß dieses Entfremdungsverhältnis zu ihrem eigenen Produkt und ihrer selbstgeschaffenen Macht nicht eindeutig ist. Es ist eben kein mechanistisches Verhältnis, sondern ein dialektisches, und als solches ist es potentiell umkehrbar. Friedrich Tomberg beschreibt bei seiner Rezeption der Entfremdungsproblematik in den „Grundrissen" die Dialektik dieses Entfremdungsverhältnisses folgendermaßen (Tomberg 200/201):

„Wo die interagierenden Individuen die fremde, sie beherrschende Macht hervorbringen, erzeugen sie damit auch die Gegenmacht, die mit ihr und durch sie groß wird und sie schließlich überwältigen muß. Denn diese fremde Macht, das ist ja nichts anderes als die eigene Macht der produzierenden Individuen. Die eigene Macht wird zur fremden und bleibt doch eigene Macht. Diesem Widerspruch ist nicht auszuweichen . . ."

Damit es nicht beim dialektischen Formalismus bleibt, müssen wir diese Gedankengänge etwas genauer betrachten. Die Gedankenreihe in den „Grundrissen" und in deren Rezeption bei Tomberg ist etwa folgende: Die Maschine ist die Vergegenständlichung der Kraft des gesellschaftlichen Hirns und der gesellschaftlichen Hand. Gemäß der materialistischen Auffassung ist das gesellschaftliche Hirn, also die Wissenschaft, die vereinigte Kraft der ganzen produzierenden Gesellschaft (und nicht etwa nur der Kopfarbeiter). Was den Arbeitern am Arbeitsplatz in der Maschine jeweils gegenübersteht, ist nicht nur ihre eigene ihnen entfremdete Macht des Kapitals, sondern jedes einzelne Arbeitskollektiv hat in dieser vergegenständlichten Wissenschaft das Gemeinwesen aller Arbeitenden vor sich. Die Wissenschaft aber wird immer mehr zur bestimmenden Kraft in der Produktion. Und jetzt kommt bei Tomberg die entscheidende, aber noch recht pauschale Behauptung (Tomberg, 203):

„Verwissenschaftlichte Produktion aber muß notwendig die einzelnen Arbeitskollektive übergreifen: Die Produktivkraft Wissenschaft erfordert für ihr Wachstum eine gesamtgesellschaftliche Organisation der produzierenden Individuen. Dieses Moment der Vergesellschaftung treibt den Widerspruch des Kapitals vollends auf die Spitze. Als ‚gesellschaftliche Individuen' (‚Grundrisse', 593) sind die kombinierten Arbeiter endlich in die Lage versetzt, ihre Produktion selbst regeln sowie die von ihnen hergestellten Produkte an sich als die Konsumenten selbst vermitteln zu können. Das Kapital ist damit als Vermittler entbehrlich geworden, als Parasit allein aber vermag es sich nicht mehr zu halten. Zumindest wäre der Diebstahl an fremder Arbeitszeit, wie Marx sarkastisch bemerkt, für diese neue, durch die große Industrie nach dem Willen des Kapitals selbst geschaffene Gesellschaft eine ‚miserable Grundlage' (‚Grundrisse', 593)."

Das entscheidende Argument für die Umwandlung der kapitalistischen Gesellschaftlichkeit in die sozialistische ist hier die mit der Verwissenschaftlichung der Produktion verbundene „gesamtgesellschaftliche Organisation der produzierenden Individuen“. Dieses Argument scheint mir wichtig und richtig; man denke an die im Konkurrenzsystem durch Methoden wie Aufkauf und Verschluß von Patenten, Geheimforschung und Schweigepflicht bewirkte Fesselung der Produktivkraft Wissenschaft! Aber dieses Argument müßte weiter ausgebaut werden, wenn es fundierter Bestandteil einer revolutionären Theorie werden soll.

Wie Tomberg behandelt auch Marx die Sache noch zu pauschal, wenn es darum geht, die revolutionären Folgen der Verwissenschaftlichung des Arbeitsprozesses aufzuzeigen. So schreibt er an der von Tomberg angedeuteten Stelle (Marx 4, 592/593):

„In dieser Umwandlung ist es weder die unmittelbare Arbeit, die der Mensch selbst verrichtet, noch die Zeit, die er arbeitet, sondern die Aneignung seiner eigenen allgemeinen Produktivkraft, sein Verständnis der Natur und die Beherrschung derselben durch sein Dasein als Gesellschaftskörper – in einem Wort die Entwicklung des gesellschaftlichen Individuums, die als der große Grundpfeiler der Produktion und des Reichtums erscheint. Der Diebstahl an fremder Arbeitszeit, worauf der jetzige Reichtum beruht, erscheint miserable Grundlage gegen diese neuentwickelte, durch die große Industrie selbst geschaffene.“

Diese Stelle muß wohl so interpretiert werden: Die Verwissenschaftlichung der Produktion macht den menschlichen Verstand („sein Verständnis der Natur“) zu einer immer wichtigeren Produktivkraft. Weil die Wissenschaft eine gesellschaftliche Kraft darstellt, wird sich das Individuum zum gesellschaftlichen Menschen entwickeln. Wissenschaft und Maschinerie werden also als wichtige Momente der Vergesellschaftung angesehen. Da sie immer intensiver in die Produktion eingreifen, wird sich der Widerspruch von privater Aneignung und gesellschaftlicher Produktion zuspitzen.

Aber auch ein zugespitzter Widerspruch bietet noch keine Garantie dafür, daß er sich eines Tages aufhebt. Hier bleiben m. E. Tomberg und Marx eine zwingende Antwort schuldig. Allerdings steckt in dem Marxschen Zitat ein neuer Gedanke, der vielleicht weiterführt. „In dieser Umwandlung“ – so heißt es da – „ist es weder die unmittelbare Arbeit, die der Mensch selbst verrichtet, noch die Zeit, die er arbeitet, die als der große Grundpfeiler der Produktion und des Reichtums erscheint." Damit könnte folgendes gemeint sein: Der Produktionsprozeß wird immer mehr durch gedankliche Arbeit bestimmt. Diese tritt aber weniger als unmittelbare Arbeit in Erscheinung, ihre Zeit ist nicht mehr eindeutig meßbar. Damit gerät das Wertgesetz und mit ihm das Grundprinzip der kapitalistischen Produktion ins Wanken (vgl. Habermans, 83 und Claus Rolshausen, 10–14). Marx bestätigt das in der Fortführung der vorhin zitierten Stelle:

„Sobald die Arbeit in unmittelbarer Form aufgehört hat, die große Quelle des Reichtums zu sein, hört und muß aufhören die Arbeitszeit sein Maß zu sein und daher der Tauschwert das Maß des Gebrauchswerts. Die Surplusarbeit der Masse hat aufgehört, Bedingung für die Entwicklung des allgemeinen Reichtums zu sein, ebenso wie die Nichtarbeit der wenigen für die Entwicklung der allgemeinen Mächte des menschlichen Kopfes. Damit bricht die auf dem Tauschwert ruhende Produktion zusammen . . . Das Kapital ist selbst der prozessierende Widerspruch dadurch, daß es die Arbeitszeit auf ein Minimum zu reduzieren stört (muß wahrscheinlich „sucht" heißen – D.D.), während es andererseits die Arbeitszeit als einzige Quelle und Maß des Reichtums setzt. Es vermindert daher die Arbeitszeit in der Form der notwendigen, um sie zu vermehren in der Form der überflüssigen; setzt daher die überflüssige in wachsendem Maß als Bedingung – question de vie et de mort – für die notwendige. Nach der einen Seite hin ruft es also alle Mächte der Wissenschaft und der Natur, wie der gesellschaftlichen Kombination und des gesellschaftlichen Verkehrs ins Leben, um die Schöpfung des Reichtums (relativ) unabhängig zu machen von der auf sie angewandten Arbeitszeit. Nach der anderen Seite will es diese so geschaffenen riesigen Gesellschaftskräfte messen an der Arbeitszeit, und sie einbannen in die Grenzen, die erheischt sind, um den schon geschaffenen Wert als Wert zu erhalten. Die Produktivkräfte und die gesellschaftlichen Beziehungen – beides verschiedene Seiten der Entwicklung des gesellschaftlichen Individuums – erscheinen dem Kapital nur als Mittel, um von seiner bornierten Grundlage aus zu produzieren. In fact aber sind sie die materiellen Bedingungen, um sie in die Luft zu sprengen."

Wir finden bei Marx viele ähnliche Stellen, aus denen sich der mit der Verwissenschaftlichung der Produktion gesetzte potentielle Umschlag der kapitalistischen Vergesellschaftung in die sozialistische, des atomisierten Individuums in ein gesellschaftliches ableiten ließe. Wir merken dabei, daß uns diese Gedanken noch nicht völlig befriedigen, weil sie noch nicht exakt genug fundiert und belegt sind. Umso wichtiger die Aufgabe der politischen Ökonomie, dies zu tun. Einen wichtigen Beitrag dazu hat m. E. der „Richta-Report" gebracht. In ihm haben 45 tschechische Sozialwissenschaftler den Versuch unternommen, die mit der wissenschaftlich-technischen Revolution zu erwartenden Veränderungen der menschlichen Arbeits- und Vergesellschaftungsformen in den kommenden Jahrzehnten aus den Marxschen Analysen abzuleiten und empirisch zu untermauern. Auch hier spielt der Gedanke der Umwandlung von abstrakter, kapitalistischer Gesellschaftlichkeit („Gemeinschaftlichkeit" heißt es da) in eine konkrete sozialistische eine wichtige Rolle. So lesen wir beispielsweise an einer Stelle (Richta-Report, 69):

„Das Kapital ist keine absolute Form für die Produktion von Reichtum, denn es operiert nur auf einem bestimmten Niveau von Gemeinschaftlichkeit – nämlich dem einer abstrakten, von einem Zwiespalt zerrissenen Gemeinschaft."

Der rapide Einzug wissenschaftlicher Arbeit in den Produktionsprozeß bildet auch im Richta-Report die entscheidende ökonomische Grundlage für den Umschlag dieses kapitalistischen Niveaus der Gemeinschaftlichkeit in ein sozialistisches und damit die Aufhebung des Widerspruchs von Individualität und Kollektivität. Die auf den Vorstößen von Wissenschaft und Technik fußende neue Kollektivität wird „eine Kollektivität der gegenseitigen individuellen Entfaltung" sein (Richta-Report, 309). Diese neue Gesellschaftlichkeit entwickelt sich innerhalb des Kapitalverhältnisses und macht dieses zu einer immer funktionsloser werdenden Hülle.

Zum Schluß seien noch die Gedanken von Alfred Sohn-Rethel kurz referiert, der sich in seinem Buch „Geistige und körperliche Arbeit – zur Theorie der gesellschaftlichen Synthesis" ebenfalls mit dem Vergesellschaftungsproblem befaßt. Der Ausgangspunkt seiner Überlegungen ist die „time and motion study" des Taylorismus. Hier sei die Anpassung menschlicher Verrichtungen an die Maschinenfunktionen perfekt geworden, hier sei deshalb die „formelle Vollvergesellschaftung der Arbeit zur Tatsache geworden" (Sohn-Rethel, 158). Diese Aussage ergibt sich u. a. aus seiner Betrachtung der wissenschaftlichen Technologie als „universell vergesellschaftetes Denken". „Formelle Vergesellschaftung" ist immer noch entfremdete Vergesellschaftung, aber

„dieser von Marx gekennzeichnete Stand der Entfremdung der Vergesellschaftung der Arbeit nimmt indessen im Gefolge des Taylorismus neue

Wesenszüge an, die es bewirken, daß die Entfremdung sich nicht nur vollendet, sondern in ihrer Vollendung zugleich durchsichtig wird für die direkten Produzenten, zu denen heute neben den Handarbeitern die Produktionsingenieure und Techniker, die Technologen und Wissenschaftler und nicht zuletzt auch deren Nachwuchs, also die Studenten, zu rechnen sind" (Sohn-Rethel, 157).

Die mit dem Taylorismus gegebene formelle Vollvergesellschaftung der Arbeit bezeichnet Sohn-Rethel als die „potentielle Basis einer sozialistischen Produktionsweise" (155). Das entscheidende Moment des Umschlags der formellen Vergesellschaftung in die wirklich konkrete sieht er in der „operativen Maßeinheit" von menschlichen und maschinellen Funktionen. In dieser Maßeinheit sei tendenziell die Niveaugleichheit der manuellen Arbeit mit den wissenschaftlichen Denkformen hergestellt:

„Die intellektuelle Arbeit in den Naturwissenschaften und die physischen Funktionen im Produktionsprozeß befinden sich auf homologem Niveau der Vergesellschaftung. Die genannte operative Maßeinheit, in welcher dieser fundamentale Tatbestand sich ausdrückt, postuliert die Möglichkeit der gesellschaftlichen Einheit von manueller und intellektueller Arbeit" (160).

Mit dieser Einheit wäre die kapitalistische Arbeitsteilung aufgehoben, die marktökonomische Vermittlung wäre überflüssig geworden, das Kapital hätte keine Funktion mehr. Das geht alles etwas schnell bei Sohn-Rethel. Auf genauere Begründungen und präzisere Ausführungen hoffen wir vergebens. Trotzdem sind m. E. derartige Überlegungen für die Weiterführung der revolutionären Theorie und Praxis so wichtig, daß wir Sohn-Rethel recht geben müssen, wenn er sagt, daß sich

„das Studium der Bedingungen für den Klassenkampf heute vorzüglich auf die im modernen Arbeitsprozeß herrschenden Entwicklungstendenzen zu konzentrieren" habe (181).

Dies wäre auch die Aufgabe einer marxistischen Psychologie.

Wie immer eine exakte politökonomische Begründung der Umwandlung der entfremdeten Vergesellschaftung in die sozialistische lauten mag – wir werden die weitere Entwicklung der kapitalistischen Produktion und Klassenkämpfe auf diese Umwandlung hin zu untersuchen haben. Diese Umwandlung ist die Wiederaneignung der selbstproduzierten gesellschaftlichen

Macht durch das erweiterte Proletariat. Sie ist die tendenzielle und prinzipielle Aufhebung des Widerspruchs von Individuum und Gesellschaft.

4. *Revolutionäre Praxis als Einheit von individueller Emanzipation und gesellschaftlicher Veränderung*

a) aus marxistischer Sicht

Die theoretische Grundlage für die Entwicklung eines marxistischen Emanzipationsbegriffs bildet die marxistische Ökonomie. Das gilt sowohl für die gesellschaftliche als auch – wenigstens zum großen Teil – für die individuelle Emanzipation. Für die gesellschaftliche: Denn wie eben am Beispiel der Vergesellschaftung demonstriert, erkennt die marxistische Ökonomie durch ihre Widerspruchsanalyse im kapitalistischen Produktionsprozeß selbst den fundamentalen revolutionären Prozeß und damit die objektive Grundlage aller gesellschaftlichen Emanzipation. Für die individuelle: Denn die Kategorien der marxistischen Ökonomie umfassen wesensmäßig nicht nur „ökonomische", sondern auch „philosophische", nicht nur objektive, sondern auch subjektive Inhalte (siehe Kapitel I, 1–5). Soweit sie ökonomische „Form"-Begriffe sind, beinhalten sie immer auch Verkehrsformen, also zwischenmenschliche Beziehungen. Die bis ins menschliche Bewußtsein und in die psychische Struktur hineinreichenden Entfremdungsverhältnisse sind im Kapitalverhältnis verankert und spiegeln es auf allen außerökonomischen und subjektiven Ebenen wider (I, 4 b). Individuelle Emanzipation besteht genau wie die gesellschaftliche in der Aufhebung der Entfremdung. Daß sich diese Aufhebung auf verschiedenen Ebenen formulieren läßt, wurde mehrfach betont. Mit jeder dieser (ökonomischen, soziologischen, sozialpsychologischen, psychoanalytischen) Ebenen ist ein Aspekt der Emanzipation getroffen, nicht aber der Gesamtprozeß, denn Emanzipation ist die Einheit all dieser Aspekte. Diese Einheit zu trennen und auf einem der herausisolierten Aspekte – beispielsweise dem psychoanalytischen – eine emanzipatorische Theorie und Praxis aufzubauen, würde bedeuten, sich innerhalb des Warenfetischismus (vgl. I, 3) befreien zu wollen. Radikale (= auf den Grund gehende) emanzipatorische Praxis findet auf allen Ebenen zugleich statt. Sie kann die Entfremdung, auch die individuelle, nur aufheben, wenn sie vorstößt bis ins ökonomische Grundverhältnis, in dem alle anderen Entfremdungsverhältnisse gesetzt sind. Sie fällt deshalb zusammen mit politischer Praxis.

„In der revolutionären Tätigkeit fällt das Sich-Verändern mit dem Verändern der Umstände zusammen."

So bündig formuliert es Marx in der „Deutschen Ideologie" (Marx/Engels 1, 195).

Diese pauschalen Aussagen sollen jetzt etwas genauer beleuchtet und begründet werden. Die kapitalistische Warenproduktion brachte eine ungeheure Entwicklung des menschlichen Gattungswesens. Aber die marxistische Ökonomie zeigt, daß diese Entwicklung in entfremdeter Form stattfand. Sie läßt den einzelnen als isoliertes Individuum zurück und stellt ihm sein Gattungswesen als „fremde Gegenständlichkeit" gegenüber. Diese Spaltung zwischen Einzelmensch und Gattungsmensch wird ständig reproduziert durch das der Warenproduktion eigentümliche abstrakte Vergesellschaftungsprinzip. Die Aufhebung des Widerspruchs von Einzelmensch und entfremdetem Gattungswesen verlangt deshalb, daß sich der Mensch sein Gattungswesen wieder aneignet, indem er sich zum Subjekt seiner eigenen Vergesellschaftung erhebt. Dies ist seit Marx und Engels das Ziel der Revolution. Dies ist auch das Ziel der individuellen Emanzipation, denn das Leiden des nicht-emanzipierten Individuums entspringt ja gerade daraus, daß es als Objekt einem fremden vergesellschaftenden Subjekt unterworfen ist. Dieses Subjekt ist das Kapital bzw. die im Kapital gesetzten Ausbeutungs-, Herrschafts- und Konkurrenzverhältnisse. Der Mensch hat seine Herrschaft an diese Verhältnisse verloren und muß sie – wenn er sich emanzipieren will – aus ihnen wieder in sich selbst zurückholen. Emanzipation ist „das Zurückholen des entfremdeten ins humane Subjekt" (Ernst Bloch, 144). Oder – wie Marx es formulierte –

„Alle Emanzipation ist die Zurückführung der menschlichen Welt, der Verhältnisse, auf den Menschen selbst" (Marx 1, 53).

Solche Sätze weisen der Emanzipation die Richtung: Wenn Emanzipation die politische Subjekt-Werdung des Menschen bedeutet, dann kann sie sich logischerweise nicht mehr nur im subjektiven und gesellschaftsblinden Privatbereich vollziehen, sondern nur auf der Grundlage des aktiven Eingriffs in die verselbständigten gesellschaftlichen Verhältnisse. Der Mensch muß diese Verhältnisse nach seinen eigenen Interessen und seiner eigenen Vernunft „zum Tanzen bringen", muß sich der Gesellschaft „bemächtigen", muß sie „sich aneignen". Rudi Dutschke brachte dies treffend zum Ausdruck (Dutschke, 77):

„Wir in einer autoritären Gesellschaft aufgewachsenen Menschen haben nur eine Chance, unsere autoritäre Charakterstruktur aufzubrechen, wenn wir es lernen, uns in dieser Gesellschaft zu bewegen als Menschen, denen diese Gesellschaft gehört, denen sie nur verweigert wird durch die bestehende Macht- und Herrschaftsstruktur des Systems."

Der sich emanzipierende Mensch eignet sich das Verweigerte an durch bewußte politische Praxis, mit der er verändernd in die Gesellschaft eingreift. Das Ziel dieser Veränderung ist klar: Wenn das Kapital die gesellschaftliche Grundlage unserer Entfremdung ist, dann muß das Kapital beseitigt werden. Aber nicht erst der Zustand, in dem dies erreicht ist, sondern schon der Weg dahin bedeutet Emanzipation, denn auf diesem Weg holt sich der Mensch das verlorene Subjekt und das entfremdete Gattungswesen Stück für Stück zurück. Persönliche Emanzipation ist also nicht so sehr ein Zustand und ein Ziel, sondern vielmehr eine Tätigkeit, ein aktiver politischer Prozeß.

Durch die Begriffe der marxistischen Ökonomie gelangen wir so zu einem Emanzipationsverständnis, das in der bürgerlichen Psychologie und Psychotherapie völlig unbekannt ist. Der bürgerliche Therapeut bearbeitet die subjektiven Schmerzen der Entfremdung, ohne die Entfremdung selbst anzutasten (jedenfalls nicht bewußt), ersetzt die leidende Subjektlosigkeit des Individuums durch eine vermeintlich leidfreie, stärkt das Ich durch den Abbau von übermäßigen Ängsten – und übersieht dabei zwangsläufig (infolge seiner nur psychologischen Begriffe) die Möglichkeit eines qualitativ neuen Ichs, das sich seine Herrschaft aus den verdinglichten Verhältnissen zurückerobert hat. Die marxistische Theorie dagegen weist den sich emanzipierenden Menschen von Anfang an mittels ihrer gesellschaftsbezogenen dialektischen Begriffe über den engen Kreis seiner subjektiven Individualität hinaus. Emanzipation heißt jetzt nicht mehr nur Befreiung von der Angst und ihren Symptomen, sondern gleichzeitig Befreiung von den gesellschaftlichen Mächten, die mir mein Subjekt-Sein gestohlen haben. Aus der begrifflichen Vereinigung von subjektivem Leiden und seinen objektiven gesellschaftlichen Entsprechungen sowie aus der Erweiterung des bürgerlichen Ich-Begriffs zum marxistischen Subjekt-Begriff ergibt sich nahtlos eine neue emanzipatorische Stoßrichtung: Der sich emanzipierende Mensch verwirklicht sich als Subjekt und als Gattungswesen im Kampf gegen die entfremdete kapitalistische und für die sozialistische Gesellschaft. In diesem Kampf, in dieser neuen Tätigkeit holt er das verlorene Subjekt zurück, im Kampf selbst liegt eine wesentliche Erfahrung des neuen Subjekt-Seins. Durch die politische Praxis erfüllt sich auch jenes entscheidende Moment der Emanzipation, das der junge Marx folgendermaßen formulierte (Marx 1, 53):

„Erst wenn der Mensch seine ‚forces propres' als gesellschaftliche Kräfte erkannt und organisiert hat und daher die gesellschaftliche Kraft nicht mehr in Gestalt der politischen Kraft von sich trennt, erst dann ist die menschliche Emanzipation vollbracht."

Es handelt sich hierbei um eine andere Formulierung für die Aufhebung der Entfremdung: um die Entdeckung der eigenen Kraft als gesellschaftliche Kraft und umgekehrt: der gesellschaftlichen und politischen Kräfte, der bislang entfremdeten Gattungskräfte also, als eigene Kräfte; einfacher formuliert: um die Entdeckung des eigenen Subjekt-Seins, der eigenen Fähigkeit, die gesellschaftlichen Verhältnisse nach eigener Vernunft und eigenem Willen zu beeinflussen und zu verändern. Diese Entdeckung kann dauerhaft nur gelingen in der politischen Organisation, denn wie soll ich meine eigenen Kräfte als gesellschaftliche erkennen, wenn ich mich nicht mit anderen politisch vereinige und so mit ihnen zusammen tatsächlich eine gesellschaftliche Kraft darstelle?

Diese Tatsache, daß politische Arbeit kollektive Arbeit ist, ist für das marxistisch-dialektische Emanzipationsverständnis von großer Bedeutung. Die Gruppe ist nämlich der Raum, wo die abstrakte Gesellschaftlichkeit umgewandelt werden kann in eine konkrete menschliche Gemeinschaft. Der einzelne kann sich hier als konkretes Gattungswesen betätigen. Die sozial- und individualpsychologischen Implikationen der Emanzipation können hier praktiziert werden (86).

86) Hier spätestens drängt sich die Frage auf: *Wie?* Unsere bisherigen Erfahrungen haben eines bewiesen: Es gibt keine Totalitätsautomatik, nach der infolge

Wer mit Emanzipation meint: Aufhebung der Entfremdung, und wer die politökonomische Fundierung der Entfremdung kennt, der bekennt sich damit zur politischen Arbeit gegen die kapitalistische und für die sozialistische Gesellschaft. In der revolutionären Praxis zeigt sich sein eigenes Emanzipationsinteresse und nicht ein den eigenen Bedürfnissen äußerliches revolutionäres Postulat. Wenn sich der Intellektuelle der revolutionären Bewegung anschließt, dann nicht deshalb, weil die Arbeiterklasse ausgebeutet wird, sondern weil es ihm selbst dreckig geht, und wenn er die politische Ökonomie verstanden hat, dann wird er sich für die Interessen der Arbeiterklasse einsetzen, aber nicht aus einem abstrakten Humanismus heraus, sondern aufgrund seiner eigenen Interessen. Sein eigenes Emanzipationsinteresse bindet ihn nicht nur an das revolutionäre Ziel, sondern auch an den Weg, der zu ihm führt, denn dieser Weg selbst ist seine Emanzipation. Die Trennung in individuelle Emanzipation und politische Arbeit ist endgültig aufgehoben. Wie der Entfremdungsbegriff sowohl das objektive gesellschaftliche Sein als auch dessen subjektive Reflexe in sich vereinigt, so vereinigt der entsprechende Emanzipationsbegriff die sich an objektiven Maßstäben messende politische Tätigkeit mit den subjektiven Kategorien der Befreiung aus dem individuellen Leiden. Der gegensatz von Objektiv und Subjektiv, von Politisch und Privat, von gesellschaftlichen und psychologischen Kategorien ist jetzt auch praktisch aufgehoben in einer neuen Einheit, von der das bürger-

politischer Praxis die psychischen Entfremdungserscheinungen innerhalb der politischen Gruppe von selbst behoben würden. Der Dogmatismus, die wenig sach-orientierte Spalterei, das destruktive Konkurrenzverhalten und die menschliche Kälte, die in vielen linken Gruppen herrschen (siehe letzter Abschnitt dieses Kapitels), zeigen das überdeutlich. So wie die psychische Emanzipation der Gruppenmitglieder auf ihre gemeinsame politische Praxis angewiesen ist, so scheint umgekehrt die politische Praxis, wenn sie zur persönlichen Emanzipation beitragen soll, auf die persönliche Bearbeitung der psychischen Konflikte angewiesen zu sein. Wie das aussehen soll, welche Funktion dabei z. B. psychologische Gespräche oder gruppendynamische Methoden haben können, welches überhaupt die Funktion der Psychologie bzw. Psychoanalyse innerhalb der politischen Gruppe sein kann, scheint heute noch niemand so recht zu wissen. Es fehlen uns hier systematische Erfahrungen und vorurteilsfreie Berichte. Ich hoffe allerdings, daß solche Gedanken wie die hier entwickelten schon einen kleinen Schritt in die gewünschte Richtung führen, indem sich auf ihrer Grundlage nach und nach ein politisches Selbstverständnis entwickelt, das den destruktiven Dogmatismus und die reaktionäre psychische Struktur vieler linker Gruppen tendenziell überwindet. Es wird jedenfalls Zeit, daß die revolutionäre Linke diese Aufgabe als einen wichtigen Teil ihrer politischen und individuellen Gesamtproblematik anerkennt.

liche Bewußtsein einschließlich der Psychoanalyse nichts weiß.

Zum Schluß dieses Abschnitts soll einem eventuellen Mißverständnis vorgebeugt werden: Wenn in den letzten Ausführungen von politischem „Kampf" und von politischer Arbeit „gegen" die kapitalistische Gesellschaftsordnung (die keineswegs identisch ist mit der Ordnung des Grundgesetzes!) die Rede war, so lag der Schwerpunkt dabei nicht auf Vernichtung, sondern auf Aufbau. Die bloße Bekämpfung geht aus vom Standpunkt der abstrakten Negation. Eine solche undialektische Negation der Gesellschaft ist trotz der progressiven Bedeutung, die sie vorübergehend haben kann, eine Spielart des entfremdeten Bewußtseins. Das Individuum begreift sich hierbei zwar als sich wehrendes und sich rächendes Opfer der Gesellschaft („macht kaputt, was euch kaputt macht!"), aber nicht gleichzeitig als ihr Produzent. Diese beibehaltene Entfremdung ist ein Grund für die Auswegslosigkeit dieses Standpunktes und für das häufige Umschlagen der Rebellion in untätige Resignation. Die positive politische Arbeit dagegen findet – jedenfalls unter den gegenwärtigen Bedingungen der modernen kapitalistischen Länder – innerhalb der Gesellschaft statt als „langer Marsch durch die Institutionen". Sie setzt an bei den systemimmanenten Widersprüchen und baut auf deren progressive Seite. Natürlich wird auch eine solche Arbeit von Zeit zu Zeit individuelle Aggressivität und organisierte Militanz erfordern. Darin kann für die individuelle Emanzipation sogar ein wichtiger therapeutischer Effekt liegen, der von der antiautoritären Bewegung klar gesehen worden ist: nämlich die psychische Entmachtung von gesellschaftlichen Autoritäten und die dadurch gewonnene Befreiung des Ichs aus den Fesseln des Über-Ichs. Dieser Zusammenhang soll im folgenden Abschnitt genauer beleuchtet werden.

b) Betrachtungen dazu aus psychoanalytischer Sicht

Wenn auch die bürgerliche Psychologie einschließlich Psychoanalyse wahrscheinlich nicht sehr viel beitragen kann zur inhaltlichen Füllung eines marxistischen Emanzipationsbegriffs, so kann sie doch einige seiner Aspekte beleuchten und damit den emanzipatorischen Effekt der politischen Arbeit auch psychologisch bestätigen. Norman O. Brown schreibt in einem interessanten Aufsatz über die Psychoanalyse (Brown, 41):

„Die Verwandlung der Psychoanalyse in einen Plan, um die menschliche Kultur zu ändern, bedeutet die Lösung des ungelösten Übertragungsproblems (87). Die Übertragung war notwendig, weil das Unbewußte nur bewußt werden kann, wenn es sich in eine äußere Wahrnehmung verwandelt, und diese äußere Wahrnehmung muß auf einem Nacherleben der verdrängten Wünsche beruhen und auf realer Liebe oder realem Haß. Psychoanalytisch ausgedrückt: Das Unbewußte kann nur bewußt werden durch Projektion in die Außenwelt. Aber wie wir im nächsten Kapitel sehen werden, besteht menschliche Kultur aus einer Reihe von Projektionen des verdrängten Unbewußten. Wie die Übertragung, ist die menschliche Kultur durch den Wiederholungszwang geschaffen und produziert laufend Neuauflagen der kindlichen Konflikte. . . . Da die menschliche Geschichte, wie die Neurose, dem Gesetz der zunehmenden Wiederkehr des Verdrängten unterliegt, wurde in ihrer langen Entwicklung vom Totemismus zum Monotheismus einerseits und zum modernen Staat andererseits immer mehr vom Ödipuskomplex in die Außenwelt projiziert, wo er gesehen und gemeistert werden kann. Die menschliche Kultur ist daher eine riesige Arena, in der die Logik der Übertragung sich selbst herausarbeitet; die kindlichen Phantasien, die die universale menschliche Neurose schaffen, können selbst nicht unmittelbar verstanden oder gemeistert werden – wohl aber ihre Abkömmlinge in der menschlichen Kultur. Das menschliche Bewußtsein kann vom Elternkomplex (Ödipuskomplex) nur befreit werden, wenn es frei wird von dessen kulturellen Ableitungen, dem paternalistischen Staat und dem patriarchalischen Gott."

Wir wollen uns hier nicht durch die viel zu einseitige und unmaterialistische Welterklärung stören lassen. Die für uns interessante Aussage dieses Zitats ist die, daß der Mensch seine eigene Psyche verändert, indem er sich mit der Gesellschaft („Kultur") auseinandersetzt; daß er sich befreien kann vom Ödipuskomplex, indem er sich vom „paternalistischen Staat" befreit.

In diesem Kampf gegen die gesellschaftliche „Realität", im antikapitalistischen Kampf also, ergeben sich für die eigenen Aggressionen, Schuldgefühle und verdrängten Triebregungen entscheidend neue Verarbeitungs- und Kanalisierungsmöglichkeiten. Aggressionen, die sich sonst destruktiv nach innen wenden und die Angst vergrößern, können nach außen gelenkt und dort als politische Kraft wirksam werden (Brown, 39/40):

„Die einzige Alternative, das einzige Mittel, die Intensivierung des Schuldbewußtseins zu vermeiden, bevor es vielleicht zu einer Größe anwächst, die

87) Freud hat sich bei der theoretischen Bearbeitung des Übertragungsproblems in einige Widersprüche verstrickt, die ihn dazu brachten, in seinen letzten Schriften einige frühere Positionen aufzugeben und seine Lehre an wichtigen Stellen zu revidieren. Brown verfolgt in seinem Aufsatz diesen Prozeß und belegt ihn mit erstaunlichen Zitaten.

Individuen kaum ertragen können, besteht darin, die Aggression nach außen zu kehren, auf die Außenwelt zu richten als die Kraft, die daran arbeitet, die Welt zu verändern. Therapie ist Kampf: Die Frage ist nur, auf welche Seite man sich stellen und wen man zum Feind erklären soll. Freud sah das Ziel der Therapie darin, eine Verbindung von Ich und Realitätsprinzip herzustellen gegen das Es: Die Lage entspricht einem Bürgerkrieg, der nur durch die Hilfe eines Verbündeten von außen entschieden werden kann. Der analytische Arzt und das geschwächte Ich haben – gestützt auf die reale Außenwelt – gemeinsam zu kämpfen gegen die Feinde: die Triebforderung des Es und die moralischen Forderungen des Über-Ich. – Aber es gibt eine Alternative: das Ich und das Es müssen sich gegen die Realität verbünden."

Um zu erklären, warum dieses innere Bündnis gegen die gesellschaftliche Außenwelt von so tiefgreifender Wirkung sein kann, daß es eine tendenzielle Befreiung von der unbewältigten Ödipussituation ermöglicht, scheint mir eine interessante und für die Einschätzung des therapeutischen Effekts politischer Arbeit vielleicht wichtige Verbindung von Lerntheorie und Psychoanalyse möglich: Die Lerntheorie lehrt uns und belegt es mit vielen Untersuchungsergebnissen, daß Angst nur abgebaut werden kann, wenn der Betreffende in die Angstsituation hineingeht und dort die Erfahrung macht, daß ihm nichts schlimmes passiert. Die Psychoanalyse lehrt uns, welches die entscheidende Angstsituation ist, die unserem ganzen Angstverhalten als unbewußte Szenerie zugrundeliegt: Es ist die Situation des wehrlosen Kindes gegenüber der elterlichen Strafinstanz und die damit verbundene Kindesangst vor elterlicher Entdeckung und Bestrafung (im wesentlichen aus der Ödipussituation stammend). Ich habe in Kapitel IV beschrieben, wie die ursprünglich äußere Angstquelle nach innen genommen wird, durch die Über-Ich-Projektion aber wieder nach außen auf den jeweiligen Konfliktpartner projiziert wird. Daher unsere neurotische Angst vor Institutionen, Vorgesetzten und gesellschaftlichen Autoritäten aller Art. Politischer Kampf bedeutet Konflikt mit diesen Autoritäten. Dieser Konflikt aber weckt unbewußt die infantile Angstsituation. Die im lerntheoretischen Sinn korrigierende Erfahrung liegt jetzt darin, festzustellen, daß die gefürchteten Personen keineswegs so allmächtig sind, wie es unsere unbewußten Phantasien uns vorgaukeln, sondern daß sie verwirrt und hilflos reagieren. Infolge der beschriebenen Wechselwirkung von äußerer Autorität und Über-Ich (IV, 4) wird dabei nicht nur die äußere Autorität, sondern auch das Über-Ich entmachtet.

Psychoanalytisch gesprochen handelt es sich dabei um den „Vatermord", dessen therapeutische Notwendigkeit kein bürgerlicher Analytiker bestreitet. Die revolutionäre Arbeit ist für diesen psychologischen Vatermord besonders geeignet, richtet sie sich doch gegen Instanzen und Agenten des Systems, in denen die Verkörperung des politischen Gegners und des psychologischen Gegners (Über-Ich) zusammenfällt. Die ödipale Liebe-Angst-Haß-Verstrickung kann jetzt progressiv gewendet werden, indem die Aggression nach außen gerichtet, die Angst abgebaut und die Liebe freigesetzt wird für eine menschlichere (libidinösere, erotischere) Gestaltung der Gruppenbeziehungen und der Gruppenarbeit.

5. *Die emanzipatorischen Momente nicht-entfremdeter Arbeit*

Es gibt im Kapitalismus keine nicht-entfremdete Arbeit, denn jede Arbeit ist hier geprägt von der ökonomischen Entfremdung (Trennung des Menschen von den Arbeitsbedingungen und Arbeitsprodukten) bzw. von ihren psychischen Ablagerungen. Aber zweifellos gibt es für uns auch innerhalb des kapitalistischen Systems die Möglichkeit, so zu arbeiten, daß die Entfremdung von vornherein geringer ist und weiter abgebaut werden kann. Als solche tendenziell nicht-entfremdete Arbeit können wir alle diejenigen Tätigkeiten bezeichnen, die von unseren eigenen Bedürfnissen und Zielen gesetzt sind und in deren Produkten wir uns (unsere Bedürfnisse, Eigenschaften, Fähigkeiten) deshalb wiederfinden können. Die revolutionäre Arbeit erfüllt tendenziell die Kriterien nicht-entfremdeter Arbeit. Als *revolutionäre* Arbeit ist sie emanzipatorisch wegen des besonderen Charakters ihres gesellschaftlichen Bezugs (VI, 4 a); als *Arbeit* ist sie emanzipatorisch wegen der in ihr sich realisierenden menschlichen Potenzen. Der materialistische Zug eines marxistischen Emanzipationsbegriffs besteht nicht nur darin, psychoanalytisch beschreibbare Phänomene auf gesellschaftliche Verhältnisse zurückzuführen, sondern auch darin, die Arbeit als den alles Psychische konstituierenden oder zumindest wesentlich mitkonstituierenden Prozeß zu betrachten. Da die Psychoanalyse dieses Problem noch nicht entdeckt hat, bleibt uns gegenwärtig nichts anderes übrig, als auf die grundlegenden Gedanken der – weitgehend von Hegel übernommenen – marxistischen Arbeitsphilosophie zurückzugreifen. Marx bezeichnet es als das „Große an der Hegelschen Phänomenologie“, daß Hegel die „Selbsterzeugung des Menschen als einen Prozeß faßt“ und daß er „den gegenständlichen Menschen, wahren, weil wirklichen Menschen als Resultat seiner eigenen Arbeit begreift“ (Marx 8, 67). Diese Auffassung von der Arbeit als dem Selbsterzeugungsprozeß des Menschen gilt für die menschliche Gattungsgeschichte sowohl wie auch – zumindest teilweise – für die individuelle Entwicklung des einzelnen. Für unseren Zusammenhang ist letzteres interessant, denn es geht jetzt um die Frage, welche emanzipatorische Funktion die nicht-entfremdete Arbeit für jeden einzelnen hier und jetzt haben kann. Dazu erscheint es mir sinnvoll, verschiedene Aspekte der Arbeit zu unterscheiden und sie hinsichtlich ihrer emanzipatorischen Funktion gesondert zu untersuchen.

1) Arbeit verlangt eine Entscheidung. Indem ich eine Arbeit verrichte, unterlasse ich zwangsläufig viele andere Dinge, die ich vielleicht auch tun könnte. Wir können also die Entscheidung für eine Arbeit negativ bestimmen als Verzichtsleistung. Der Verzicht fällt schwer, ist aber die Bedingung für die Entwicklung einer wirklichen individuellen Identität. Bei Hegel heißt es (Hegel 2, 65):

„Durch das Beschließen allein tritt der Mensch in die Wirklichkeit, wie sauer es ihm auch wird; denn die Trägheit will aus dem Brüten in sich nicht herausgehen, in der sie sich eine allgemeine Möglichkeit beibehält.“

Die „allgemeine Möglichkeit“ ist das Potential aller in mir schlummernden Fähigkeiten und Interessen. Durch die Arbeit verwandle ich meine Möglichkeiten in meine begrenzte Wirklichkeit. Ich erhebe mich aus der Indifferenz des Gemeinten und zerstöre meine Illusion, im „Innern ein andres zu sein“ (Hegel). Nur dadurch aber – und das ist die positive Bestimmung – gelange ich zu meiner konkreten Identität. Nur indem ich in der Arbeit meine Möglichkeiten verwirkliche, erkenne ich sie als meine Wirklichkeit und kann mich mit mir selbst identifizieren.

2) Das entscheidende Element der Arbeit ist ihre Gegenständlichkeit (vgl. K. Kosik, 202 f.). Arbeit ist eine „gegenständliche“ Tätigkeit, weil aus ihr ein „Gegenstand“ hervorgeht (mit „Gegenstand“ ist gemeint jedes mir „gegenüber-stehende“ Pro-

dukt meiner Tätigkeit. Dies kann ein handfestes materielles Ding sein, aber auch z. B. ein Referat, ein Flugblatt, eine politische Veranstaltung, an deren Vorbereitung ich mitgewirkt habe, ein Beschluß, zu dem meine Argumente beigetragen haben, u. a.). Indem ich im Gegenstand mich selbst, meine Bedürfnisse, Interessen und Fähigkeiten vergegenständliche und erkenne, erhalte ich durch ihn meine Identität. Aber diese Selbstbespiegelung in meinem Produkt ist erst das eine Moment meiner Identitätsfindung und Selbstverwirklichung. Das andere liegt in der durch mein Produkt vermittelten Beziehung des anderen zu mir. Der andere sieht mein Produkt und erkennt darin meine Wirklichkeit, d. h. meine verwirklichten Interessen und Fähigkeiten. Indem er mich in meinem Produkt anschaut, bestätigt er mich so, wie ich mich in meinem Produkt verwirklicht habe, und diese Bestätigung durch ihn ist das zweite Moment meiner Identitätsbildung, denn meine Identität und das Bewußtsein meiner selbst existieren „nur als ein anerkanntes“ (Hegel 1, 145). Meine Arbeit ist – wenn ich mich nicht endgültig vor der Welt verkrochen habe – immer eine Produktion vor den Augen der anderen. In beidem: in meiner Bezogenheit auf mein Produkt wie in meiner Bezogenheit auf den anderen, komme ich zu meiner wirklichen Identität.

3) Meine Arbeit findet aber nicht nur *vor* dem anderen, sondern meistens auch *für* den anderen statt. Er erkennt sich, seine Interessen und Fähigkeiten, seine Möglichkeiten in meinem Produkt und damit in mir. Nur deshalb kann er mich bestätigen. Indem er mich bestätigt, erfahre ich ihn als meinesgleichen. Indem er sich in mir erkennt, erkenne ich mich in ihm, erkennen wir uns als Gattungswesen (das wäre die konkrete, sozialistische Gesellschaftlichkeit im Gegensatz zur abstrakten). Unser Gattungswesen ist die durch die Arbeit vermittelte konkrete Dialektik von mir und dem anderen. Meine Identität ist auch Identität mit dem anderen (der trotzdem ein anderer bleibt), und die Verschiedenheit zwischen uns ist aufgehoben in dieser Identität. Durch mein Produkt verwirkliche und erkenne ich mich als Individuum und gleichzeitig als Gattungswesen.

4) Auch der andere arbeitet. Wenn er auch nicht dasselbe arbeitet wie ich, so haben wir doch eine Gemeinsamkeit, denn der andere verwirklicht in seiner Arbeit diejenigen Möglichkeiten, auf die ich durch die Beschränkung auf meine Arbeit verzichtet habe, und umgekehrt. Zusammen, als Gattungswesen,

verwirklichen wir so den „allseitigen Menschen", dessen Wirklichkeit über die individuelle Begrenzung hinausgeht. Unsere gemeinsame Arbeit (politische Arbeit ist immer gemeinsame Arbeit) ist der tätige Ausdruck unseres Gattungswesens, und die arbeitsteilige Durchführung unserer gemeinsamen Arbeit setzt uns eine gemeinsame Identität, die nicht mehr auf die bloße Individualität beschränkt bleibt.

5) Arbeitsteilung bedeutet, daß jeder die Arbeit des anderen braucht, um selbst sinnvoll produzieren zu können, sei es, daß er die Produkte des anderen konsumiert, sei es, daß sein Produkt nur mit dem des anderen zusammen ein sinnvolles Ganzes bildet und die gemeinsamen Interessen erfüllt. Gemeinsame Arbeit ist gleichzeitig unmittelbares für-sich- und für-den-anderen-sein. Sie setzt damit eine menschliche Beziehung, worin jeder für sich ist, indem er für den anderen ist, und sich bejaht, indem er den anderen bejaht. Marx beschrieb in den „ökonomisch-philosophischen Manuskripten" diese sozialistische (oder schon kommunistische?) Form der Zwischenmenschlichkeit so (Marx 2, 279):

„Gesetzt, wir hätten als Menschen produziert: Jeder von uns hätte in seiner Produktion sich selbst und den andren doppelt bejaht. Ich hätte 1. in meiner Produktion meine Individualität, ihre Eigentümlichkeit vergegenständlicht und daher sowohl während der Tätigkeit eine individuelle Lebensäußerung genossen, als im Anschauen des Gegenstandes die individuelle Freude, meine Persönlichkeit als gegenständliche, sinnlich anschaubare und darum über allen Zweifel erhabene Macht zu wissen. 2. In deinem Genuß oder deinem Gebrauch meines Produkts hätte ich unmittelbar den Genuß, sowohl des Bewußtseins, in meiner Arbeit ein menschliches Bedürfnis befriedigt, also das menschliche Wesen vergegenständlicht und daher dem Bedürfnis eines andren menschlichen Wesens seinen entsprechenden Gegenstand verschafft zu haben, 3. für dich der Mittler zwischen dir und der Gattung gewesen zu sein, also von dir selbst als eine Ergänzung deines eignen Wesens und als ein notwendiger Teil deiner selbst gewußt und empfunden zu werden, also sowohl in deinem Denken wie in deiner Liebe mich bestätigt zu wissen, 4. in meiner individuellen Lebensäußerung unmittelbar deine Lebensäußerung geschaffen zu haben, also in meiner individuellen Tätigkeit unmittelbar mein wahres Wesen, mein menschliches, mein Gattungswesen bestätigt und verwirklicht zu haben.
Unsere Produktionen wären ebenso viele Spiegel, woraus unser Wesen sich entgegenleuchtete. Dies Verhältnis wird dabei wechselseitig, von deiner Seite geschehe, was von meiner geschieht."

6) Arbeit befaßt sich mit einer außerhalb von mir liegenden, objektiven Sache. Nur in dieser tätigen Ausrichtung auf

eine Sache außerhalb von mir kann das ewige Kreisen um die eigene Subjektivität durchbrochen werden. Nicht nur meine subjektiven Bedürfnisse und Emotionen, sondern die objektiven Eigenschaften der Sache werden zum Kriterium und korrektiv meiner Tätigkeit.

„Das Sein der Sache selbst zwingt durch seine spezifische Qualität das Individuum zur angemessenen Wahl der Mittel und der Bearbeitung. Es muß sich ‚nach der Natur der Sache' richten und in ‚harter Arbeit gegen die bloße Subjektivität des Benehmens' seine Unmittelbarkeit und Einzelheit wegarbeiten" (Popitz, 113).

7) Arbeit erfordert Disziplin. Die antiautoritäre Ablehnung der Disziplin ist eine genauso unreflektierte und abstrakte Negation wie beispielsweise der Versuch, hier und jetzt befreite Sexualität zu praktizieren. Disziplin ist eine Produktivkraft, ohne die keine Arbeit, keine Selbstverwirklichung und keine Gemeinsamkeit möglich ist. Der „Sozialismus der Triebe" müßte sich auf kurze Augenblicke beschränken, wenn er nicht getragen wäre vom Sozialismus der Arbeit. Es bedarf wirklich keiner tiefschürfenden Reflexion, um – von aller Arbeitsphilosophie einmal abgesehen – die emanzipatorische Bedeutung der Disziplin zu erkennen: Disziplinlosigkeit mag sich mit antiautoritärer Psychologie rechtfertigen wie sie will, sie führt todsicher zur Frustration, zu dem Gefühl, wieder einmal versagt zu haben. Die offenen oder heimlichen Minderwertigkeitsgefühle werden bestätigt. Hoffnung und Disziplinbereitschaft sinken weiter ab und führen zu neuen Versagenserlebnissen. Disziplinlosigkeit und Frustration treiben sich gegenseitig hoch in einem Teufelskreis, der leicht zur apathischen Depression führt. Selbstvertrauen im aller landläufigsten Sinne hat einen emanzipatorischen Wert, der ohne Disziplin nicht erreicht werden kann. Für unsere Emanzipationsdebatte müssen deshalb solche Aussagen wie beispielsweise die folgende des DDR-Autors Heinz Karras wichtig werden (Karras, 25):

„Das Wissen um die Notwendigkeit und Bedeutung der gemeinsamen Arbeit wird ergänzt durch das Erlebnis gemeinsamer Überwindung der Schwierigkeiten, das Erleben gegenseitiger Verbundenheit, gemeinsamer Ziele und Interessen, gegenseitiger Hilfe. So entstehen wertvolle, auf die Gemeinschaft gerichtete Gefühle, die die Kraftanstrengungen der Menschen zur Überwindung äußerer und innerer Schwierigkeiten verstärken, die den einzelnen Menschen befähigen, sich selbst zu beherrschen, seine Bedürfnisse gegebenenfalls zu unterdrücken, wenn es das Wohl der Gemeinschaft erfordert" (88).

Marx spricht vom „zweckmäßigen, sich als Aufmerksamkeit äußernden Willen", der umso notwendiger wird, je weniger die Arbeit interessant und anregend ist (auch nicht-entfremdete Arbeit kann lästig sein, z. B. Herumtelefonieren, Adressenschreiben und Infos zusammenheften zur Vorbereitung einer Tagung). Karras zieht daraus die pädagogische Schlußfolgerung (Karras, 33):

„Daß die Lehrer . . . gerade solche Tätigkeiten der Kinder organisieren müssen, die gewisse Schwierigkeiten machen, die ohne Anstrengung nicht ausgeführt werden können . . . Für die Entwicklung von Willensqualitäten ist es von besonderer Wichtigkeit, daß mit der Tätigkeit Anstrengungen verbunden sind und daß die Bewältigung der Schwierigkeiten freudig erlebt wird."

Hier liegt der Punkt, an dem sich eine emanzipatorische Pädagogik von der bloß antiautoritären zu distanzieren hätte. Disziplin ist tatsächlich eine emanzipatorische und sozialistische Tugend. So sehr sie auch unter entfremdeten Arbeitsverhältnissen für jeden perversen Zweck mißbraucht werden kann, so hat sie doch innerhalb eines marxistischen Emanzipationsverständnisses ihre gute materialistische Begründung im Begriff der Arbeit als Selbsterzeugungsprozeß des Menschen (89).

Die Liste dieser sieben Punkte ist sicher nicht vollständig. Sie dürfte aber genügen, um auf die emanzipatorische Bedeutung nicht-entfremdeter Arbeit hinzuweisen. Sie sollte vor allem zeigen, daß die Arbeit tatsächlich die materielle Basis der zwischenmenschlichen Beziehungen ist. Es ist interessant, daß ge-

88) Statt „unterdrücken" hieße es hier besser: Die kurzfristigen Bedürfnisse den langfristigen unterordnen. Diese Unterordnung ist psychologisch etwas völlig anderes als die Verdrängung. Die Verdrängung geschieht zwanghaft unter dem Diktat der neurotischen Angst, die Unterordnung dagegen als autonome Entscheidung. Wer autonom auf die Befriedigung momentaner Bedürfnisse verzichtet, hätte auch die innere Freiheit, sie momentan zu befriedigen, während bei der Verdrängung gerade diese Freiheit nicht gegeben ist.

89) Wir finden diesen materialistischen Arbeitsbegriff im „Kapital" folgendermaßen formuliert (Marx 6, 192):
„Die Arbeit ist zunächst ein Prozeß zwischen Mensch und Natur, ein Prozeß, worin der Mensch seinen Stoffwechsel mit der Natur durch seine eigene Tat vermittelt, regelt und kontrolliert. . . . Indem er durch diese Bewegung auf die Natur außer ihm wirkt und sie verändert, verändert er zugleich seine eigene Natur. Er entwickelt die in ihr schlummernden Potenzen und unterwirft das Spiel ihrer Kräfte seiner eigenen Botmäßigkeit."

rade Hegel, dem man nicht so leicht materialistische Vorurteile unterstellen wird, das Verhältnis von Mensch zu Mensch nicht als ein geistig-esoterisches darstellt, sondern es unablösbar mit dem konkreten Handeln der Individuen verknüpft. Nicht-entfremdete menschliche Beziehungen sind demnach nur möglich auf der Grundlage nicht-entfremdeten Handelns. Massenhaftes nicht-entfremdetes Handeln wiederum ist nur möglich als Revolution. Deshalb – sagt Marx in der „Deutschen Ideologie" – kann die erforderliche massenhafte Veränderung der Menschen nur „in einer praktischen Bewegung, in einer Revolution vor sich gehen". Revolution als massenhafte Selbstveränderung der Menschen – dies ist ein Revolutionsbegriff, der weit über die bloße Umgestaltung der Wirtschaftsstruktur hinausgeht und den Menschen als aktives Subjekt (sonst wäre Selbstveränderung nicht möglich) in den revolutionären Prozeß so einbezieht, wie es Marx und Engels in der „Heiligen Familie" gemeint haben (Marx/Engels 2, 98):

„Die Geschichte tut nichts, sie besitzt keinen ungeheuren Reichtum, sie kämpft keine Kämpfe. Es ist vielmehr der Mensch, der wirkliche lebendige Mensch, der das alles tut, besitzt, kämpft; es ist nicht etwa die ‚Geschichte', die den Menschen zum Mittel braucht, um ihre – als ob sie eine aparte Person wäre – Zwecke durchzuarbeiten, sondern sie ist nichts als die Tätigkeit des seine Zwecke verfolgenden Menschen."

6. *Die politische Relevanz der Emanzipationsdebatte*

Wo in den Jahren 1968 und 1969 in der BRD die antiautoritäre Bewegung „liquidiert" und die Emanzipationsdebatte abgebrochen wurde, formierten sich plötzlich überall klassenbewußte Kadergruppen, die im Alleinbesitz der revolutionären Wahrheit mit so ungeheurer Borniertheit an der politischen Realität vorbeigingen und mit so überheblicher Aggressivität ihre pseudoleninistischen Dogmen verkündeten, daß die Irrationalität dieses abrupten Sprunges ins Auge stach. Der Motor dieser Bewegung lag – allen ideologischen Rationalisierungen zum Trotz – weit weniger im klaren politischen Verstand als in den subjektiven Entlastungszwängen einer neurotischen Psyche. Die blinde Wut, mit der die Problematik der individuellen Psyche als „idealistischer" oder „kleinbürgerlicher Irrweg" aus der politischen Arbeit ausgeklammert wurde, ist hierfür eine weitere Bestätigung.

Mit dieser Exkommunikation alles Subjektiven und der libidinösen Besetzung des sogenannten „Objektiven" wurde eine Entwicklung eingeleitet, die nicht nur theoretisch falsch war im Sinne des verdinglichten Bewußtseins, sondern deren Auswirkungen stellenweise offen konterrevolutionär und konteremanzipatorisch waren und noch sind.

Wenn die individuellen Konflikte von politisch arbeitenden Genossen nicht wahrgenommen werden, wenn die Tatsache, daß wir alle an solchen – und zwar strukturell ganz ähnlichen – Konflikten leiden, ignoriert wird, wenn das Faktum unserer reaktionären Charakterstruktur nicht als ernsthaftes politisches Problem bewußt in die politische Arbeit miteinbezogen wird, dann bleibt die neurotische Psyche weiterhin ihren eigenen reaktionären Lösungsversuchen überlassen: die politische Theorie erstarrt dann zum Dogma, denn nur als solches bietet sie eine von Zweifeln und Angst entlastete Ersatzidentität; die Gruppenstruktur verwandelt sich in Herrschaftsstruktur, denn nur so repräsentiert sie die gewohnten bürgerlichen Angstabwehr-Rollen von Führern und Geführten, Starken und Schwachen, Subjekten und Objekten; die Außengruppen werden zu Feindgruppen, denn nur so bilden sie eine geeignete Projektionsfläche, mit deren Hilfe die eigene Stabilität gewahrt werden kann. Spaltung und Sektierertum sind heute fast überall Ausdruck eines Prozesses, der weniger im Dienste der politischen Sache als im Dienste subjektiver Identitätsfindung und neurotischer Angstentlastung abläuft. Die apodiktische Arroganz, mit der bei politischen Kontroversen die Standpunkte vertreten werden (beispielsweise bei dem Problem, wer heute zum „produktiven Arbeiter" zu zählen sei und welche politische Funktion den Vertretern der nicht-produktiven Arbeit zukomme), kann in den meisten Fällen schon deshalb nicht aus der Sache erklärt werden, um die es vorgeblich geht, weil die Sache so schwierig und komplex ist, daß niemand ernsthaft glauben kann, sie gelöst zu haben. Wo bestimmte Theoreme dogmatisch vertreten werden, da zeigt sich im Grunde theoretische Ignoranz, denn wer auch nur einen vagen Überblick hat über die verschiedenen miteinander konkurrierenden und sich teilweise widersprechenden linken Theorien, der weiß, daß auf die wichtigsten Fragen der revolutionären Arbeit in den modernen kapitalistischen Gesellschaften die Antwort erst noch gefunden werden muß. Fraktionsbildung ist zweifellos sinnvoll, denn sie erweitert die Diskussion und schärft das politische Bewußtsein für Probleme, die ihm sonst vielleicht entgangen wären. Wenn aber Fraktionsauseinandersetzungen ausgetragen werden wie Saalschlachten, wenn man Weltgeschichte spielt, wo es um Tagesentscheidungen geht, wenn Zitate von Klassikern als unanfechtbare Wahrheiten serviert werden, dann entlarvt sich grell die neurotische Motivation dieser Kämpfe. Wo die kleinbürgerliche Psyche verdrängt werden soll, da bricht sie sich gewaltsam Bahn.

Hieraus ergibt sich klar und unabweislich die politische Notwendigkeit für die Weiterführung und Intensivierung der Emanzipationsdebatte, denn wenn die individuelle Psyche weiterhin ihren automatisch abspulenden Konfliktverarbeitungsmechanismen überlassen bleibt, wird sie auch weiterhin die politische Effizienz der revolutionären Arbeit zerstören. Also muß sich die revolutionäre Linke auseinandersetzen mit ihrer eigenen Zwischenmenschlichkeit und psychischen Problematik. Die antiautoritäre Bewegung hat die Möglichkeiten und die Gefahren einer solchen Auseinandersetzung gezeigt. Bei allen Fehlern, die dabei gemacht worden sind, ist es ihr historisches Verdienst, das Problem der persönlichen Emanzipation in die politische Arbeit eingebracht zu haben; genauer gesagt: wir haben ihr zu diesem historischen Verdienst zu verhelfen, indem wir kritisch daran anknüpfen, und zwar auf einer Grundlage, die uns vor psychologistischen Sackgassen schützt, ohne die Psychologie auszuklammern; auf einer Grundlage weiterhin, die uns nicht mehr vor die Alternative stellt, uns entweder mit unseren eigenen Problemen oder mit politischen zu beschäftigen, sondern die es uns ermöglicht, in eigener Sache politisch zu handeln, eigene Interessen und Konflikte politisch zu verarbeiten, ohne sie zu verdrängen. Ich habe in diesem Kapitel VI versucht, eine solche Grundlage zu skizzieren. Sie muß ausgebaut werden, was mir nur auf praktischer Ebene möglich scheint, d. h. wir sollten – möglichst unter Mithilfe von progressiven Psychotherapeuten und Gruppendynamikern – Erfahrungen sammeln und sie auf diesen Problemkreis hin systematisieren. Das Ziel soll sein, gegenüber dem bürgerlichen Lebenssystem von Konkurrenz, Feindseligkeit und Isolierung eine lebenswerte Alternative zu entwickeln, die das psychologische Bild revolutionärer Gruppen gründlich verändert und nach und nach auch jenes revolutionäre Potential an sich bindet, das bisher – abgeschreckt durch Dogmatismus, Spalterei und unsympathische Kommunikationsstile – keinen Zugang zur revolutionären Bewegung finden konnte (90).

Nachwort: Resümee über das Verhältnis von Marxismus und Psychoanalyse

Ich kann jetzt die im Vorwort angerissene Frage nach dem Verhältnis von Psychoanalyse und Marxismus wieder aufnehmen und sie etwa so beantworten:

Der Marxismus befaßt sich nicht nur mit gesellschaftlichen Verhältnissen außerhalb des Individuums, sondern er befaßt sich auch mit den Grundstrukturen der Beziehung des Individuums zur Gesellschaft und der Individuen zueinander. Die Psychoanalyse untersucht, was sich bei diesen Beziehungen im Individuum psychisch abspielt. Der Marxismus liefert ein Kategoriensystem zur Gesellschaftserklärung, und die Psychoanalyse kann einen Teil dieser Kategorien aufgreifen und mit psychologischen Inhalten füllen, aber eben nur einen Teil. Keine psychoanalytische Zuordnung findet der marxistische Begriff der Arbeit als Vergegenständlichung und Selbsterzeugung des Menschen. Keine psychoanalytische Zuordnung findet deshalb auch die kapitalistische Form der entfremdeten Arbeit und erst recht nicht die konkreten Bedingungen und konkreten Formen der Lohnarbeit. Produktionsform als Verkehrsform kann von der Psychoanalyse nachvollzogen und psychologisch gefüllt werden. Produktionsform als Arbeitsform bleibt ihrem Begriffsapparat unzugänglich.

Begriffe wie „Herrschaft", „Kultur", „Religion", „Charaktermaske", „Anpassung", „Personifizierung" bedürfen der Psychoanalyse, um ganz verstanden zu werden; sie gehen aber allesamt weit über den Erklärungsbereich der Psychoanalyse hinaus. Aber umgekehrt müssen wir feststellen: sie bedürfen zwar des Marxismus, um in einen kategorialen Erklärungszusammenhang gebracht zu werden, aber die marxistische Theorie genügt keinesfalls, um all diesen Begriffen die entsprechenden realen Vorgänge im Menschen und in der Gesellschaft zuordnen zu können. Sie genügt vor allem nicht, um das konkrete Verhalten

90) Siehe hierzu die Aufsätze von K.M. Michel und Michael Schneider im Kursbuch 25.

eines Individuums oder einer Gruppe im Detail zu erklären. So können beispielsweise Dogmatismus und Sektierertum innerhalb der Linken ganz gewiß nicht aus der Marxschen Kritik der politischen Ökonomie allein erklärt werden. Es sind in erster Linie nicht ökonomische und ideologische, sondern libidinöse Strukturen und deren neurotische Bewältigung, um die es hier geht. Wir müssen uns hier der Feststellung von Helmut Dahmer anschließen (Dahmer 1, 64):

„Kein Triebschicksal und keine Verdrängung macht den Kapitalismus und andere Produktionsweisen irgend verständlich. Umgekehrt lehrt die Kritik der politischen Ökonomie nichts darüber, wie die Charaktermasken, die die Personen als Träger von bestimmten Klassenverhältnissen und Interessen überstülpen müssen, mit deren Trieben verlötet sind, nichts über Traum und Neurose. Daß Psychoanalyse und Kritik der politischen Ökonomie im ihnen gemeinsamen ‚Objekt', dessen Eigentümlichkeit es ist, daß es Subjekt werden kann, zusammentreffen, ist ebenso gewiß wie ihre (einstweilen) unaufhebbare Differenz."

Ich glaube, wir können heute den Ort angeben, an dem beide Theorien zueinander stehen: die Psychoanalyse hätte ihren Ort innerhalb des Marxismus, ihre Begriffe lassen sich innerhalb der vom Marxismus beschriebenen zwischenmenschlichen Verkehrsformen ansiedeln; der Marxismus dagegen hat seinen Ort außerhalb der Psychoanalyse, seine Begriffe lassen sich nicht innerhalb der von der Psychoanalyse beschriebenen Vorgänge ansiedeln, sie bilden vielmehr deren Bezugsrahmen, sind also das Übergreifende. Die marxistische Theorie läßt sich inhaltlich durch die psychoanalytische füllen, nicht umgekehrt. Wenn wir also an eine inhaltliche Subsumtion der einen Theorie unter die andere denken, dann müßte die Psychoanalyse dem Marxismus subsumiert werden. Aber diese inhaltliche Subsumtion wäre (heute noch) keine begriffliche. Die psychoanalytischen Begriffe lassen sich nicht aus den marxistischen ableiten (deshalb auch der begriffliche Bruch zwischen dem ersten und dem zweiten Teil meiner Arbeit). Dahmer spricht deshalb mit Recht von der „(einstweilen) unaufhebbaren Differenz".

Von dem bisher skizzierten Standpunkt aus sind zwei Positionen, die in der Diskussion über das Verhältnis von Marxismus und Psychoanalyse immer wieder vertreten werden, entschieden abzulehnen: die erste ist die, wonach beide Theorien sich gegenseitig logisch ausschlössen; die zweite ist die, wonach eine der beiden Theorien überflüssig sei, weil ihr Gegenstand von der jeweils anderen ausreichend erklärt werden könne (Probe aufs Exempel: Man erkläre den Imperialismus psychoanalytisch, oder umgekehrt: die Impotenz marxistisch!). Von marxistischer Seite aus werden beide Positionen manchmal mit so heftigem Wahrheitsanspruch vertreten, als gälte es, eine ernste Gefahr abzuwehren. Verwiesen wird dabei meistens auf den „bürgerlich-idealistischen" Gehalt oder den „biologistischen" Grundcharakter der Psychoanalyse. Es ist interessant, auf welche Aspekte der Psychoanalyse sich diese Argumente, denen wir eine beschränkte Berechtigung gewiß nicht absprechen können, stützen. Schauen wir uns die Autoren an, die sie verwenden (91), so fällt auf, daß sie sich dabei hauptsächlich auf Freuds philosophische, soziologische und metapsychologische Aussagen berufen, also auf jenen Teil des Freudschen Werks, der seine psychoanalytische Lehre umrankt, ohne notwendig aus ihr hervorzugehen. Zu diesem schlechten Freud gehören nicht nur seine Phantasien wie das Märchen von der Urhorde, sondern vor allem seine voreiligen Universalisierungen und Ontologisierungen. In der Tat handelt es sich hierbei um bürgerliche Blickverzerrungen – aber eben nicht um die wissenschaftliche psychoanalytische Theorie. Ich halte es für zweckmäßig, hier die von Sapir (Sapir, 79) vorgeschlagene Unterscheidung von „Freudismus" und Psychoanalyse zu übernehmen. Freudismus ist dann das ganze von Freud entworfene Welterklärungssystem einschließlich der philosophischen und soziologischen Teile, während die Psychoanalyse die Lehre vom individuellen Seelenleben ist. Zur wissenschaftlichen Theorie der Psychoanalyse gehören vor allem ihre Aussagen über Triebentwicklung und Triebschicksale, Verdrängung und Über-Ich-Bildung, Konfliktverarbeitung, Symptombildung und Neurose, also ihre Aussagen darüber, wie – unter gegebenen gesellschaftlichen Verhältnissen – bestimmte Außeneinflüsse im Inneren des Individuum aufgenommen und verarbeitet werden. Wem diese Definition der Psychoanalyse zu einseitig ist, wer der Meinung ist, daß ihre sozialphilosophische Umgebung in ihre Definition aufgenommen werden muß, der hat zu zeigen, inwiefern die theoretischen Aussagen der wissenschaftlichen Psychoanalyse von dem philosophischen Vorverständnis ihrer bürgerlichen Urheber geprägt sind (wenn er diese Prägung als selbstverständlich ansieht, weil sich die inhaltlichen Aussagen einer Theorie

91) Vgl. z. B. Udo Leuschner, Harry K. Wells, Walter Hollitscher (siehe Literaturverzeichnis).

nicht trennen ließen von ihren weltanschaulichen Prämissen, dann muß er sich fragen lassen, ob das wirklich zu einer pauschalen Ablehnung reicht, ob er deshalb auch die Befunde beispielsweise der Lerntheorie oder der psychosomatischen Medizin pauschal ablehnt). Aber dieser Mühe unterziehen sich die Pauschalverdammer keineswegs. Sie machen sich damit eines irrationalen Verhaltens schuldig, und irrationales Verhalten muß auf der Verhaltensebene diskutiert werden, nicht auf der Sachebene (es gehört somit in den letzten Abschnitt von Kapitel VI).

Bei der Diskussion über Marxismus und Psychoanalyse besticht die marxistische Seite oft durch eine verblüffende Unkenntnis ihrer eigenen Theoreme. Dies zeigt sich bei der undialektischen und im Namen eines platten Begriffs von Materie stattfindenden Reduktion des psychischen auf das neurophysiologischen Substrat (92) genauso wie in den häufigen falschen Alternativstellungen: psychologisches *oder* ökonomisches Phänomen, individuelle Erscheinung *oder* Ausdruck des Klassenverhältnisses? Eine solche Alternativstellung widerspricht der marxistischen Konzeption von der dialektischen Struktur der Realität, wie sie z. B. im Begriff der Totalität zum Ausdruck kommt. Danach lassen sich Psychisches und Ökonomisches, Individuelles und Gesellschaftliches allenfalls analytisch, nicht aber realiter voneinander trennen. Michael Schneider, dem ich keine dogmatische, undialektische Position unterstellen kann, schreibt an einer Stelle (Schneider 2, 59):

„Was sich in den psychosomatischen Massenerkrankungen äußert, ist also nicht in erster Linie ein verdrängter ödipaler, sondern ein verdrängter Klassenkonflikt."

„Nicht in erster Linie" – das ist sicher richtig, aber es trifft doch beides zu. Die psychosomatischen Massenerkrankun-

92) Diese vulgärmaterialistische Reduktion des Psychischen auf das Nervensystem (statt auf die gesellschaftliche Praxis) finden wir de fakto – auch wenn das Gegenteil beteuert wird – u. a. in der DDR- und Sowjetpsychologie. Es ist bezeichnend, daß die Erstarrung und Dogmatisierung des Marxismus zum Diamat Hand in Hand geht mit der Verdammung der Psychoanalyse (ein Phänomen, das ebenfalls im Zusammenhang des letzten Abschnitts von Kapitel VI untersucht werden könnte). Wo dann noch – wie beispielsweise in einem Aufsatz von Kosing (siehe Literaturverzeichnis) – die Autoren, die sich um eine Verbindung von Marxismus und Psychoanalyse bemühen, als „Renegaten" und „Rechtsrevisionisten" bezeichnet werden, scheint vorläufig keine Diskussion mehr möglich zu sein.

gen sind sowohl Ausdruck des Klassenkonflikts als auch oft Ausdruck verdrängter ödipaler Konflikte. Dies deshalb, weil die ödipalen Konflikte und ihre Verdrängung selbst – wenigstens zum guten Teil – ein innerpsychischer Ableger des Klassenkonflikts sind (siehe Kapitel IV). Das ist ja der Totalitätszusammenhang, den ich in meiner Arbeit theoretisch darzustellen versucht habe. Ob man Marxismus und Psychoanalyse als unvereinbar nebeneinanderstehend betrachtet oder ob man die Psychoanalyse als eine Wissenschaft ansieht, die in die marxistische Theorie integriert werden kann, hängt nicht zuletzt davon ab, wie man zum Begriff der dialektischen Totalität steht (vgl. Lukacs, 39 ff.). Akzeptiert man ihn, so wird man an dem Wort vom „innerpsychischen Klassenkonflikt" nichts Anstößiges finden. Akzeptiert man ihn nicht, so bleibt das Psychische weiterhin vom Ökonomischen getrennt; die Psychologie bliebe dann grundsätzlich eine idealistische Wissenschaft.

Die wohl am meisten ernst zu nehmende Kontroverse zwischen Marxismus und Psychoanalyse dreht sich um das Problem der Arbeit. Ich habe dieses Problem bereits mehrfach aufgegriffen und damit auf die entscheidende Lücke in der Psychoanalyse hingewiesen. Freud schreibt an einer Stelle über die nützliche Arbeit (Freud 2, 561):

„Bekanntlich ist auch das Nützliche nur ein Umweg zur lustvollen Befriedigung."

Er kann also mit der Arbeit nur indirekt, nämlich über den Umweg seiner Triebtheorie, etwas anfangen; das heißt aber im Grunde: er kann nichts mit ihr anfangen. Falsch aber scheint mir trotzdem die von Marxisten oft vorgebrachte Behauptung, Liebe und Arbeit stünden bei Freud in einem unversöhnlichen Gegensatz zueinander und individuelle Bedürfnisbefriedigung sei laut Psychoanalyse nur außerhalb der Arbeit möglich. Hier gilt es wieder zu trennen zwischen Freudismus und Psychoanalyse. Freud hat seine Triebtheorie entwickelt innerhalb der Gesellschaft, die er vorfand. In dieser bürgerlichen Gesellschaft war und ist es tatsächlich so, daß individuelle Bedürfnisse fast nur in der Freizeit befriedigt werden können, die Lohnarbeit eignet sich gewiß nicht dazu. Es kann sein, daß Freud aufgrund dieser empirischen Tatsache irgendwo einmal behauptet hat, daß sich Arbeit und Bedürfnisbefriedigung grundsätzlich ausschlössen.

Diese Aussage wäre dann die Folge seiner ontologisierenden Haltung gegenüber der bürgerlichen Gesellschaft, nicht aber die Folge seiner Trieblehre. Diese nämlich macht Aussagen über die libidinösen Beziehungen zwischen den Menschen. Auch arbeitende Menschen haben libidinöse (bzw. verdrängt-libidinöse, aggressive, ängstliche usw.) Beziehungen zu den Kollegen und Kolleginnen, zu den Vorgesetzten und zur Institution, in der sie arbeiten. In diesen Beziehungen findet Befriedigung bzw. Versagung statt. Von daher ist es auch einem Psychoanalytiker klar, daß in einem sozialistischen Arbeitskollektiv (falls er sich ein solches vorstellen kann) durchaus individuelle Befriedigung stattfinden kann. Natürlich ist diese Libido-Theorie für einen Marxisten unbefriedigend, denn sie kann sich nur mit der Arbeit qua menschliche Beziehung und nicht mit der Arbeit qua Arbeit (= Vergegenständlichung, Aneignung und Selbsterzeugung) befassen. Hier hat die Psychoanalyse ihre große blinde Stelle. Aber daraus kann m. E. weder logisch noch inhaltlich ein absoluter Gegensatz zwischen Marxismus und Psychoanalyse konstruiert werden.

Eine andere, ebenso falsche Position wird von einigen Psychoanalytikern vertreten. Sie besagt, daß die Marxsche Arbeitskonzeption individuelles Glück ausschlösse. Dazu beispielsweise ein Zitat von Mitscherlich (Mitscherlich, 353):

> „Ohne von den unbewußten verdrängten Wünschen zu wissen, konnte Marx nur zu einer Geschichtspsychologie kommen, die den Menschen dazu verdammt, ewig faustisch zu streben, und die jede Möglichkeit des Glücks ausschließt."

Eine derartige Kritik an Marx kann sich nur ergeben aus einer psychoanalytischen Position, welche die eigene Begrenztheit nicht erkennt und deshalb menschliche Befriedigung und menschliches Glück nur dort für möglich hält, wo es mit psychoanalytischen Begriffen nachvollzogen werden kann. Einer so verengten Sichtweise ist natürlich der Befriedigungswert der menschlichen Arbeit nicht zugänglich. Wenn auf diese Weise die Psychoanalyse über ihren Geltungs- und Anwendungsbereich hinausgetrieben wird, wird sie allzu leicht das Opfer ihrer linken Gegner. Es bilden sich Pseudokontroversen, die bei einer gründlicheren und vorurteilsloseren Beschäftigung mit beiden Theorien überflüssig wären. Die marxistische Auseinandersetzung mit der Psychoanalyse ist heute noch viel zu akademisch, viel zu praxisfern und unerfahren, um endgültige Aussagen zu erlauben. Ein marxistischer Verlag, eine marxistische Partei oder Gruppe, welche die Ablehnung der Psychoanalyse heute zur ideologischen Grundlage ihrer Arbeit zählt, muß sich den Vorwurf gefallen lassen, daß sie durch ihr vorschnelles Verdikt Probleme umgeht, die dann eben ohne sie weiterdiskutiert werden.

Zum Schluß sei noch ein Kritikpunkt an der Psychoanalyse angeführt, der sich weniger aus der marxistischen Theorie als aus der Veränderung der monopolkapitalistischen Realität ergibt. Ich habe ihn schon in Kapitel IV, 2 kurz genannt: Mit der Entfaltung der monopolkapitalistischen Produktions- und Entfremdungsverhältnisse wird möglicherweise der Psychoanalyse nach und nach ihre gesellschaftliche Grundlage entzogen. Die von der Psychoanalyse vorrangig behandelten Liebe-Haß-Angst-Verstrickungen haben zur Grundlage ein gesellschaftliches System, in welchem das individuelle Leben weitgehend bestimmt ist durch persönliche Bindungen an Elternhaus, Gemeinde, Kirche, Heimat, Beruf. Im Zuge der fortschreitenden Technologisierung, Arbeitsteilung und Konsumorientierung werden solche persönlich-emotionalen Bindungen immer weiter abgebaut (vgl. die Beschreibung des Films „Anita und Bernd" in Kapitel III, 2 Fußnote). Die psychischen Folgen davon liegen wahrscheinlich weniger in akuten Angstgefühlen und klaren neurotischen Symptomen als in einem allgemeinen Gefühl von Leere, Langeweile, Sinnlosigkeit und Frustration. (Vgl. Richter, 25 ff.). Wenn die Psychoanalyse diesem gesellschaftlichen Wandel gerecht werden will, darf sie sich selbst nicht als ein festes System wahrer Sätze betrachten, sondern als ein methodisches und begriffliches Instrumentarium zur Erfassung psychischer Vorgänge. Hier wäre Orthodoxie im Lukacs'schen Sinn angebracht (Lukacs, 13):

> „Orthodoxer Marxismus bedeutet also nicht ein kritikloses Anerkennen der Resultate von Marx' Forschung, bedeutet nicht einen Glauben an diese oder jene These, nicht die Auslegung eines heiligen Buches. Orthodoxie in Fragen des Marxismus bezieht sich vielmehr ausschließlich auf die Methode."

Soweit diese Aussage trotz ihrer implizierten Trennung von Methode und Inhalt zulässig ist, sollte sie auch für die moderne Psychoanalyse gelten. Es würde dann vollends absurd, Einzelbehauptungen Freuds zu zitieren, um damit den idealistischen, biologistischen und wie-auch-immer-istischen Charakter der Psychoanalyse zu beweisen.

Anhang

Exkurs zur unbegriffenen Warenanalyse

(Dieser Aufsatz war abgedruckt in der Zeitschrift „links" 57/1974. Die Kritiken von Joas und Kelber erschienen in vorhergehenden „links"-Nummern. Ich möchte vorausschicken, daß ich den Diskussionsstil in meiner Antwort keineswegs für vorbildlich halte. Er verrät die Wut, die mich erfüllte, ausgelöst vor allem durch Kelbers Entstellungen und Diffamierungen, mit denen aber Kelber keineswegs allein stand. Seine Kritik repräsentierte die unglaublich bornierte und inquisitorische Art, mit der die marxistischen Dogmatiker die ganze Emanzipationsdebatte kommentieren. Wo die notwendigen neuen Impulse auf so unreflektierte Abwehr treffen, wird es keine Versöhnung und keine Solidarität geben können. Die schöpferische Weiterentwicklung des Marxismus hat heute ihre größten Widersacher im eigenen Lager.)*

Der Titel klingt dozierend-arrogant. Soll er auch. In den beiden in „links" erschienenen Kritiken meines Buches „Warenstruktur und zerstörte Zwischenmenschlichkeit" manifestieren sich besonders kraß die Folgen eines theoretischen Versäumnisses der letzten Jahre: des Versäumnisses nämlich, die methodischen und begrifflichen Besonderheiten und Ansprüche des theoretischen Marxismus inhaltlich auszuweisen, die materialistische Dialektik mit ihrem Postulat der „Totalitätsbetrachtung" (Lukács!) und ihrem besonderen Verhältnis von Logischem und Historischem in eine schlüssige Methodologie und Ableitungssystematik umzusetzen. Ich kann es auch einfacher sagen: Wir haben es versäumt, selbstkritisch auszuprobieren, was wir eigentlich von diesen Dingen verstanden haben. Verstanden haben wir sie dann, wenn wir in der Lage sind, den dialektischen Charakter des marxistischen Materialismus nicht nur zum hunderttausendsten Male zu behaupten, sondern ihn in unserer eigenen Arbeit inhaltlich einzulösen. Hier wird's natürlich verdammt schwierig, denn die dialektisch-historisch-materialistische Denkweise ist eine solche Herausforderung an unsere eingefleischten bürgerlichen Denkgewohnheiten und Begriffsformen, daß ein bruchloser Übergang nicht möglich ist. Das Versäumnis dokumentiert nur, wie sehr die Struktur unserer Gehirne geprägt ist von der Struktur unserer Verhältnisse und – daraus resultierend – vom Wissenschaftsbegriff des dem Warenfetischismus verhafteten Bewußtseins (1). Das ist schlimm – schlimm nicht im Sinne eines Vorwurfs, sondern im Sinne einer schlimmen Realität. Schlimm im Sinne eines Vorwurfs wird es aber, wenn Genossen, die sich selbst auf den Marxismus berufen, in ihrer Kritik dieses Versäumnis dermaßen blind reproduzieren. Und schlimm ist auch der Stil, in dem dies passiert ist. (Was ich damit meine, wird jedem klar, der sich die Mühe macht, die von den beiden Kritikern, besonders von Kelber, angeführten Zitate meines Buches in ihrem Zusammenhang nachzulesen.) Die Kritik reagierte auf Reizworte, nicht auf Gedanken und Zusammenhänge.

Es ist klar, daß im Rahmen eines kurzen „links"-Artikels nicht auf alle Kritikpunkte eingegangen werden kann. Eine ausführlichere Antwort an Joas ist abgedruckt in dem Buch „Der subjektive Faktor" (2). Eine alle wichtigen Kritikpunkte umfassende Erwiderung auf wenigen Seiten müßte zwangsläufig mit Verkürzungen operieren, die je nach Geschmack willkürlich interpretierbar wären. Wie groß das Ausmaß der Interpretationswillkür ohnehin ist, zeigt Kelber besonders im zweiten Teil seiner Kritik, auf den ich wegen seiner Verfälschungen und Verdrehungen nicht eingehen werde.

Klassenunspezifische Kategorien der Klassengesellschaft

Beide Kritiker protestieren dagegen, daß ich die Ware zur zentralen Ausgangskategorie meiner Untersuchung gemacht habe. Beide meinen, daß dadurch die gesellschaftlichen Widersprüche eingeebnet und der Klassencharakter der kapitalistischen Gesellschaft umgangen würde. Ich will mich in meiner Erwiderung auf diesen Kritikpunkt konzentrieren, weil ich glaube, daß er theoretisch besonders ergiebig ist. Es geht hier m. E. um Grundprobleme marxistischer Theorie und Methodik, des „wissenschaftlichen Sozialismus" und der „Methode des historischen Materialismus", auf die sich Kelber explizit beruft (3). Beide Kritiker können offenbar nicht begreifen, wie es möglich sein soll, ausgehend von der Kategorie der einfachen Ware zu analytischen Bestimmungen zu kommen, die für die kapitalistische Gesellschaft gelten. Eigentlich sollten sie nicht erst bei mir, sondern schon beim allzu großen Marx ins Stutzen kommen, nämlich beim ersten Kapitel vom „Kapital". Da wird doch offensichtlich – ausgehend vom einfachen Warenverhältnis – ein spezifischer Bewußtseinstypus, nämlich der Warenfetischismus, abgeleitet, der nach Marxens eigener Auffassung (4) besonders „handgreiflich“ für die kapitalistische Produktionsweise gilt. Auch die anderen Bestimmungen, die sich aus Marxens Warenanalyse ergeben und die Marx in den späteren Kapiteln des „Kapitals“ immer wieder aufnimmt – die Verkehrung der gesellschaftlichen Verhältnisse in Verhältnisse von Dingen, die Verselbständigung des Werts gegenüber dem Gebrauchswert, die Verselbständigung der ökonomischen Dingwelt gegenüber den Produzenten, deren bewußtseinsmäßiges Korrelat eben der Warenfetischismus ist – kommen erst unter kapitalistischen Bedingungen zur vollen und allgemeinen gesellschaftlichen Entfaltung. Schon die Bestimmung des Wertes als verdinglichte Form der abstrakten Arbeit setzt – so sagt es Marx in den „Briefen über das ‚Kapital‘“ (5) – „die Aufhebung... aller unentwickelten, vorbürgerlichen Weisen der Produktion, in denen der Austausch sie nicht in ihrem ganzen Umfang beherrscht“, voraus. Wie es möglich ist, durch die Analyse des einfachen Warenverhältnisses auf Bestimmungen zu stoßen, die für die kapitalistische Gesellschaft gültig sind, ist nur solange ein Geheimnis, wie die spezifische dialektisch-materialistische Ableitungslogik, die Marx in seiner Warenanalyse angewendet hat, einschließlich des in dieser Ableitungslogik enthaltenen spezifischen Verhältnisses von Logischem und Historischem nicht verstanden ist (6). Nehmen wir einmal an, Marx hätte recht gehabt – was bleibt dann noch Anstößiges an dem Versuch, aus der Warenanalyse noch weitere Bestimmungen abzuleiten, die für die kapitalistische Gesellschaft gelten sollen?

Hier – auf dem Abstraktionsniveau der Warenanalyse – läßt sich auch der Vorwurf der Klassenunspezifität entkräften, es sei denn, man richte ihn auch gegen Marxens Warenfetischismus, denn der Warenfetischismus ist tatsächlich eine klassenunspezifische Bewußtseinsform. Freilich hat die gesamtgesellschaftliche Etablierung dieser Bewußtseinsform die Existenz des Kapitals (das ja die Warenproduktion über die Gesamtgesellschaft ausdehnt) zur Voraussetzung (Marx geht im allerersten Satz seines Warenkapitels von dieser Voraussetzung aus). Insofern ist die klassenunspezifische Bewußtseinsform des Warenfetischismus ein Phänomen der Klassengesellschaft. Insofern sind auch alle anderen Bestimmungen, die Marx aus der Ware abgeleitet, aber wenig expliziert hat (Verdinglichung, Entfremdung), „klassenunspezifische“ Bestimmungen der Klassengesellschaft. Wie der Warenfetischismus als besonderer Bewußtseinstypus unablöslicher Teil der kapitalistischen Realität ist, so auch bestimmte klassenunspezifische Grundstrukturen unserer Psyche und Zwischenmenschlichkeit, soweit sie sich aus dem warenanalytisch fundierten Entfremdungsverhältnis ableiten lassen.

Weil auf kapitalistischer Stufe die Warenproduktion zur allgemeinen Produktionsform der ganzen Gesellschaft wird (mit Ausnahme vielleicht einiger Plätze im Bayerischen Wald), breiten sich Verdinglichung, Entfremdung und Warenfetischismus sowie die ihnen immanenten psychischen und zwischenmenschlichen Strukturen über die ganze Gesellschaft aus. Die Ware wird zur „Universalkategorie" (Lukács) der gesellschaftlichen Totalität. Hiergegen würden sich wohl kaum irgendwelche Einwände erheben, wenn nicht das Denken fast aller marxistischen Theoretiker so eng an einen Tatbestand fixiert wäre, von dem tatsächlich auf der Ebene der Warenanalyse noch nicht die Rede ist: den Tatbestand der ökonomischen Ausbeutung. Das ökonomische Ausbeutungsverhältnis ist tatsächlich das zentrale Verhältnis der kapitalistischen Gesellschaft, durch welches diese als Klassengesellschaft konstituiert ist. Aber die Marxsche Theorie ist – als dialektische Theorie – eben nicht nur Ökonomie, sondern immer zugleich auch Soziologie mit ganz wesentlichen, von den ökonomischen Kategorien untrennbaren philosophischen, erkenntnistheoretischen und psychologischen Implikationen. Ein logischer Schlüssel dieses „interdisziplinären" Zusammenhangs liegt in der Warenanalyse. Die ökonomische Ausbeutung ist die gesellschaftliche Grundfigur, in welcher alle aus der Warenanalyse abgeleiteten Bestimmungen enthalten sind. Die Ausbeutung spaltet die Gesellschaft in Klassen; sie spaltet sie aber keineswegs in einen gesellschaftlichen Teil, worin die Bestimmungen der Warenanalyse gelten, und einen anderen, worin sie nicht gelten. Im Gegenteil: sowohl die Ausbeuter als auch die Ausgebeuteten sind Charaktermasken jenes gesellschaftlichen Prozesses, in dem die Entfremdungsstrukturen ständig neu reproduziert und über die ganze Gesellschaft ausgebreitet werden. Das Entfremdungsverhältnis – als Verhältnis der Herrschaft des Werts über den Gebrauchswert, des gesellschaftlichen Gesetzes über das menschliche Bedürfnis, der gesellschaftlichen Dingwelt über den Menschen (diese Herrschaft ist keineswegs lückenlos und widerspruchsfrei, siehe später) – ist ganz sicher ein Klassenverhältnis, denn der im Kapital verselbständigte „für sich seiende" und „sich selbst verwertende" Wert ist der Motor der Ausbeutung und Klassenspaltung, gesellschaftlich repräsentiert durch die Klasse der Ausbeuter. Andererseits ist das Entfremdungsverhältnis ganz sicher klassenunspezifisch, weil es eben nicht nur in einer Klasse existiert und wirkt (als solches wäre es nicht einmal zu denken).

Was bleibt eigentlich noch übrig von der ganzen Kritik? Übrig bleibt – falls die Gedankengänge bis hier nachvollzogen sind – der Vorwurf der Abstraktheit. Abstrakt ist die Rede vom Warenfetischismus, denn er tritt – je nach Schicht und Klasse – in verschiedenen Varianten auf. Abstrakt ist in genau dem gleichen Sinn die Rede von der „kapitalistischen“ Zwischenmenschlichkeit und Psychostruktur. Falsch ist der Vorwurf, daß die Untersuchung auf warenanalytischer Ebene an der kapitalistischen Wirklichkeit vorbeiginge. Richtig ist aber, daß die begriffliche Ebene der Warenanalyse erhebliche Lücken und Mängel hat, weil sie die klassenspezifischen Unterschiede der aus der Warenanalyse gewonnenen Bestimmungen nicht erfassen kann. Natürlich ist dies ein sehr ernsthafter Mangel der Theorie meines Buches. Aber nach den bisherigen Ausführungen kann das doch nicht heißen, daß die Theorie falsch ist, sondern nur, daß sie weiterentwickelt werden muß (7). Ich habe allerdings an einigen Stellen, besonders in der Darstellung der Lohnarbeit (in Kap. III) versucht, klassenspezifische Akzente zu setzen. Die allgemeine Form der Lohnarbeit reiht sich nahtlos ein in die aus der Warenkategorie abgeleiteten Argumentationsschritte. Der Verkauf der eigenen Arbeitskraft ist die höchste Form des Widerspruchs von Gebrauchswert (die Arbeitskraft ist jetzt der Gebrauchswert, allerdings nur für das Kapital) und Wert (Kapital), damit auch die höchste Form des Widerspruchs von Individuum und Gesellschaft und die höchste Form der Selbstentfremdung, die ich mit dem Lukács'schen Begriff der „Selbst-Objektivierung“ beschrieben habe. Der von der Warenkategorie abgeleitete Widerspruch von Gebrauchswert und Wert, Bedürfniswelt und gesellschaftlicher Dingwelt war der gedankliche Strang, den ich bis in die Struktur der Zwischenmenschlichkeit verfolgte. Daß die Lohnarbeiter von diesem Widerspruch am härtesten betroffen sind, ergibt sich aus der Darstellung selbst.

Das mit der warenanalytischen Ebene gesetzte Abstraktionsniveau scheint mir aber doch nicht nur ein Mangel zu sein, es besitzt zumindet einen sehr wesentlichen Vorteil: Es ermöglicht die theoretische Bestimmung allgemeiner Grundstrukturen kapitalistischer Wirklichkeit, auf deren Basis die Barbarei dieses Systems in einem viel weiteren Sinne als „nur“ in dem der ökonomischen Ausbeutung des Proletariats begriffen werden kann. Sie ermöglicht die theoretisch begründete Einsicht, daß das gesamte menschliche Leben in der kapitalistischen Gesellschaft unterdrückt und deformiert ist. Hier ist ein Punkt, wo sich für Intellektuelle eine theoretisch-rationale und nicht nur moralische Begründung für das Bündnis mit dem Proletariat entwickeln läßt (ich finde allerdings, daß wir kein Recht haben, ein moralisches Engagement abzuqualifizieren; wir wissen ja gar nicht, was das ist; jedenfalls genügen dazu die bislang entwickelten Kategorien der marxistischen Theorie ganz sicher nicht!). Es stimmt, das Buch ist an Intellektuelle gerichtet, und dies mit revolutionstheoretischer Absicht: Hätten wir keinen mit Hilfe der weiterentwickelten Warenanalyse gewonnenen Begriff von der Totalität (8) der Klassenherrschaft (als Dingherrschaft), welches theoretisch ausweisbare Motiv könnte Intellektuelle zur Revolution treiben? Es schien mir wirklich an der Zeit, durch eine dialektische Erweiterung und Präzisierung des Begriffs der Klassenherrschaft dem weitverbreiteten vortheoretischen Gefühl eines systembedingten psychischen Leidens eine theoretische Fundierung zu geben und somit auch theoretisch die Behauptung auszuweisen, persönliche Emanzipation und revolutionäre Praxis fielen zusammen. Die Rede vom „Bündnis mit dem Proletariat", wie sie von linken Intellektuellen oft geführt wird, besitzt oft noch diesen aufgesetzten und abstrakten (Abstraktion von der eigenen Lebenssituation) Charakter – u. a. als Folge einer im Kern immer noch ökonomistischen, bürgerlich-materialistischen Theorie, welche die Begriffe „Klassenherrschaft" und „Totalität" nicht mehr zusammenbringt.

Totalitätsbegriff und Trennschärfe dialektischer Begriffe

Totalität der Klassenherrschaft bedeutet, daß die Klassenherrschaft, die Macht und Widersprüchlichkeit des Kapitals, in allen gesellschaftlichen Beziehungen und Tätigkeiten wirksam ist. Totalität im dialektischen Sinn bedeutet niemals, wie Joas glaubt, die vollkommene Unterworfenheit und Ausweglosigkeit des Menschen (9). Selbst der Wert ist noch auf den Gebrauchswert angewiesen, das Kapital auf die Arbeitskraft, die Dingwelt auf den Menschen. Die Totalität der Ware, des Kapitals und des Klassenverhältnisses ist eine Totalität des Widerspruchs (von Gebrauchswert und Wert, Individuum und Gesellschaft usw.), somit auch eine Totalität der zum Widerspruch gehörenden progressiven Momente, eine Totalität der Veränderung. Wissenschaftliche Dialektik ist der gedankliche Nachvollzug der gesellschaftlichen Totalität, und es ist ein Wesensmerkmal dialektischen Denkens, daß es im Teil das Ganze, in der Erscheinungsform das Wesen, im „Nebenwiderspruch“ den „Hauptwiderspruch“ (z. B. in den zwischenmenschlichen Widersprüchen den Klassenwiderspruch) sieht. Die Bestimmungen des Ganzen wiederholen sich in allen seinen Teilen. Diese dialektische Auffassung der gesellschaftlichen Realität erfordert neue Begriffsformen und -abgrenzungen.

Joas kritisiert die mangelnde „Trennschärfe“ meiner Begriffe. Diese Kritik hängt eng zusammen mit seinem undialektischen Verständnis von Totalität, worin Totalität tendenziell immer noch als Summe ihrer Einzelheiten betrachtet wird. Wäre es so, dann hätten wir kein Problem mit der Begriffsbildung und der begrifflichen Trennschärfe. Sie bestünde einfach darin, die jeweilige Einzelheit oder den jeweiligen Komplex von Einzelheiten möglichst genau von allen anderen abzugrenzen. Dieses gewohnte „extensionale“ Definitionsmodell der Ab- und Ausgrenzung scheitert – und mit ihm die ganze positivistische Wissenschaft – an einer gesellschaftlichen Wirklichkeit, in der die Dinge eben nicht als abgegrenzte Monaden existieren („wirken“), sondern als verbundene Momente von Beziehungen und Prozessen (alle wirklichen Beziehungen sind Prozesse). Erst die Hineinnahme dieser realen prozeßhaften Verbindung in den Begriff konstituiert diesen als dialektischen. Je mehr davon im Begriff enthalten ist, desto konkreter ist er. Die Trennschärfe des Begriffs ergibt sich jetzt aus der Präzision des Aspektes, unter dem die Beziehungen zusammengefaßt sind. Dieser Aspekt ist in diesem Buch das Entfremdungsverhältnis. Die Beziehungen, die – als abgeleitete und verbundene und keineswegs als nur „parallelisierte“ – von diesem Begriff umfaßt werden, sind die genannten Beziehungen zwischen Gebrauchswert und Tauschwert, Individuum und gesellschaftlicher Dingwelt usw. Diese Beziehungen sind Herrschaftsbeziehungen, und zwar die Herrschaftsbeziehungen einer Klassengesellschaft, denn die Dingherrschaft des Kapitals ist identisch mit der menschlichen Herrschaft der Kapitalisten als Klasse. Es ist nicht eine Verwischung, sondern eine Präzisierung und Konkretisierung des Begriffs der Klassenherrschaft, wenn wir durch Ableitung zeigen können, daß zu diesem Begriff auch solche Inhalte gehören, die man ihm nicht sofort ansieht. Im ersten Kapitel des Buches habe ich ausführlich gezeigt, warum die Dingherrschaft identisch ist mit Klassenherrschaft und daß Klassenherrschaft überall dort wirksam ist, wo sich das bedürftige Individuum den unter der Diktatur des Kapitals verdinglichten Verhältnissen unterwerfen muß. Klassenherrschaft ist dialektisch identisch mit dem Entfremdungsverhältnis – aber dies nur auf kapitalistischer Stufe und nur dann, wenn das Entfremdungsverhältnis ökonomisch abgeleitet ist. In dieser ökonomischen Ableitung liegt die Präzision des Begriffs und nicht in seiner oberflächlichen Ausgrenzung empirischer Inhalte.

Ich weiß, daß dem Freund Kelber der Himmel auf den Kopf fallen müßte, ehe er auch nur die Möglichkeit einräumt, daß an diesen Ausführungen etwas Vernünftiges dran ist. Seine Angriffe sind dermaßen bar jeglicher Einsicht in die Grundzusammenhänge marxistisch-dialektischer Kategorien, daß eine Diskussion kaum noch möglich scheint. Dazu zwei Beispiele:

Erstes Beispiel: Er schreibt: „Vom Standpunkt der ‚Klassenlosigkeit', die DD durch die Wahl seiner Kategorien produziert, wird jegliche Widersprüchlichkeit des Kapitalismus eingeebnet" (10). Offensichtlich hat er den Widerspruch von Gebrauchswert und Wert, der schon bei Marx den Begriff der Ware konstituiert, überhaupt nicht verstanden. Dieser Widerspruch ist das zentrale durchgängige Entwicklungsprinzip, das der Marxschen Ableitung der Geldform aus der einfachen Wertform und des Kapitals aus dem Geld zugrundeliegt. Es war die Absicht meines Buches, diese durchgängige Widerspruchsdialektik bis in die zwischenmenschlichen Erscheinungsformen hinein nachzuweisen und dadurch die „Totalität des Widerspruchs" mit konkretem Inhalt zu füllen. Meine von beiden Kritikern so abfällig kommentierte double-bind-Theorie scheint mir hierfür ein besonders überzeugendes Beispiel.

Zweites Beispiel: Kelber schreibt: „Entfremdung und Klassenherrschaft erscheinen von daher als ‚weitgehend' oder ‚teilweise klassenunspezifisch'. Welchen Sinn eine Klassenherrschaft hat, die ‚unspezifisch' wirksam wird und wie diese – logisch und real – möglich ist, bleibt DD's Geheimnis" (11). Ich habe oben schon das Nötige dazu gesagt. Natürlich bleiben alle meine Ausführungen für denjenigen ein Geheimnis, der aus dem Klassenverhältnis das Entfremdungsverhältnis ausblendet, weil er nicht in der Lage ist, die in der Warenanalyse gewonnenen Bestimmungen auf die Analyse der kapitalistischen Gesellschaft anzuwenden. Wer den logischen Schlüssel für die begriffliche Einheit von ökonomischen und „philosophischen" Inhalten in der Warenanalyse nicht verstanden hat, hat keine Chance, psychische und gesellschaftliche Grundstrukturen begrifflich stringent zu verbinden (was fängt der überhaupt mit der Warenanalyse an?); er kann sie lediglich „parallelisieren". Der Parallelisierungsvorwurf, den beide Kritiker gegen mich erheben, fällt auf sie selbst zurück als Projektion ihres eigenen Unvermögens. (Man mache einmal die Gegenprobe und untersuche, welche Art der Verbindung von Psyche und Gesellschaft zustandekäme, wenn wir die Positionen der beiden Kritiker ernst nähmen!)

Die Gültigkeit des „abstrakten Vergesellschaftungsprinzips" im Produktionsbereich

Ich will noch kurz auf einen weiteren Kritikpunkt eingehen. Er betrifft die Isolierungsstruktur des Proletariats. Beide Kritiker halten meine diesbezüglichen Ausführungen für blanken Unsinn. Es geht um die Frage, ob das von mir ausführlich dargestellte „abstrakte Vergesellschaftungsprinzip" (12) nur für den Bereich des Marktes oder auch für den der Produktion gilt. Dieses Prinzip besteht darin, daß die Individuen nicht Kraft ihrer eigenen Bedürfnisse, Absichten und Vereinbarungen in Verbindung zueinander stehen, sondern daß sie Kraft einer fremden dinghaften Macht (Kapital) gleichsam von außen aufeinander bezogen werden. Dieses Vergesellschaftungsprinzip verbindet die Menschen gerade so miteinander, daß sie in keiner konkreten Gemeinschaft stehen, sondern als Isolierte miteinander kombiniert werden. Daß die vom Kapital gesetzte gesellschaftliche Bestimmung der Individuen auch im Produktionsbereich diesem abstrakten Vergesellschaftungsprinzip folgt, hat Marx in einer sehr eindringlichen Passage seiner „Grundrisse" (13) aufgezeigt. Es ergibt sich logisch aus der Struktur des Klassenverhältisses als Entfremdungsverhältnis. Die Begriffe „Ware", „Geld", „Kapital" sind immer auch Kategorien des abstrakten Vergesellschaftungsprozesses (siehe Anmerkung 12). Hier scheint es bei meinen Kritikern ganz erhebliche Lücken in ihrem Weltbild zu geben, wo die theoretische Analyse durch emotionale Verklärung des Proletariats ersetzt wird. Gäbe es im Proletariat nicht jene Isolierungsstruktur, so hätten wir wohl längst die Revolution.

Ein anderer Gesichtspunkt, worin sich die Situation im Produktionsbereich tatsächlich von den übrigen gesellschaftlichen Bereichen unterscheidet, ist allerdings der, daß die Arbeiter in den Fabriken direkt und massenhaft dem Kapital gegenüberstehen und so viel eher die Möglichkeit haben, die fremdvergesellschaftende Kraft des Kapitals zu ihrer eigenen zu machen (was in jedem aktiven Streik tendenziell passiert). Auf diesen Unterschied habe ich ausdrücklich hingewiesen (14). Eine weitere Unterwanderung des abstrakten Vergesellschaftungsprinzips in der Produktion geschieht durch die Veränderung der Produktivkräfte, verbunden mit dem zunehmenden Einzug der Wissenschaft in den Produktionsprozeß. Im Produktionsbereich treffen wir also auf reale Vergesellschaftungstendenzen, die dem Prinzip der abstrakten Vergesellschaftung entgegenwirken. Das habe ich im Buch ausdrücklich betont (15).

Es fehlt in meiner Erwiderung besonders ein sehr wichtiger Punkt: Es wäre höchste Zeit, nachzuweisen, daß dermaßen fehlgelaufene Ergüsse dokumentarisch den desolaten Zustand der derzeitigen marxistischen Wissenschaftspraxis in unserem Land spiegeln. Ein intensives Studium, bei dem wir uns laufend selbst Rechenschaft darüber geben, was wir eigentlich verstanden haben und was nicht, scheint aus der Mode gekommen zu sein (wer macht sich denn beispielsweise noch die Mühe, Marxens Ableitung der Geldform aus der einfachen Wertform gedanklich nachzuvollziehen?). Unausgewiesene Positionen beherrschen überall dort das Feld, wo es besonders schwierig wird. Dieser Schwindel muß doch endlich mal aufhören! Natürlich ist es in einer Zeit zunehmender Repression und Verfolgung problematisch, sich mit den schwierigsten Stücken der marxistischen Dialektik auseinander zu setzen; ich möchte deshalb meinen Artikel nicht als Plädoyer für ein extensives Marx- und Hegelstudium verstanden wissen.

Wenn ich hier meine Positionen so apodiktisch vetreten habe, so nicht deshalb, weil ich sie durchweg für richtig halten würde, sondern weil ich meine, wir sollten uns einige heute üblich gewordene Formen „wissenschaftlicher“ Auseinandersetzung nicht mehr gefallen lassen. Der Kampf gegen die Degenerationserscheinungen linker Wissenschaft ist in den Kampf für den Sozialismus einzuschließen.

Ich hatte ursprünglich nicht vor, auf die Joas-Kritik in „links“ zu antworten, weil ich dachte, es gäbe für eine politische Zeitung wichtigere Probleme der Emanzipationsdebatte zu diskutieren. Daß ich jetzt, auf Kelbers Kritik hin, doch reagiere, hat zwei Gründe: Erstens platzt mir bei so viel ignorantem Drauflosgequatsche der Kragen, und zweitens will ich verhindern, daß in der wichtigen emanzipationstheoretischen Diskussion wieder einmal die phantasielosen Schulmeister und Theorie-Polizisten die Oberhand behalten.

Nachtrag

Meine Erwiderung bewegte sich im marxistisch-gesellschaftstheoretischen Rahmen. Es wäre aber notwendig, auch auf den anderen Pol, die Psychologie, zu kommen. Kelber zweifelt, ob die psychoanalytischen Kategorien überhaupt geeignet sind,... (usw.). Warum fragt er, warum fragen wir nicht auch einmal umgekehrt: Sind die marxistischen Kategorien geeignet, menschliches Leben hinreichend zu begreifen? Mein schlechtes Gewissen – auch gegenüber meiner eigenen Arbeit – beginnt dort, wo ich versuche, ohne Tabus darüber nachzudenken, wieviel „Psyche“ eigentlich beteiligt ist an der Konstituierung dessen, was mit marxistischen Kategorien beschrieben wird. Was wissen wir über die Produktivkraft „Psyche“? (Man braucht mir jetzt nicht zu sagen, daß Psyche isoliert nicht vorkommt, das Problem stellt sich trotzdem.) Bei allen berechtigten Einwänden gegen die Psychoanalyse und gegen andere tiefenpsychologische Richtungen erscheint es mir doch als typisches Zeichen marxistischer Betriebsblindheit, das Psychische so wenig in Theorie und Praxis zu berücksichtigen und das Verhältnis von Psychoanalyse und Marxismus so hastig zugunsten des Marxismus zu lösen, wie nicht nur Kelber das tut. Der gesellschaftliche Wandel bringt zunehmend den „subjektiven Faktor“ ins Spiel (psychische Verelendung). Revolutionstheorie kommt deshalb nicht mehr daran vorbei, die marxistische Theorie in Richtung einer materialistischen Psychologie (und Philosophie) zu erweitern und – wenn nötig – zu korrigieren. (Bei der erstaunlichen Psychologiefeindlichkeit des Marxismus in diesem Land hat es keinen Sinn, hier weitere Andeutungen zu machen; sie würden der irrationalen Inquisitionslust doch nur als Reizworte dienen. Es wird bald eine Arbeit erscheinen, die hier – unter Ausschöpfung des vollen erkenntnistheoretischen und philosophischen Potentials im revolutionären Marxismus – einen weiteren Vorstoß versucht.)

* H. Joas: Warenanalyse und Emanzipation in: links 51/74
R. Kelber: Revolution ist Emanzipation in: links 55 und 56/74

(1) Vgl. Kap. I, 3
(2) SHG/SZ Duisburg (Hrsg.): Der subjektive Faktor, edition 2000, Gießen 1974.
(3) „links" Nr. 55, Mai 74, S. 18.
(4) Vgl. MEW 23, S. 97, 2. Abschnitt.
(5) Marx/Engels: Briefe über das „Kapital", Berlin 1954, S. 88.
(6) Dies scheint mir eines der Probleme zu sein, die von der gesamten marxistischen Wissenschaft bislang noch zu wenig durchdacht worden sind. Ausführungen darüber z. B. bei Zeleny: Die Wissenschaftslogik bei Marx und „Das Kapital", EVA 1970, Kap. 5 und 6.
(7) Der Mangel ist begründet im allgemeinen Entwicklungsstand der Theorie. Auch der Versuch, den M. Schneider in seinem guten Buch „Neurose und Klassenkampf" unternommen hat, die Verdrängung in Verbindung zu bringen zur abstrakten Arbeit, ist in dieser Form noch nicht mehr als ein interessanter Impuls zum Weiterdenken.
(8) Zur Kategorie der Totalität als ent-Theorie vgl. Lukács: Was ist orthodoxer Marxismus? In: Lukács: Geschichte und Klassenbewußtsein, Sammlung Luchterhand. Alle meine Verweise auf Lukács beziehen sich auf dieses Buch.
(9) Diesem Mißverständnis habe ich einen eigenen Abschnitt gewidmet, vgl. Kap. I, 4c.
(10) „links" Nr. 55, Mai 74, S. 19.
(11) „links" Nr. 55, Mai 74, S. 19.
(12) Vgl. Kap. II, 1.
(12) Vgl. Marx: Grundrisse der Kritik der politischen Ökonomie, S. 373f.
(14) Vgl. S. 73 und 153.
(15) Vgl. Kap. VI, 3.

Literaturverzeichnis

Benedetti G.: Die Angst in psychiatrischer Sicht. In: Benedetti u. a.: Die Angst. Zürich/Stuttgart 1959

Bloch E.: Karl Marx und die Menschlichkeit. Reinbek 1969

Brohm J.-M.: Psychoanalyse und Revolution. In: Marxismus, Psychoanalyse, Sexpol 2. Frankfurt 1972

Brown N.O.: Psychoanalytische Therapie und Kultur. In: Psychoanalyse, Marxismus und Sozialwissenschaften. Gravenhage 1971

Brückner P.: Marx, Freud. In: Marxismus, Psychoanalyse, Sexpol 2. Frankfurt 1972

Cooper D.: Psychiatrie und Anti-Psychiatrie. Frankfurt 1971

Dahmer H. (1): Psychoanalyse und historischer Materialismus. In: Lorenzer/Dahmer/Horn/Brede/Schwanenberg: Psychoanalyse als Sozialwissenschaft. Frankfurt 1971

Dahmer H. (2): Wilhelm Reich – seine Stellung zu Freud und Marx. In: Marxismus, Psychoanalyse, Sexpol 2. Frankfurt 1972

Dichter E.: Strategie im Reich der Wünsche. Düsseldorf 1961

Duhm D.: Angst im Kapitalismus – zweiter Versuch der gesellschaftlichen Begründung zwischenmenschlicher Angst in der kapitalistischen Warengesellschaft. Mannheim 1972

Dutschke R.: Aufsätze in: Bergmann/Dutschke/Lefevre/Rabehl: Rebellion der Studenten. Reinbek 1968

Engels F. (1): Vorwort zur ersten Ausgabe von Marx: Das Elend der Philosophie. Berlin 1971

Engels F. (2): Karl Marx, Zur Kritik der politischen Ökonomie. In: Karl Marx: Zur Kritik der politischen Ökonomie. Berlin 1971

Engels F. (3): Konspekt über „Das Kapital" von Karl Marx. In: MEW Bd. 16. Berlin 1968

Freud S. (1): Drei Abhandlungen zur Sexualtheorie. Frankfurt 1971

Freud S. (2): Einige Nachträge zum Ganzen der Traumdeutung. In: Freud: Ges. Werke, Bd. I

Freud S. (3): Hemmung, Symptom und Angst. In: Freud: Hysterie und Angst. Frankfurt 1971

Freud S. (4): Das Unbehagen in der Kultur. In: Freud: Das Unbewußte. Frankfurt 1963

Freud S. (5): Neue Folge der Vorlesungen zur Einführung in die Psychoanalyse. Ges. Werke Bd. XV

Fromm E.: Autorität und Familie. Sozialpsychologischer Teil. In: Marxismus, Psychoanalyse, Sexpol 1. Frankfurt 1970

Gabel J.: Ideologie und Schizophrenie – Formen der Entfremdung. Frankfurt 1967

Habermas J.: Technik und Wissenschaft als Ideologie. Frankfurt 1968

Hegel G.W.F. (1): Phänomenologie des Geistes. Frankfurt 1970

Hegel G.W.F. (2): Grundlinien der Philosophie des Rechts. Frankfurt 1970

Hollitscher W.: Aggression im Menschenbild. Frankfurt 1970

Horn K. (1): Formierte Demokratie und kollektive Infantilität. In: Das Argument, Nr. 42 (1967)

Horn K. (2): Psychoanalyse – Anpassungslehre oder kritische Theorie des Subjekts? In: Marxismus, Psychoanalyse, Sexpol 2. Frankfurt 1972

Horney K.: Der neurotische Mensch unserer Zeit. München 1964

Il Manifesto: Notwendigkeit des Kommunismus. Die Plattform von Il Manifesto. Berlin 1971

Kafka F.: Der Prozeß. Frankfurt 1958

Karras H.: Die Grundgedanken der sozialistischen Pädagogik in Marx' Hauptwerk „Das Kapital". Berlin 1958

Kofler L.: Geschichte und Dialektik. Oberaula 1970

Kon I.S.: Soziologie der Persönlichkeit. Köln 1971

Kosik K.: Dialektik des Konkreten. Frankfurt 1970

Kosing A.: Die Verfälschung und Preisgabe der materialistischen Dialektik durch den modernen Revisionismus. In: Deutsche Zeitschrift für Philosophie 2/1972

Krahl H.-J.: Konstitution und Klassenkampf. Zur historischen Dialektik von bürgerlicher Emanzipation und proletarischer Revolution. Frankfurt 1971

Laing R.D.: Undurchschaubarkeit und Evidenz in modernen Sozialsystemen. In: Cooper (Hrsg.): Dialektik der Befreiung. Reinbek 1969

Lenin W.I.: Werke, Bd. 38. Berlin 1964

Leuschner U.: Die Gesundbeter des Kapitalismus. Tiefenpsychologie als Religionsersatz. In: Berliner Extra-Dienst, Nr. 88-90

Lorenzer A.: Sprachzerstörung und Rekonstruktion. Vorarbeiten zu einer Metatheorie der Psychoanalyse. Frankfurt 1970

Lukacs G.: Geschichte und Klassenbewußtsein. Amsterdam 1967

Luxemburg R.: Einführung in die Nationalökonomie.

Magri L.: Der französische Mai und die Revolution im Westen. In: Sozialistisches Jahrbuch 2 (Rotbuch 23). Berlin 1970

Mandel E.: Die Rolle der Intelligenz im Klassenkampf (Referat, gehalten am 29.1.70 in Bonn). In: Basispresse, hrsg. vom Bundesvorstand des LSD. Bonn 1970

Marcuse H.: Kultur und Gesellschaft 2. Frankfurt 1965

Marx K. (1): Zur Judenfrage. In: Marx-Engels I, Studienausgabe. Frankfurt 1966

Marx K. (2): Ökonomisch-philosophische Manuskripte. Leipzig 1968

Marx K. (3): Das Elend der Philosophie. Berlin 1971

Marx K. (4): Grundrisse der Kritik der politischen Ökonomie. Frankfurt/Wien (ohne Jahresangabe)

Marx K. (5): Zur Kritik der politischen Ökonomie, Berlin 1971

Marx K. (6): Das Kapital I, MEW Bd. 23. Berlin 1972

Marx K. (7): Das Kapital III, MEW Bd. 25. Berlin 1970

Marx K. (8): Kritik der Hegelschen Dialektik und Philosophie überhaupt. In: Marx-Engels I, Studienausgabe. Frankfurt 1966 (geschrieben 1844, gehört also an den Anfang der chronologischen Reihe)

Marx/Engels (1): Die deutsche Ideologie. In: MEW, Bd. 3. Berlin 1969

Marx/Engels (2): Die heilige Familie. Berlin 1971

Marx/Engels (3): Briefe über „Das Kapital". Berlin 1954

Michel K.M.: Wer wann warum politisch wird – und wozu. Ein Beispiel für die Unwissenheit der Wissenschaft. In: Kursbuch 25. Berlin 1971

Milgram S.: Das Erleben in der Großstadt. Eine sozialpsychologische Analyse. In: Zeitschrift für Sozialpsychologie, 1970, Bd. 1

Mitscherlich A.: Über die Vielschichtigkeit sozialer Einflüsse auf Entstehung und Behandlung von Psychosen und Neurosen. In: Psychoanalyse, Marxismus und Sozialwissenschaften. Gravenhage 1971

Nicolaus M.: Konkurrenz und Mehrwert – Zur Klassentheorie bei Marx. Berlin 1970

Packard V.: Die große Verschwendung. Düsseldorf 1962

Paschukanis E.: Allgemeine Rechtslehre und Marxismus. Frankfurt 1970

Popitz H.: Der entfremdete Mensch. Frankfurt 1967

Reich W.: Charakteranalyse

Reiche R.: Sexualität und Klassenkampf. Frankfurt 1971

Richta-Report: Politische Ökonomie des 20. Jahrhunderts. Köln 1971

Richter H.E.: Die Gruppe. Hoffnung auf einen neuen Weg, sich selbst und andere zu befreien. Reinbek 1972

Rolshausen C.: Monopolkapital und Werttheorie. In: Hermanin/Monte/Rolshausen (Hrsg.): Monopolkapital – Thesen zu dem Buch von Paul A. Baran und Paul M. Sweezy. Frankfurt 1969

Rosdolsky R.: Zur Entstehungsgeschichte des Marxschen „Kapital", Bd. I. Frankfurt/Wien 1969

Salvati M.: Monopolkapitalismus. In: Hermanin u. a. (Hrsg.): Monopolkapital – Thesen zu dem Buch von Paul A. Baran und Paul M. Sweezy. Frankfurt 1969

Sapir I.: Freudismus, Soziologie, Psychologie. In: Marxismus, Psychoanalyse, Sexpol 1. Frankfurt 1970

Sartre J.-P. (1): Das Sein und das Nichts. Reinbek 1970

Sartre J.-P. (2): Der Narr mit dem Tonband oder die psychoanalysierte Psychoanalyse. In: Psychoanalyse, Marxismus und Sozialwissenschaften. Gravenhage 1971

Schaff A.: Marxismus und das menschliche Individuum. Reinbek 1967

Schmidt A.: Geschichte und Struktur. München 1971

Schneider M. (1): Gegen den linken Dogmatismus, eine „Alterskrankheit" des Kommunismus. In: Kursbuch 25. Berlin 1971

Schneider M. (2): „Und es zieht mich zum Geschäft, unbewußt." Glanz und Elend der bürgerlichen Psychoanalyse, demonstriert am Fall ihres deutschen Kronzeugen, Alexander Mitscherlich. In: Konkret Nr. 14 vom 1.7.1971

Sohn-Rethel A.: Geistige und körperliche Arbeit. Zur Theorie der gesellschaftlichen Synthesis. Frankfurt 1971

Sozialistisches Patientenkollektiv (1): SPK, Dokumentation Teil 2. Gießen/Heidelberg 1971

Sozialistisches Patientenkollektiv (2): Zur Dialektik von Krankheit und Revolution. In: Marxismus, Psychoanalyse, Sexpol 2. Frankfurt 1972

Suchodolsky B.: Einführung in die marxistische Erziehungstheorie. Köln 1972

Sweezy P.M.: Theorie der kapitalistischen Entwicklung. Frankfurt 1972

Tomberg F.: Der Begriff der Entfremdung in den „Grundrissen" von Karl Marx. In: Das Argument, Nr. 52, 1970

Weakland J.H.: „Double-bind"-Hypothese und Dreier-Beziehung. In: Bateson/Jackson/Laing/Lidz/Wynne u. a.: Schizophrenie und Familie. Frankfurt 1972

Wells H.K.: Weder materialistisch noch dialektisch. In: Psychoanalyse, Marxismus und Sozialwissenschaften. Gravenhage 1971

Wolffheim N.: Kindergarten und Psychoanalyse. München/Basel 1966

Wulff E.: Grundfragen transkultureller Psychiatrie. In: Das Argument Nr. 50, Sonderband 1969

Wynne/Ryckoff/Day/Hirsch: Pseudo-Gemeinschaft in den Familienbeziehungen von Schizophrenen. In: Bateson u. a.: Schizophrenie und Familie. Frankfurt 1972

Zeleny J.: Die Wissenschaftslogik bei Marx und „Das Kapital". Frankfurt/Wien 1970